ŒUVRES COMPLÈTES

DE

W. SHAKESPEARE

TOME II

FÉERIES

SAINT-DENIS. — TYPOGRAPHIE DE A. MOULIN.

FRANÇOIS-VICTOR HUGO

TRADUCTEUR

ŒUVRES COMPLÈTES

DE

W. SHAKESPEARE

DEUXIÈME ÉDITION

TOME II

FÉERIES

LE SONGE D'UNE NUIT D'ÉTÉ. — LA TEMPÊTE.

PARIS

PAGNERRE, LIBRAIRE-ÉDITEUR

RUE DE SEINE, 18

1865

Reproduction et traduction réservées.

A CELLE QUI EST RESTÉE EN EXIL

SON FRERE QUI L'AIME ET QUI L'ADMIRE

F.-V. H.

INTRODUCTION.

I

LE MONDE INVISIBLE AU SEIZIÈME SIÈCLE.

LA FÉERIE.

Au temps de Shakespeare, le spectateur, qui assistait à la représentation du *Songe d'une nuit d'été* et de *la Tempête*, ne jugeait pas ces deux pièces comme le lecteur, assis dans son fauteuil, peut les juger aujourd'hui.

Pour nous autres, enfants du dix-neuvième siècle et petits-enfants du dix-huitième, les Féeries de Shakespeare ne sont plus que des contes ravissants où l'imagination de l'auteur a tout créé ; des fées se disputant un enfant volé, un enchanteur châtiant ses ennemis par un naufrage, des farfadets soulevant à leur gré l'orage sur l'Océan ou la jalousie dans le cœur de l'homme, sont des êtres fantastiques que l'illusion seule anime un instant, et les aventures de Prospero nous paraissent aussi chimériques que celles de Cendrillon et du Chat-Botté. Pour nous, Shakespeare n'est plus ici qu'un Perrault sublime.

Pour les fils du seizième siècle, la chose était bien différente. Les personnages, que le poëte mettait en scène, leur étaient depuis longtemps familiers, et les péripéties merveilleuses, auxquelles il les faisait assister, restaient toujours dans le domaine du possible. Tous ces êtres, relégués aujourd'hui dans la fantaisie, prenaient place alors dans la réalité. Ils vivaient, non pas seulement de la vie de l'art, mais de la vie de la nature. Le spectateur qui venait de voir Titania sur les tréteaux du théâtre anglais n'était pas bien sûr, le soir, en rentrant chez lui, de ne pas la revoir dansant avec ses suivantes dans quelque rayon de lune ; et, si par hasard il lui fallait repasser la Tamise pour revenir au logis, il pouvait craindre qu'Ariel ne fît chavirer sa barque comme tout à l'heure il avait fait sombrer le vaisseau d'Alonso.

De là, chez les contemporains de Shakespeare, une impression que nous ne ressentons plus. Ils éprouvaient devant ces spectacles la double émotion de l'admiration et de la foi. La présence de ces créatures supérieures les remplissait d'un sentiment presque religieux. Ils étaient aussi troublés par les colères d'Obéron que les contemporains d'Eschyle étaient alarmés par les fureurs des Euménides.

Pour bien juger les deux pièces traduites ici, il faut donc que le lecteur se reporte à l'époque où elles ont été écrites. Il faut qu'il répudie momentanément les idées du dix-neuvième siècle pour reprendre celles du seizième. Avant d'entrer au théâtre anglais, il faut qu'il laisse sur le seuil toutes ses préventions, tout son scepticisme, toute sa philosophie. Fils de la Révolution, il faut qu'il revive au siècle de la Renaissance. Il faut qu'il oublie et Kant et Condillac et Diderot pour redevenir le disciple d'Agrippa et de Paracelse. Il faut qu'il renaisse à ce bon vieux temps où la pensée humaine, n'ayant pas encore le doute pour guide, errait dans le cul-de-sac des systèmes et des dogmes, s'arrêtant, en chaque science, à quelque texte : en astronomie, à Ptolémée, en physique, à Pline, en médecine, à Galien et à Hippocrate, en philosophie, à la double tradition de la légende et des livres saints.

Les générations du seizième siècle croyaient, avec la Bible, qu'un Dieu unique a créé l'homme, mais elles croyaient, avec la Bible aussi, qu'entre l'homme et le Dieu créateur, il existe une quantité innombrable de créatures invisibles.

Ces êtres immortels, n'ayant jamais failli et voués à une béatitude immuable, sont rangés sur les degrés d'une échelle immense que Jacob a entrevue et qui monte de la terre au ciel. Au bas de cette échelle, placés le plus près de l'homme, mais déjà inaccessibles à ses regards, voici les anges ; plus haut, voici les archanges ; plus haut, voici les principautés. Montons encore ! Plus haut, voici les puissances ; plus haut, voici les vertus ; plus haut, voici les dominations. Montons encore ! Plus haut, voici les trônes ; plus haut, voici les chérubins ; plus haut, voici les séraphins. Et enfin, voilà Dieu !

Lorsque Dieu, perdu dans l'infini, daigne envoyer quelque message à l'homme, il le lui fait transmettre ordinairement par un des êtres inférieurs de cette hiérarchie. C'est un ange qui arrête le bras d'Abraham prêt à immoler son fils ; c'est un ange qui console Agar dans le désert ; c'est un ange qui délivre saint Pierre enfermé dans les prisons d'Hérode. Quand il s'agit d'une mission plus importante, Dieu choisit, pour la remplir, un esprit de la série immédiatement supérieure. C'est l'archange Gabriel qui annonce à Marie qu'elle enfantera le Messie ;

c'est l'archange Michel qui, dans la prophétie de l'Apocalypse, soutient la lutte définitive contre le dragon. L'homme n'a jamais vu d'être céleste qui prenne rang au-dessus de l'archange. C'est bien un séraphin qui a chassé Adam du Paradis, mais Adam n'a aperçu que le bout de son épée de flamme.

Au-dessous de Jéhovah, le dieu du bien, qui trône dans la lumière au sommet du ciel, la Bible nous montre, régnant dans les ténèbres, à l'autre extrémité, Satan, l'âme du mal. Satan, ange révolté, commande à une foule d'autres anges révoltés comme lui. « Il est des anges, dit » l'Écriture, qui n'ont pas gardé leur premier état, mais » ont laissé leur propre demeure. Dieu les a emprison- » nés dans des chaînes éternelles sous les ténèbres jus- » qu'au jugement dernier. » Quoique condamné par le Créateur à la prison perpétuelle, Satan n'en a pas moins parfois la permission de paraître sur la terre. C'est sur la terre que, pour trahir Jésus, il entre dans Judas Iscariote ; c'est sur une montagne de la terre qu'il transporte le Fils même de Dieu. Que dis-je? Nonobstant l'arrêt suprême, Satan a encore ses entrées dans le Paradis. C'est dans le Paradis que, sous la forme du serpent, il excite Ève à manger le fruit fatal. C'est dans le Paradis que, faufilé parmi les bienheureux, il fait avec Jéhovah le pari de séduire Job. Malgré sa ruine, l'ange rebelle est bien puissant encore. Il a fait faillir Adam, il a osé tenter le Christ ; et, un jour, il faudra que l'archange fasse appel à toutes ses légions pour venir à bout de ce diable!

Voilà le monde invisible, tel que la Bible le révélait aux générations du seizième siècle. D'un côté, les anges de lumière, planant dans le ciel au-dessous de Jéhovah ; de l'autre, les anges de ténèbres rampant dans l'Enfer au-dessous de Satan. D'un côté, des esprits perpétuellement bons et heureux ; de l'autre, des esprits à jamais méchants et misérables. Et entre ces esprits, une haine, une lutte, une séparation éternelle, la damnation.

Ici la tradition sacrée laissait une lacune.

La tradition populaire remplit cette lacune.

Entre le bon ange et le mauvais, la Bible ne voyait rien ; la légende découvrit un être.

Cet être, ce fut la fée.

La fée devint l'intermédiaire entre l'ange et le démon.

Entre le ciel et l'enfer, la Bible avait fait le vide.

La légende combla ce vide en y jetant un monde.

Ce monde, ce fut la féerie.

La féerie fut le pont jeté entre le ciel et l'enfer.

La Bible faisait d'un côté la lumière, de l'autre, les ténèbres.

Entre la lumière et les ténèbres, la légende évoqua un crépuscule. Ce crépuscule fut la féerie.

La féerie touchait à la fois aux deux extrémités de la création. Par en haut, elle atteignait les astres ; par en bas, elle fouillait le centre de la terre.

De même que la race angélique et la race diabolique, la race féerique se classait hiérarchiquement. Plus l'esprit était dégagé de la matière, plus il était élevé. La fée planait dans l'éther, le sylphe volait dans l'air, le lutin gambadait sur la terre, le gnome serpentait dans la terre. Tous ces êtres s'étageaient par ordre de sentiment sur les degrés de l'échelle indéfinie qui monte du mal au bien.

Le gnome était méchant.

Le lutin était malicieux.

Le sylphe était doux.

La fée était bonne.

Le gnome était presque un démon ; la fée presque un ange.

La diversité des climats de notre globe maintenait

entre tous ces êtres la hiérarchie établie par la diversité de leurs natures. Plus un pays était lumineux, plus l'esprit qui y paraissait d'ordinaire était pur. Le gnome, esprit hibou, choisissait de préférence le séjour des régions polaires : il s'acclimatait en Suède, en Norwége, en Islande, en Laponie et dans l'Allemagne du nord. Le lutin, moins ennemi du grand jour, se rapprochait un peu du midi et semblait avoir adopté l'Écosse. Le sylphe, plus méridional encore, affectionnait l'Irlande et l'Angleterre centrale. Enfin, la fée, amie des régions plus éclairées, choisissait d'ordinaire pour lieu de ses apparitions le sud dela Grande-Bretagne et la France, et envahissait parfois l'ardente patrie du Tasse et du Boiardo.

Historiquement, le gnome était scandinave d'origine ; le lutin était écossais ; le sylphe était anglais ; la fée était celte.

Célébré par les poëmes de l'Edda et par certaines ballades germaniques sous le nom de Kobold, le gnome hantait l'intérieur des montagnes et se fourrait dans les mines. Très-exclusif dans ses affections, il exigeait une amitié absolue du mineur qu'il daignait protéger. Si celui-ci était fidèle, il lui indiquait les plus riches filons, mais il punissait la moindre trahison avec une impitoyable rigueur. Voulant être uniquement aimé, le gnome aimait uniquement. Son favori excepté, il avait pour tout le genre humain la haine sauvage de Caliban. Je n'en veux pour preuve que la mort de Svegder, quatrième roi de Norwége, racontée par le barde Théodolf. Svegder avait juré de faire un pèlerinage à la cour de son ancêtre Odin. Afin d'accomplir ce vœu, il prit pour escorte les douze plus braves chevaliers de son royaume, et se dirigea avec eux vers les déserts de la Grande-Scythie, dans la direction que lui indiquaient les cartes routières d'alors. Il faut croire que ces cartes n'étaient pas très-bonnes ; car le roi erra pendant cinq ans sans pouvoir atteindre son but. Cependant, un jour, en chevauchant vers l'Est, il aperçut à l'horizon quelque chose qui ressemblait à une montagne. Aussitôt il piqua des deux et galopa en avant de ses compagnons. A mesure qu'il approchait, les linéaments de la montagne prirent sous ses yeux une forme architecturale. Les pics les plus saillants devinrent des tours ; les crêtes devinrent des créneaux ; les crevasses devinrent des fenêtres ; la caverne principale devint un porche grandiose. Quand Svegder arriva, la montagne était un château. Plus de doute, le roi avait enfin trouvé le palais d'Odin. Il donne du cor pour annoncer sa venue. Un nain paraît au seuil de la grande entrée. —Est-ce ici la demeure du dieu Odin? demande Svegder. — C'est ici, seigneur. Qui annoncerai-je ? — Son petit-fils, le roi de Suède. — Et le nain introduisit le roi. — Cependant les douze chevaliers, qui escortaient Svegder et qui le suivaient de loin, commençaient à s'inquiéter de ne plus le voir. Ils pressent leurs chevaux dans la direction qu'il a prise, et arrivent, haletants, à l'endroit même où leur roi venait de s'arrêter. Ils étaient au pied d'un rocher colossal. Les chevaliers appelèrent leur maître, ils le cherchèrent partout ; mais ce fut en vain ; et quand, de désespoir, ils repartirent, ils entendirent derrière eux l'énorme éclat de rire du gnome qui venait d'enterrer le roi dans sa montagne.

Le gnome n'aimait qu'un homme ; le lutin n'aimait qu'une famille. Il était pour cette famille une sorte de dieu Lare. D'après la description minutieuse qu'a donnée de lui un savant écossais, M. Cromek, le lutin était tout petit ; il avait les cheveux bouclés, et portait un manteau brun, orné d'un capuchon de même couleur, qui lui descendait jusqu'au genou. Il gardait le même manteau toute sa vie, et, comme il vivait plusieurs siècles, on conçoit qu'à un moment donné, il avait des trous au coude. N'importe, le lutin se drapait dans sa loque avec une fierté digne de Diogène. Un jour, une riche ménagère, voyant son esprit familier si pauvrement mis, eut l'idée charitable de lui offrir un pardessus bien chaud et bien élégant. Elle le fit de ses propres mains, et, le soir venu, le déposa soigneusement dans le coin favori de son cher hôte. Puis elle se retira discrètement pour le laisser s'habiller. Le lutin vint à son heure habituelle, mais, en voyant le nouvel habit, il fut profondément mortifié. Il poussa un gros soupir, et jurant de ne plus revenir chez son impertinente bienfaitrice, il partit en murmurant ces vers mélancoliques :

> A new mantle, and a new hood!
> Poor Brownie! ye'll ne'er do mair gude.

« Un manteau neuf ! un capuchon neuf ! Pauvre lutin ! vous ne ferez plus rien de bon. »

Le lutin, on le voit, voulait n'être aimé que pour lui-même. Une aventure du même genre était arrivée jadis dans le comté de Dumfries. Un lutin demeurait depuis trois cents ans au manoir de Liethin Hall. Ordinairement on ne voyait de lui que sa petite main, et ce n'était que dans les grandes occasions, pour rendre hommage aux seigneurs à leur avènement, qu'il se montrait tout entier. Dans le courant du quinzième siècle, il s'était attaché particulièrement à un de ces seigneurs qu'il avait vu successivement enfant, adolescent, jeune homme, homme mûr et enfin vieillard. Lorsque la fin de celui-ci approcha, le lutin, qui la voyait venir, fut pris d'un véritable chagrin : il ne touchait plus à rien de ce qu'on laissait pour lui à l'office. Le matin, quand on rangeait l'appartement, on retrouvait intact son souper, naguère dévoré de si bon appétit. Le morceau de pain blanc était tout sec, et la jatte de lait toute pleine. Toute la nuit on l'avait entendu pousser des cris plaintifs. Cela dura ainsi jusqu'au jour où le vieux seigneur mourut. Alors, le manoir resta quelque temps sans maître. Celui qui en héritait était un arrière-neveu du défunt, un jeune homme que personne au logis ne connaissait et qui était en voyage. A son arrivée, tous les vassaux s'empressèrent de venir lui faire hommage, et parmi eux le petit lutin. En voyant cet être chétif, maigri par un long jeûne et affublé d'un vieil habit à la mode de son trisaïeul, le nouveau seigneur ne put retenir un éclat de rire et commanda tout haut qu'on habillât son lutin à neuf. Mais l'offense était irréparable, et le lutin sortit en jetant au jeune laird cet adieu sinistre :

>Ca, cuttie, ca !
>A! the luck o Liethin Ha!
>Gangs with me to Bodsbeck Ha!

« Ah ! c'est fini ! Tout le bonheur de Liethin Hall part avec moi pour Bodsbeck Hall. »

La prédiction se réalisa vite. Peu de temps après, le manoir de Liethin Hall tombait en ruines, et le lutin qui l'avait abandonné apportait le bonheur au château rival de Bodsbeck.

On vient de voir qu'un souper était préparé pour le lutin. C'était là en effet un usage immémorial dans toutes les familles d'Écosse et même d'Angleterre. Le lutin ne voulait pas d'autre salaire pour son service. Il travaillait toute la nuit, nettoyait la maison, balayait l'escalier, lavait la vaisselle, rangeait les meubles. Quand il avait faim, il grignotait son pain ; quand il avait soif, il buvait son lait; et, pourvu que le pain fût bien blanc et le lait bien pur, il était content. Mais malheur aux ménagères si le repas était défectueux! Il était une fois un lutin qui demeurait dans une ferme des environs d'Édimbourg. Le fermier, étant devenu veuf, épousa en seconde noces une paysanne qui était d'une parcimonie rare. Dès son entrée en ménage, la nouvelle mariée résolut d'opérer des réformes qui lui parurent indispensables, et, pour commencer, elle crut pouvoir modifier la pitance du lutin. Le soir de ses noces, le moment étant venu de préparer le souper de ce « petit glouton », la paysanne ramassa sous la table une queue de hareng et un morceau de pain bis dont le chien n'avait pas voulu, et mit ces deux restes sur une assiette, à la place où d'habitude était déposé le morceau de pain blanc et la jatte de lait. Cela fait, elle monta triomphalement dans la chambre nuptiale.

Cependant, la nuit était déjà avancée, les deux mariés étaient au lit, et l'époux, ayant consciencieusement rempli ses devoirs, commençait à ronfler d'une façon édifiante, quand l'épouse, qui ne dormait pas encore, entendit un sifflement partir de la salle d'en bas. A ce sifflement un second sifflement répondit, puis un troisième, puis un quatrième, puis vingt, puis trente, puis cent. Tous ces sifflements, partis de différents points, semblaient venir des maisons voisines et se répondre les uns aux autres. Il se fit un silence de quelques minutes. Après quoi, la paysanne, toujours au guet, entend une rumeur dans l'escalier. Effrayée, elle appelle son mari, le secoue, le pince. Impossible de le réveiller! Que faire? La jeune femme se jette à bas du lit pour verrouiller la porte. Mais au moment où elle touche la serrure, elle se sent saisie aux cheveux, aux bras, aux jambes, par mille petites mains qui l'étreignent avec une force irrésistible. La malheureuse est ainsi traînée jusqu'au bas de l'escalier, où elle reste toute meurtrie, tandis qu'une foule de voix lui cornent aux oreilles ce refrain qu'elle n'a jamais oublié :

> Brown bread and herring cobb!
> Thy fat sides shall have many a bob.

« Du pain bis et une queue de hareng ! Tes grasses hanches auront bien des bobos. »

La leçon était trop bonne pour ne pas profiter. La ménagère se rappela toujours la nuit de ses noces ; et désormais, lorsqu'il s'agit d'apprêter le souper du lutin, il n'y avait jamais de pain assez blanc ni de lait trop pur.

On le voit, le lutin avait de la rancune. Mais au fond, il était loin d'être cruel. C'était un petit espiègle qui aimait les grosses farces. Voilà tout. Il s'amusait, comme le Puck de Shakespeare, à faire peur aux filles du village, à égarer la nuit les voyageurs, à faire hennir un cheval en imitant le cri de la jument, à prendre les formes les plus drôles, à se changer en pomme cuite pour tromper la gourmandise du marmot ou en tabouret pour tromper la paresse de la grand'maman. Charmante créature en somme, et rachetant tous ses défauts par des qualités. Il était vindicatif, c'est vrai, mais il était reconnaissant ; il était exigeant, mais il était dévoué. Et, s'il ne s'agissait d'un esprit, on pourrait dire de lui ce qu'on dit de tous les enfants gâtés : mauvaise tête, mais bon cœur [1].

---

[1] L'existence de ce génie domestique est *officiellement* constatée par un magistra fort considérable qui fut désigné par Henri IV pour instruire contre les sorciers, le sieur De L'ancre, conseiller du roi en son conseil d'État. Voici ce que dit ce docte jurisconsulte dans un livre dédié à l'*Invincible Louis XIII, par la grâce de Dieu roi de France et de Navarre* : « On en est venu jusque là
» qu'on ne s'effraye plus des démons ou esprits domestiques ou tutélaires,
» sous prétexte que nous les consultons et qu'ils font semblant de nous tenir
» en protection. Plusieurs, sans crainte de leur forme hideuse, tiennent des
» marmousets dans leurs maisons, lesquels se laissent tenir et enserrer dans
» des boîtes ou armoires. L'histoire *très-véritable* en est célèbre et *récente*

Autant le lutin était farceur, autant le sylphe était doux. Autant le lutin était folâtre, autant le sylphe était mélancolique. Autant le lutin était effronté, autant le sylphe était timide. Le sylphe, que les Anglais appellent *elf*, fuyait l'humanité, non par haine, comme le gnome, mais par pudeur. « Les habitants de l'île de Man, chez qui
» les sylphes résident encore, les appellent les *bonnes gens*
» et disent qu'ils vivent dans les déserts, dans les forêts,
» sur les montagnes et évitent les grandes villes à cause
» des méfaits qui s'y commettent (Waldron's *Isle of*
« *Man*, p. 126). » Le sylphe, on le voit, était un misanthrope. Il avait horreur de notre société, de notre civilisation, de nos lâchetés, de nos versatilités, de nos platitudes, de nos sujétions, de nos oppressions, de nos servilités, de nos égoïsmes. C'était dans la nature seulement qu'il pouvait vivre. Il affectionnait les bois, les collines, les prairies, le bord des lacs. Amoureux du printemps, il en portait la livrée et s'habillait tout de vert. C'était même un sacrilége à ses yeux qu'un homme osât porter la couleur de la végétation. Un ministre d'Écosse, le Rév. Graham d'Aberfoyle, dans ses *Esquisses du comté de Perth*, affirme que le vert est une couleur funeste, qui a causé de grands désastres dans sa famille même, et il n'hésite pas à attribuer ces désastres à l'influence du sylphe

» d'une jeune fille en la ville de Blois en Berry, laquelle fut commise à la
» garde d'un marmouset que tenait son maître. Elle fut déférée à la justice et
» confessa qu'il était vrai que s'en allant aux champs, il lui avait recommandé
» de lui porter à manger et en avoir soin. *Elle fut condamnée à la mort par*
» *arrêt du parlement de Paris...* Wier écrit qu'étant enfant, on voyait sou-
» vent chez son père, de ces esprits lares, lesquels jetaient dans les degrés
» des sacs pleins de grains et d'autres marchandises, tenant alors pour signe
» certain que les marchands le jour en suivant devaient venir pour les acheter.
» Ce sont les génies, Lares ou démons qui président ès maisons et s'en veu-
» lent rendre maîtres, qu'on appelle *esprits Fées*. » *Mescréance du sortilége*
» *plainement convaincue. A Paris, chez Nicolas Buon, rue Saint-Jacques.*
1622, p. 380, 381 et 383. Note de la deuxième édition.

irrité. Un Graham fut tué pendant une bataille par un coup d'épée reçu à travers un des carreaux verts de son plaid! Un autre Graham, vieux chasseur, fit une chute mortelle, un jour qu'il avait raccommodé son fouet avec un cordon vert!

Le sylphe gardait donc religieusement son costume. Il ne changeait de forme que pour changer d'élément. Alors il se faisait farfadet pour s'élancer dans le feu et jouer avec sa cousine, la salamandre païenne; il se faisait ondin pour pénétrer dans l'eau et surprendre sa tante, la naïade antique. Ses jeux, à lui, ce n'était pas d'égarer les voyageurs, ni de tendre des pièges aux hommes, c'était, comme nous le dit Prospéro, de suivre de son pas sans empreinte les ondulations de la marée, c'était de tracer sur le gazon ces cercles âcres où la brebis ne mord pas, c'était d'écouter le solennel couvre-feu, c'était d'ouvrir à minuit les champignons et de se mettre sous ces parasols à l'ombre de la lune. Les sylphes étant aussi nombreux que les atomes, il fallut maintenir l'ordre dans cette foule immense; et cette nécessité, paraît-il, avait amené la formation d'un gouvernement. Selon les livres cabalistiques du seizième siècle, ils étaient divisés en trois légions, commandées par trois capitaines : *Damalech*, *Taynor* et *Sayanon*, lesquels obéissaient eux-mêmes à un prince. Ce prince était l'esprit de la terre. Il était vassal du roi des fées et s'appelait *Ariel*.

Le gnome n'aimait qu'un homme.
Le lutin aimait une famille.
Le sylphe aimait la nature.
La fée aimait l'humanité.

D'après le dogme celtique, les créatures tutélaires qui, dans leur passage sur cette terre, avaient dirigé par leurs conseils et gouverné par leurs oracles les assemblées gauloises, ne cessaient pas, une fois mortes, de protéger ceux qu'elles avaient défendus, vivantes. Avant de revenir dans ce monde animer d'autres corps, ces âmes d'élite passaient dans un monde meilleur et vivaient là des milliers d'années sous l'enveloppe transparente du fantôme. Druidesses sur la terre, elles étaient fées au ciel.

Les Celtes les vénéraient alors comme des déesses ; ils plaçaient sous leur invocation leur foyer, leur cité, leur patrie, et ils leur élevaient des autels symboliques semblables à celui qui fut découvert au siècle dernier, orné de cette inscription mystérieuse :

GENIO ARVERNORUM SEX. ORCIUS SUAVIS ŒDUUS.

Ce n'était pas seulement l'Auvergne qui avait son génie. Dans toute la Gaule, dans toute la Grande-Bretagne, chaque ville avait sa fée protectrice. Bibracte avait la sienne, Lutèce avait la sienne, Bordeaux avait la sienne, la puissante Tudela ; Lyon avait la sienne ; Londres, Cantorbéry, Winchester avaient les leurs.

Ce ne fut qu'après le règne de Constantin que les populations celtiques, converties forcément au christianisme, commencèrent à négliger leur ancien culte, et à délaisser les fées druidiques pour les anges de l'Orient. C'est à cette négligence qu'a été attribuée la froideur témoignée dès lors par les fées à la race humaine. Le grand mouvement catholique des croisades parut augmenter leur froideur, et, s'il faut en croire le poëte Chaucer, elles avaient cessé de se montrer sur la terre dès le quatorzième siècle :

> In old time of the king Artour,
> Of which that Bretons speken great honour,
> All was this land fulfilled of faerie ;
> The Elf queen with her joly company,

INTRODUCTION.

>Danced full oft in many a greene mead.
>This was the old opinion, as I rede —
>I speak of many hundred years ago,
>But now can no man see no elves mo.
>For now the great charity and prayers
>Of limitours, and others holy freres,
>That searchen every land and every stream,
>As thick as motes in the sunne beam,
>Blessing halls, chambers, kitchenes and boures.
>Cities and burghes, castles high and towers,
>This maketh that there ben no fairies.

« Au vieux temps du roi Arthur, celui dont les Bretons parlent avec grand respect, tout ce pays-ci était plein de féerie. La reine des fées avec sa gaie compagnie dansait bien souvent dans plus d'une prairie verte. C'était là l'ancienne croyance, d'après ce que je lis... Il y a bien des siècles de cela. Mais maintenant on ne voit plus de sylphes. Car la grande piété et les prières des moines mendiants et autres saints frères qui, aussi nombreux que les atomes dans un rayon de soleil, fouillent toutes les terres et tous les cours d'eau, bénissant les salles, les chambres, les cuisines, les chaumières, les cités, les bourgs, les grands châteaux et les tours, — font qu'il n'y a plus de fées. »

Ainsi méconnues par des peuples ingrats, les fées s'étaient réfugiées au plus profond de l'éther. Mais telle était leur indulgence pour la race humaine que, dans les dangers pressants, elles redescendaient bien vite sur la terre pour prêter leur secours souverain aux générations qui les invoquaient. C'est ainsi qu'en plein moyen âge la fée Mélusine avait accepté l'hommage de Guy de Lusignan et, en daignant épouser le comte, lui avait apporté en dot la victoire. C'est ainsi qu'au quinzième siècle, à une époque plus critique, au moment où notre sol natal était envahi par l'étranger, au moment où le clergé catholique sacrait un Anglais roi de France, les antiques fées druidiques étaient apparues à Jeanne d'Arc sous le chêne de Bourlemont et lui avaient mis aux mains cette épée irrésistible que Vercingétorix avait brandie et avec laquelle la Pucelle reconquit la vieille Gaule.

Les fées avaient gardé là-haut ce don de prophétie que, sibylles, elles avaient eu ici-bas. Elles voyaient l'avenir; elles connaissaient tous les secrets de la matière; elles avaient, comme la marraine de Cendrillon, le privilége divin de dispenser le bonheur, et elles avaient, pardessus le marché, cet autre privilége divin d'être dispensées du travail. Mais, remarquons-le bien, quoique placées dans une région supérieure à la nôtre, elles n'en étaient pas moins soumises aux passions, aux infirmités, aux défaillances de la créature. Bien que chaque jour de leur vie équivalût à une année de la nôtre, elles n'en étaient pas moins mortelles. Bien que leurs aliments fussent plus raffinés que les nôtres, elles n'en étaient pas moins obligées de se nourrir. Leur monde, si heureux relativement au nôtre, était encore un monde sensuel, après tout. Il ressemblait à cet Eden païen que les âmes étaient obligées d'abandonner après mille ans de séjour.

Largior hic campos æther et lumine vestit
Purpureo, solemque suum, sua sidera norunt.

Si, comme l'Élysée de Virgile, le pays féerique avait un air plus pur et un autre soleil que notre terre, il n'offrait pas à ses élus de nouvelles jouissances. Là, les grandes distractions étaient encore les récréations humaines : la musique, la danse et la chasse. Et telle était, assure-t-on, la prédilection des fées pour le plaisir de Diane, que, sortant de leur région, elles faisaient ici-bas des cavalcades périodiques afin d'essayer sur notre gibier leurs flèches enchantées. Alors ces transparentes chasseresses ressemblaient à ces ombres des héros troyens qu'Énée avait aperçus jadis maniant des armes et domptant des chevaux.

La féerie réalisait encore le paradis voluptueux de Tibulle :

> Hic juvenum series teneris immissa puellis
> Ludit, et assiduo prælia miscet amor.

Si les mêlées amoureuses avaient là tout leur charme, elles gardaient là aussi tous leurs dangers. Chez les fées, comme chez les hommes, on retrouvait l'amour avec tous ses troubles, toutes ses taquineries, toutes ses alarmes, tous ses désenchantements. Shakespeare n'a rien exagéré, quand, peignant les querelles du roi et de la reine des fées, il nous a montré les sylphes blottis, tout effrayés, dans la coupe des glands. Le lecteur verra plus loin avec quelle acrimonie les deux époux se reprochent leurs infidélités réciproques. — Vous courez après Périgénie, dit l'une. — Tu cours bien après Thésée ! réplique l'autre. Et les voilà qui se séparent furieux.

Le fait est que Titania et Obéron avaient eu déjà plus d'une aventure sur cette terre. Comme autrefois les divinités de l'Olympe, le roi et la reine des fées ne dédaignaient pas de mésallier ici-bas leurs amours, et l'on citait plus d'une créature humaine qui avait été honorée d'un de ces augustes caprices.

S'il faut en croire une chronique du seizième siècle, Obéron avait fait des siennes comme Jupiter : il avait aimé sous le chaume, et, déguisé en berger, avait séduit une jolie paysanne, dont il avait eu un fils qui s'appelait Robin. Le petit Robin était un fort mauvais sujet, et, en cette qualité, il avait reçu de ses camarades le surnom de *bon enfant*. Un jour, ayant fait quelque fredaine et craignant d'être battu, il résolut de ne pas rentrer chez sa mère. Il courut longtemps à travers champs, et à la fin, épuisé de fatigue, il s'endormit sous un chêne.

« A peine le sommeil s'était-il emparé de lui, à peine
» avait-il fermé les paupières, qu'il pensa voir un grand
» nombre de personnages magnifiquement vêtus qui
» dansaient sur d'antiques mesures autour de lui. En
» même temps, il entendit une musique si belle que,
» comparé à l'un de ces musiciens-là, Orphée, le fameux
» violon grec, eût été aussi infâme qu'un de ces harpis-
» tes gallois qui jouent pour un morceau de fromage
» et un oignon. Comme les plaisirs en général ne du-
» rent pas longtemps, de même ceux-ci finirent beau-
» coup plus tôt que Robin ne l'eût voulu. Il s'éveilla de
» chagrin, et trouva près de lui un parchemin sur lequel
» étaient écrites les lignes suivantes en lettres d'or :

« Robin, mon unique fils et héritier,
Ne t'inquiète pas de savoir comment tu vivras :
Tu as reçu de la nature des qualités ingénieuses,
Auxquelles j'ajouterai d'autres dons.
Désire n'importe quoi, et tu auras ton désir.
Pour tourmenter les sots et les coquins,
Tu peux à ton gré te transformer
En cheval, en cochon, en chien, en singe.
Ainsi métamorphosé, aie grand soin
De ne t'en prendre qu'aux coquins et aux coquines ;
Mais aime ceux qui sont honnêtes,
Et secours-les en cas de besoin.
Fais cela, et le monde entier connaîtra
Les fredaines de Robin Bonenfant.
C'est de ce nom que tu seras appelé
Par les siècles futurs.
Si tu observes mon juste commandement,
Tu verras un jour le pays des fées.
Un mot encore ! Celui qui dira tes fredaines
Aura tous mes remerciments [1]. »

---

[1] Traduit d'un ouvrage fort rare du seizième siècle, qui fait partie de la bibliothèque de lord Egerton, et que M. Collier vient de réimprimer. Cet ouvrage est intitulé : *Les joyeuses fredaines et les gaies plaisanteries de Robin Bonenfant.*

Au temps de Shakespeare, Robin avait été depuis longues années rappelé par son père dans le pays des fées. Le gamin était devenu lutin. Mais il était encore si populaire que le poëte a voulu l'introduire dans le *Songe d'une nuit d'Été* sous le nom désormais immortel de Puck.

On le voit, le roi des fées se permettait d'avoir des bâtards ni plus ni moins qu'un dieu de la mythologie. Mais, si Obéron imitait aussi bien Jupiter, en revanche Titania n'imitait pas Junon. Elle n'était guère plus fidèle comme épouse que lui comme époux. Et, s'il faut s'en rapporter à certaine ballade scandaleuse de l'antique Écosse, ses amours avec Bottom n'ont pas été le premier coup de canif au contrat.

Écoutez l'histoire.

Par une belle journée d'été, vers la fin du treizième siècle, un jeune homme était couché à l'ombre d'un vieil arbre, sur la pente d'une des trois collines qui dominent les ruines de l'abbaye de Melrose, en Écosse.

Le vieil arbre, célèbre sous le nom de chêne d'Eildon, était hanté par les fées. Le jeune homme, non moins fameux sous le nom de Thomas le Rimeur, était hanté par les Muses.

Le jeune homme rêvait, et, pour trouver le couplet final d'une romance commencée, il écoutait chanter les oiseaux. Il cherchait le sens d'un air mystérieux qu'une grive et un geai fredonnaient au-dessus de sa tête, quand un spectacle singulier attira tout à coup son attention.

Il vit venir à lui une femme qui traversait la bruyère, emportée par le galop d'un cheval. Thomas distingua d'abord le cheval. C'était un magnifique genet gris-pommelé qui rongeait un frein d'or et à la crinière duquel résonnaient soixante-neuf grelots d'argent.

La personne qui le montait semblait venir de la chasse.

Elle soufflait dans un cor d'ivoire une fanfare inouïe, et tenait en laisse trois lévriers, tandis que deux épagneuls accouplés haletaient derrière elle. A l'arçon de sa selle, brodée de pierreries, pendaient un arc et des flèches.

En voyant cette écuyère, un poëte païen l'eût prise pour Diane chasseresse. Mais Thomas était trop bon catholique pour faire une pareille supposition. Selon lui, une apparition si belle ne pouvait être que la bonne Vierge :

> He said yonder is Mary of Myght
> That bare the child that died for me,
> Certes but I may speak with that lady bright,
> My heart will breke in three.

« Il dit : c'est Marie, pleine de puissance, mère de l'enfant qui mourut pour moi. Certes, si je parlais à cette dame brillante, mon cœur se briserait en trois. »

Ébloui de cette majesté divine, le ménestrel se leva et voulut se retirer au haut de la montagne. Mais l'inconnue courut après lui.

— Pourquoi me fuis-tu? lui dit-elle.

— Ayez pitié de moi, reine du ciel, fit Thomas en tombant à genoux.

— Je ne suis pas reine du ciel, mais souveraine d'un autre pays. En ce moment, je chasse la bête sauvage, et voici mes limiers en arrêt.

Rassuré dans ses scrupules religieux, le ménestrel changea de ton.

— Si vous chassez la bête sauvage, dit-il en riant, alors vous m'avez pour proie, belle dame! je suis à vous, soyez à moi.

Et Thomas saisit l'écuyère par le bas de sa robe.

— Que faites-vous?

— Je vous aime.

— Laissez-moi. Savez-vous que, si vous me touchez, je perds toute ma beauté?

— Qu'importe? Belle ou laide, je vous suivrai partout. J'en jure par le ciel ou par l'enfer, à votre choix.

— Jurez sur votre honneur, gentilhomme! fit l'inconnue en descendant de cheval.

Tout à coup un scrupule nouveau la prit.

— Si je vais avec vous sous cet arbre, vous irez dire partout que je suis une fille, et me voilà perdue.

— Si vous venez avec moi sous cet arbre, je serai muet, et tout l'or de la chrétienté ne me fera pas parler.

Et le ménestrel prit l'inconnue par la taille, et tous deux disparurent sous l'ombre du grand chêne.

Ici, laissons jaser la ballade :

Seuyen tymes by her he lay.

Sept fois heureux, les amants restèrent toute une journée dans les bras l'un de l'autre. Le soleil était sur son déclin, quand les piaffements du cheval rappelèrent à l'inconnue qu'il était temps de partir.

— Hâtons-nous, dit-elle au jeune homme; si je tarde, mon mari devinera tout.

— Vous êtes donc mariée! s'écria Thomas avec étonnement.

— Je te conterai tout cela plus tard. Nous sommes pressés. Monte à cheval. Tu me prendras en croupe.

Le jeune homme sauta en selle et se retourna vite pour offrir la main à sa bien-aimée. Mais quelle fut son horreur en la regardant alors! La robe splendide que Thomas venait de chiffonner n'était plus qu'un haillon. Ces beaux cheveux noirs qu'il avait baisés tout à l'heure avec tant de transports étaient devenus gris; ce noble front s'était ridé; ces fraîches joues s'étaient creusées; ces yeux si brillants s'étaient ternis; cette taille si svelte s'était voûtée; en une minute la ravissante créature avait vieilli de cent ans; la houri s'était changée en stryge!

Thomas poussa un gros soupir. Il aurait bien voulu descendre et s'en retourner dans son manoir d'Enceldoune. Mais il avait juré de suivre l'inconnue, et Thomas était de ces gens naïfs qui croient à la sainteté du serment. D'ailleurs, eût-il eu la fantaisie de se parjurer, il n'en avait plus la puissance. Sa compagne, assise derrière lui, l'étreignait sur la selle avec une force surhumaine, et le cheval était déjà parti avec la vitesse d'un hippogriffe. La bête, qui semblait connaître son chemin, brûla la bruyère et s'enfonça dans la montagne.

Les deux amants se trouvèrent alors au milieu d'une nuit profonde.

— Dieu ait pitié de mon âme! pensa Thomas.

Le cheval galopait à travers une immense caverne qui, longtemps obscure, finit par s'éclairer d'une vague lueur.

— Quelle est cette clarté? demanda Thomas.

— C'est l'aurore d'un autre soleil, répondit l'autre.

Le cheval avançait toujours et la clarté grandissait. Thomas entendit un bruit de flots et regarda devant lui. Il vit une chose extraordinaire : c'était une énorme rivière rouge qui barrait l'issue de la caverne.

— Quelle est cette rivière? demanda-t-il.

— C'est le fleuve que fait le sang versé par les hommes. Ce fleuve-là grossit sans cesse; car il a pour source le meurtre et la guerre pour affluent.

— Allons-nous donc le traverser?

— Il le faut bien pour arriver dans l'autre monde.

Et, pendant que l'inconnue disait cela, le cheval se jetait dans le fleuve et nageait résolûment. Thomas se sentit mouillé jusqu'au genou par cette houle horrible.

Heureusement, l'animal atteignit vite l'autre bord et s'arrêta.

Aussitôt Thomas mit pied à terre.

— Donne-moi la main pour descendre, lui dit sa compagne.

A peine l'inconnue avait-elle touché ce nouveau sol, qu'elle était transfigurée. Ses cheveux gris étaient redevenus noirs; son front s'était déridé; ses yeux avaient perdu leur vilaine patte d'oie; sa taille s'était redressée; une ravissante fossette avait remplacé sur sa joue le pli sinistre de la vieillesse; la stryge était redevenue houri!

La surprise du ménestrel continua quand il examina l'endroit où il se trouvait. Il était sous un arbre colossal à l'ombre duquel aboutissaient trois routes. A en juger par son envergure, cet arbre devait avoir plusieurs milliers d'années. Il était chargé de beaux fruits jaunes qui ressemblaient à des pommes.

Thomas, à qui le voyage avait ouvert l'appétit, et qui n'avait rien mangé depuis qu'il avait quitté Enceldoune, eut envie d'un de ces fruits, et il allait en cueillir un, sans plus de cérémonie que si c'eût été une reinette, quand sa compagne lui retint le bras :

— Imprudent! sais-tu ce que tu vas faire? Cet arbre que tu vois est le même arbre que les livres saints placent dans le paradis terrestre, et dont Dieu a défendu les fruits au premier homme. Voudrais-tu donc recommencer le péché d'Adam?

Thomas, qui se rappelait la catastrophe causée par la gourmandise de notre aïeul, retira sa main avec épouvante.

— Aie patience, continua la splendide créature, tu ne perdras rien pour attendre. Nous touchons au terme de notre voyage, et je te promets de te faire faire tout à l'heure un déjeuner plus choisi et moins coûteux. — Vois-tu, Thomas, ces trois chemins qui aboutissent au carrefour où nous sommes?

— Je les vois, répliqua le ménestrel.

— Vois-tu, Thomas, le premier chemin, ce sentier tout encombré d'épines et de ronces? C'est le chemin que prennent les justes. Il mène au royaume de Dieu.
— Vois-tu, Thomas, le second chemin, cette grande route toute semée de lis? C'est le chemin que prennent les méchants. Il mène au royaume du diable. — Vois-tu, Thomas, le troisième chemin, cette belle allée qui serpente le long de la colline? C'est le chemin que nous allons prendre. Il mène dans mon royaume.

— Seriez-vous, par hasard, la reine des fées? balbutia Thomas ébloui.

— Tu l'as dit. Maintenant suis-moi, je vais t'introduire au château et te présenter au roi. Mais, auparavant, jure-moi de ne pas prononcer une parole, quoi que tu puisses entendre ou voir. Ce silence est la condition de ton salut. Si tu échanges seulement un mot avec un habitant du pays féerique, tu ne peux plus revenir sur la terre.

— Je jure d'être muet, dit le ménestrel solennellement.

Et Thomas suivit la reine.

Après quelques minutes de marche, il aperçut un édifice prodigieux. C'était le palais des fées.

La ballade à laquelle mon récit est emprunté omet de décrire ce palais. Mais un autre poëme écossais, la ballade intitulée : *Orphée et Eurydice*, peut nous donner une idée de sa construction. Le Louvre féerique était un édifice d'une hauteur gigantesque, ceint de cent tours crénelées, et ayant pour coupole un seul morceau de cristal. A l'intérieur, il était divisé en vastes salles soutenues par des colonnades d'or, et taillées chacune dans une pierre précieuse. Quand la lumière du jour faiblissait, toutes ces pierres précieuses étincelaient, toutes ces colonnades flamboyaient, toute cette coupole rayonnait. Alors le palais des fées devenait une immense escarboucle.

Ce fut dans cette vertigineuse demeure que le ménestrel suivit son introductrice. La reine passa d'abord par les cuisines, sans doute pour rassurer l'estomac inquiet de son compagnon. Là, en effet, Thomas vit les apprêts du plus succulent dîner. Quarante cerfs, abattus par le roi dans la journée, rôtissaient devant d'énormes brasiers, et des lévriers dévoraient dans des coins les restes de cette curée. Mais, hélas! l'étiquette avant l'appétit. Pour être admis à la table royale, il faut d'abord, chez les fées comme chez les hommes, être présenté au roi.

La reine entraîna donc son hôte dans le salon de réception et le présenta à son auguste époux, donnant, pour expliquer le mutisme du nouveau venu, cette raison péremptoire qu'elle lui avait retiré l'usage de la parole. Sa majesté accepta l'explication, et, soit par bon goût, soit par excès de confiance, ne fit à la reine aucune observation sur son absence prolongée.

Au surplus, le moment n'était pas bien choisi pour une explication conjugale. Il y avait bal à la cour. La salle du trône, où Thomas avait été introduit, était pleine de seigneurs-fées et de dames-fées qui dansaient des sarabandes fantastiques. La musique n'était pas moins merveilleuse que la danse. Notre ami examina l'orchestre avec curiosité : il y reconnut le luth, la lyre, la guitare, le violon et la harpe, mais les autres instruments étaient absolument nouveaux pour lui.

Thomas, qui s'y connaissait en sa qualité de ménestrel, pensa n'avoir jamais ouï de concert si parfait. Il battait la mesure malgré lui, et enfin, n'y tenant plus, il se laissa enlever par la reine dans la ronde irrésistible. Sous l'empire de l'archet féerique, le poëte oublia la fatigue, et ne pensa plus aux quarante cerfs qui rôtissaient dans la cuisine. Le concert était devenu pour lui le plus exquis des repas. Il soupa de musique, il se gorgea de mélodie, il se rassasia d'harmonie;

et, quand les instruments s'arrêtèrent, il n'avait plus faim.

C'est qu'en effet, dans ce milieu nouveau, Thomas n'avait plus les besoins de la matière. Il n'était plus l'homme grossier et vil d'autrefois. Nos aloyaux les plus appétissants lui eussent répugné. Alors la vibration d'une harpe suffisait à le nourrir, le parfum d'une fleur l'eût grisé.

Qui pourrait peindre la vie du poëte, ainsi transporté en pleine féerie? Il avait oublié cette terre, il avait oublié son Écosse, ses hautes montagnes, son donjon d'Enceldoune; il avait oublié ses parents, ses amis, qui le croyaient mort, et qui disaient en pleurant : Pauvre Thomas! Il ne se souvenait plus de son existence en ce monde que comme l'homme qui se réveille se rappelle le cauchemar passé. C'était mieux qu'un réveil, c'était une résurrection. Nouveau-né dans un monde supérieur, Thomas avait l'amour pour nourrice et la musique pour berceau.

Cette vie enchantée, la ballade se reconnaît impuissante à la décrire, et moi, traducteur prosaïque, je vous la laisse rêver.

Tout cela cependant était trop beau pour durer.

Le ménestrel résidait depuis quelque temps au palais des fées, quand la reine vint le trouver secrètement.

— Thomas, lui dit-elle, tu me vois désolée. Je viens te dire adieu. Il faut que tu me quittes au plus vite pour t'en retourner chez les hommes.

— Comment! s'écria le poëte avec stupeur, si tôt!

— Si tôt! répliqua la reine; depuis combien de temps crois-tu donc avoir quitté la terre?

— Depuis sept jours à peine, murmura Thomas, pour qui cette existence avait passé comme un rêve.

— D'après notre calendrier, il n'y a que sept jours. D'après le tien, il y a sept ans.

— Sept ans!... qu'importe? N'ai-je pas juré d'être avec vous toujours?

— Ah! tu ne sais pas notre grand secret! je ne t'en ai pas parlé d'abord de peur de t'effrayer, mais je vois qu'il faut que je te le dise. Sache donc que, nous autres fées, nous payons périodiquement le tribut d'une âme à l'enfer. Or, c'est demain que le démon vient réclamer le tribut. Et, plutôt que de sacrifier une d'entre elles, les fées te livreraient à lui. Fuis donc tandis qu'il en est temps encore.

Le pauvre Thomas pleurait.

— Console-toi, ami! poursuivit la reine. La vie sur la terre n'est pas longue. Quand l'heure fatale où elle doit finir pour toi approchera, je devancerai la mort et j'irai te chercher. En attendant, je veux que tu emportes parmi les hommes un gage de ma puissance. Je te donne dès à présent le privilége surhumain de prédire l'avenir. Poëte, je te sacre prophète!

Et la reine étendit sa baguette.

Aussitôt Thomas se sentit enlevé par une puissance invisible. En moins d'une seconde, sans qu'il eût pu dire comment, il se retrouva seul, étendu à l'ombre du chêne d'Eildon, sur le même gazon où il avait eu, sept ans auparavant, un si doux tête-à-tête. Notre ami reconnut parfaitement l'endroit. La grive et le geai qu'il avait entendus jadis étaient encore là, chantant toujours le même air. La forêt avoisinante était à la même place; seulement on voyait qu'elle avait grandi. Les arbrisseaux d'autrefois étaient maintenant de beaux arbres, tout barbus de mousse, et le gros chêne d'Eildon avait pris un surcroît d'embonpoint.

Voilà donc Thomas de nouveau en ce monde. Adieu les jours sans nuit, adieu les printemps sans hiver, adieu les jouissances sans labeur du paradis féerique!

Thomas a endossé de nouveau le vieux harnais de misère. En apprenant son retour inespéré, tous ses amis vinrent le féliciter. On l'avait cru mort, le malheureux! Mais c'était une fausse alerte! Il nous était enfin rendu, et pour longtemps, il fallait l'espérer!

Cependant le bruit se répandit bien vite que Thomas le Rimeur avait le don de lire dans l'avenir. La renommée du poëte, justifiée par l'événement, se répandit partout. Le roi, les plus grands seigneurs, les plus belles dames de l'Écosse, voulurent se faire dire par lui la bonne aventure. On vint, non-seulement d'Écosse, mais d'Angleterre et même de France, pour consulter l'oracle d'Enceldoune. Le manoir de Thomas devint un petit temple delphique.

Parmi les prédictions que Thomas fit alors, il en est dont on attend encore la réalisation.

Ainsi, les habitants d'une ville d'Écosse, appelée Kelso, ayant bâti une église, vinrent demander à Thomas quelle en serait la durée. Thomas répondit qu'elle s'écroulerait lorsqu'elle serait comble. Aujourd'hui, l'église est encore debout, mais, en 1782, il y eut une panique terrible. Une foule énorme s'était assemblée dans l'église pour écouter un prédicateur en vogue. Au beau milieu du sermon, une pierre tombe de la voûte. Tout le monde alors croit que l'heure fatale annoncée par Thomas est arrivée. C'est un sauve-qui-peut universel. On se presse, on se foule, on s'étouffe aux portes. Heureusement, on en est quitte pour la peur; mais la peur a été si grande que, depuis cette époque, les bancs de l'église sont presque toujours vides.

Une autre fois, un seigneur écossais appelé Haig, ayant construit un beau château à Bemerside, demanda à Thomas quelle en serait la destinée. Thomas répondit :

> Betide, betide, whate'er betide,
> Haig shall be Haig of Bemerside.

« Arrive, arrive, arrive que pourra, les Haig seront toujours les Haig de Bemerside. » Le seigneur se retira fort satisfait d'un oracle qui faisait de son château l'héritage perpétuel de ses descendants mâles. Toutefois, au milieu du siècle dernier, on crut que l'oracle allait être en défaut. Le gentilhomme qui possédait alors le vieux manoir avait bien douze enfants, mais ces douze enfants étaient douze filles. Il semblait que le fief était définitivement tombé en quenouille, quand, quelques temps après la naissance de la douzième fille, la châtelaine de Bemerside mit au monde un garçon! Ce fils unique est devenu le père d'une lignée nouvelle, et les Haig sont toujours les Haig de Bemerside.

Heureusement pour la gloire de Thomas, ses plus célèbres prophéties se sont déjà réalisées. J'en citerai deux notamment qui ont pour elles le certificat de l'histoire.

En 1292, raconte l'annaliste Boèce, Thomas le Rimeur annonça au comte de March que, tel jour, à midi, il éclaterait une tempête comme l'Écosse n'en avait jamais vu. Au jour dit, il faisait le plus beau temps du monde, la matinée était superbe. Le comte de March vient trouver le devin et lui déclare devant tous qu'il n'est qu'un imposteur. — Attendez, dit tranquillement Thomas, il n'est pas tout à fait midi. — Au même instant, la route se couvre de poussière. Un courrier arrive au grand galop et apporte la nouvelle que le roi alors régnant, Alexandre III, vient de mourir d'une chute de cheval. — Seigneur, reprit Thomas en s'adressant au comte, voilà la tempête que je vous avais annoncée.

Que répliquer à cela?

Vers la même époque, un seigneur écossais encore

obscur, nommé Robert Bruce, vint trouver Thomas dans son manoir et lui demanda quelle serait la destinée de sa race. Thomas lui répondit par ces vers que la tradition a conservés religieusement :

> Who shall rule the isle of Britaine,
> From the north to the sout sey?
> A French queene shall beare the sonne,
> Shall rule all Britaine to the sea;
> Which of the Bruce's blood shall come,
> As neere as the nint degree.

« Qui gouvernera l'île de Bretagne, du nord au sud? Une reine française mettra au monde le fils qui gouvernera toute la Bretagne jusqu'à la mer : il sortira du sang de Bruce, dès le neuvième degré. » Le chroniqueur Fordun, l'archevêque Spottiswoode et le roi d'armes Nisbet ont certifié l'authenticité de cette prédiction que Shakespeare a vue s'accomplir. En 1603, les deux couronnes d'Angleterre et d'Écosse ont été réunies sur la tête de Jacques Ier, le neuvième descendant de Robert Bruce, le fils de la reine de France Marie de Guise.

Mais laissons là les prophéties et revenons au prophète.

Un soir d'automne de l'année 1298, il y avait fête au manoir d'Enceldoune. Thomas le Rimeur avait reçu la visite du grand lord Douglas et fêtait l'arrivée de son hôte dans un beau banquet. Tous les seigneurs et toutes les dames des châteaux voisins avaient été invités. Le repas était plein de gaieté et de liesse; les verres s'entre-choquaient; les joyeux propos et les tendres regards s'échangeaient. La soirée était si douce que les croisées avaient été ouvertes, et la lune, ainsi conviée, allongeait ses coudes blancs sur la table.

Tout à coup, une rumeur partie du village situé au bas de la colline se fait entendre. Cette rumeur grandit et semble monter vers le château. Déjà elle domine le bruit des conversations. Thomas le Rimeur s'interrompt ; il pâlit, il rougit tour à tour, comme si une émotion puissante venait de s'emparer de lui. Un souvenir, un pressentiment peut-être l'agite. Après quelques instants, un paysan entre dans la salle, et annonce, tout effaré, qu'il arrive quelque chose d'extraordinaire. On vient de voir passer dans le hameau, marchant au pas et côte à côte, un cerf et une biche, blancs comme la neige qu'il y a là-bas sur la cime du mont Fairnalie. Les deux bêtes s'avancent lentement, solennellement, vers le château, sans s'effrayer de la foule qui leur fait cortége.

A peine le paysan a-t-il achevé son récit, que Thomas s'écrie : « Ce signe me regarde ! » Aussitôt il se lève, prend sa harpe, la suspend à son cou, et s'élance à la rencontre des animaux. Dès qu'ils l'aperçoivent, le cerf et la biche se détournent, et, prenant leur course, se dirigent vers le Leader, une rivière profonde qui coule non loin de là. Thomas les suit. Les deux animaux, en quelques bonds, atteignent le bord de la rivière et y plongent pour ne plus reparaître. Thomas est derrière eux. Il s'élance, lui aussi, dans le torrent, et s'y engloutit pour toujours.

Telle fut la fin de Thomas le Rimeur.

Les sceptiques qui la racontent aujourd'hui n'hésitent pas à dire que l'illustre chantre de *Tristram et Yseult* s'est noyé. Mais, pour les croyants du moyen âge, Thomas n'est pas mort. Ce cerf et cette biche qu'il a suivis ne sont autres que le roi et la reine des fées, venus tout exprès pour le chercher. S'il faut en croire des témoignages circonstanciés, le ménestrel écossais, admis définitivement à la cour des fées, y vit toujours comblé d'honneurs. Attaché à la personne de la reine en qualité de grand écuyer, c'est lui qui est chargé de l'intendance des haras féeriques.

Si vous en doutez, écoutez le récit suivant que nous fait Reginald Scot, un contemporain de Shakespeare :

« Je pourrais nommer un personnage qui a apparu récemment depuis sa mort. Tout au moins est-ce un spectre qui prend le nom d'un personnage mort il y a plus de deux cents ans, lequel passait dans son temps pour un prophète prédisant l'avenir par l'assistance des esprits sublunaires. D'après le rapport d'un individu qui a été en communication avec lui lors de sa dernière apparition, voici comment les choses se sont passées :

« J'étais allé, dit cet individu, vendre un cheval au
» marché voisin ; mais, n'en ayant pas trouvé le prix
» que je voulais, je retournais chez moi, quand, sur la
» route, je rencontrai un homme qui lia connaissance
» avec moi, me demandant des nouvelles et comment
» les affaires allaient dans le pays. Je répondis ce que
» j'en pensais, et en même temps je lui parlai de mon
» cheval, qu'il me marchanda immédiatement. Après
» quelques débats, nous convînmes du prix. Il me dit
» alors que, si je voulais l'accompagner, je recevrais
» mon argent. Nous nous mîmes en route, moi, sur
» mon cheval, lui, sur une bête blanche comme le lait.
» Après une longue promenade, je lui demandai où il
» demeurait et comment il s'appelait. Il me répliqua
» qu'il demeurait à un mille de là, dans un endroit ap-
» pelé Farran, endroit dont je n'avais jamais entendu
» parler, bien que je connusse parfaitement tout le pays
» aux alentours. Il ajouta qu'il était ce personnage de la
» famille Learmonth, si connu comme prophète. Sur
» quoi je commençai à être quelque peu inquiet, m'a-
» percevant en outre que nous étions sur une route où
» je n'avais jamais passé jusque là : ce qui augmtaient

» encore ma crainte et mon étonnement. Nous conti-
» nuâmes d'avancer jusqu'à un endroit où il m'amena
» sous terre, je ne sais comment, devant une belle
» femme qui paya l'argent sans dire un mot. Il me fit
» sortir de cette caverne par une longue et large avenue
» où je vis six cents hommes armés, étendus à terre
» et comme endormis. — Enfin, je me trouvai seul dans
» la campagne, à l'endroit même où nous nous étions
» rencontrés, et je parvins à revenir chez moi, au clair
» de lune, vers trois heures du matin. L'argent que
» j'avais reçu était juste le double de ce que je l'avais
» évalué quand la femme me paya. Je puis à présent
» montrer les pièces de monnaie qu'elle me donna :
» ce sont des neuf pence et des treize pence et demi [1]. »

Dans le mystérieux récit de l'écrivain anglais, le lecteur a déjà reconnu les deux héros de la ballade écossaise. Celui qui fait le marché avec le maquignon n'est autre que Thomas le Rimeur, dont les Learmonth du comté de Fife se prétendent encore descendants. Quant à « la belle femme qui paie l'argent sans dire un mot, » c'est la reine des fées en personne.

L'apparition dont parle ici Reginald Scot n'est pas la dernière que le ménestrel-prophète ait faite en ce monde. S'il faut s'en rapporter à une tradition que Walter Scott lui-même a recueillie, Thomas le Rimeur se serait montré sur la terre dans la première moitié du dix-huitième siècle, vers l'époque de la fameuse insurrection du Prétendant contre la dynastie de Hanovre. Suivant cette tradition, Thomas, ayant prédit la fortune des descendants de Robert Bruce, était un partisan dévoué des Stuarts. Il avait même décidé les fées à combattre pour

---

[1] Extrait d'un curieux ouvrage publié en 1584 et intitulé : *Discourse of devils and spirits appended to the Discovery of Witchcraft, by Reginald Scot, esq.*, livre II, chap. III.

Charles Stuart contre les usurpateurs allemands, de même que, seize siècles auparavant, elles avaient combattu pour Arthur contre les envahisseurs saxons. On disait partout dans les montagnes d'Écosse que les fées faisaient d'immenses préparatifs pour cette campagne décisive, et que, le jour de la bataille prochaine, on verrait tout à coup le grand écuyer de leur reine charger les bataillons anglo-hanovriens à la tête d'un escadron magique. A l'appui de ces espérances, les mieux informés racontaient dans les veillées l'aventure que voici.

Dernièrement, un jockey allait vendre un magnifique cheval noir à la grande foire de Fife. En route, il rencontra un vieillard à l'aspect vénérable qui entama la conversation avec lui et lui demanda à acheter sa bête. Le maquignon dit son prix ; le vieillard dit le sien ; enfin, tous deux tombèrent d'accord, et le marché fut conclu.

L'acheteur prit le cheval en disant au vendeur :

— Je n'ai pas la somme sur moi, mais venez me retrouver ce soir, et vous serez payé.

— Où faut-il aller ? fit le jockey.

— Là, au haut du Lucken-Hare.

Et le vieillard désignait la côte la plus saillante de la chaîne d'Eildon.

— C'est bien. A quelle heure ?

— A minuit.

— A minuit, au Lucken-Hare, c'est convenu.

Et les deux hommes se séparèrent.

Le soir, le maquignon arriva au rendez-vous. Le vieillard l'attendait déjà.

— Voici votre argent, dit-il au nouveau venu, voyez si la somme y est.

Le jockey ouvre le sac et se met à compter les pièces d'or au clair de lune.

— Singulières guinées! fit-il en comptant. Voyons donc à quelle effigie.

Et le jockey, examinant une des pièces, lut cette inscription qui entourait une tête couronnée : ALEXANDER III REX SCOTIÆ. 1250.

— En effet, repartit vivement le vieillard, c'est de la monnaie du temps d'Alexandre III. Je n'en ai pas d'autre ici. Mais l'or est du meilleur aloi, et vous en trouverez aisément le change.

Rassuré par cette observation, le jockey empocha la bourse et fit mine de se retirer. Pourtant un sentiment de curiosité le retint.

— Seigneur, dit-il à son singulier interlocuteur, avant de nous séparer, me permettrez-vous une question? Vous m'avez donné rendez-vous ici au Lucken-Hare. Mais je n'y vois aucune habitation. Rien que des rochers et des arbres. Ce n'est donc pas ici que vous demeurez?

— Mon logis est ailleurs, mais mes écuries sont ici. Voulez-vous les visiter?

— Bien volontiers.

— Je vais vous y mener.

Et le vieillard s'enfonça sous les arbres, suivi du maquignon.

Après quelques détours, ils arrivèrent à l'entrée d'une caverne.

— C'est ici, dit le vieillard.

Ils pénétrèrent sous l'arche du rocher et se trouvèrent devant une grande porte qui s'ouvrit à deux battants. Le jockey eut alors un spectacle surprenant. Il vit une écurie d'une longueur démesurée qu'éclairaient une série indéfinie de lampes blafardes, fixées au plafond de distance en distance. De chaque côté de l'écurie, étaient disposées des stalles pavées de marbre; et dans chacune de ces stalles, il y avait un cheval debout, sellé, harnaché et caparaçonné. Devant chaque cheval se tenait un homme, couvert d'une cotte de mailles, portant un casque et une lance, et armé de pied en cap comme un chevalier du moyen âge. Mais ce qui étonna le plus le visiteur, c'était le silence profond au milieu duquel il marchait. Dans cette salle gigantesque qui paraissait contenir toute une armée, pas un cri, pas un hennissement, pas un murmure. Les chevaux, immobiles, ne soufflaient pas. Les écuyers, immuables, ne respiraient pas.

En voyant cela, le jockey, qui, paraît-il, était un esprit fort, craignit d'être dupe d'une mystification.

— Seigneur, dit-il, vous m'invitez à visiter une écurie, et vous me menez dans une salle où, au lieu de chevaux, je vois je ne sais quelles bêtes empaillées, et, au lieu de palefreniers, des mannequins couverts de vieille ferraille ! Ce n'est pas une écurie, cela, c'est un musée.

— Vous vous trompez, l'ami, répliqua froidement le vieillard. Ce sont bien des cavaliers véritables et de véritables chevaux que vous voyez. Seulement, ils ne doivent se mettre en mouvement que le jour de la grande bataille.

— Quelle bataille?

— Une bataille qui doit avoir lieu bientôt.

— Et où cela?

— Du côté de Culloden.

Le jockey sourit d'un air d'incrédulité.

En parlant ainsi, les deux promeneurs étaient arrivés à l'autre bout de l'écurie, devant une petite porte au-dessus de laquelle étaient pendus une épée et un cor.

— Vous voyez bien cette épée, dit le vieillard à son compagnon, je la prendrai le matin de la bataille; et alors, je soufflerai dans le cor que voici pour réveiller tous les écuyers et tous les chevaux que vous venez de voir. Mais gare à celui qui sonnerait la fanfare sans avoir l'épée à la main !

Malgré ces paroles, prononcées du ton le plus solennel, le maquignon éclata de rire.

— Bah ! s'écria-t-il, tout cela n'est qu'une plaisanterie. Je gage que je joue de cette trompe-là sans émouvoir autre chose que l'écho.

Et ce disant, le jockey décrocha le cor et l'emboucha. Mais à peine avait-il donné la première note qu'un tumulte inexprimable remplit l'immense salle. Les chevaliers qui se tenaient à l'entrée de chaque stalle tressaillirent et brandirent leurs lances avec des gestes menaçants. Les chevaux bondirent, piaffèrent, se cabrèrent en donnant à leurs brides une effrayante secousse. Dans cette tempête de hennissements et de clameurs, retentit une voix de tonnerre qui prononçait ces vers foudroyants :

> Woe to the coward that ever he was born
> That did not draw the sword before he blew the horn!

« Malheur au lâche qui, avant de souffler dans le cor, n'a pas tiré l'épée ! »

Le malheureux jockey, plus effrayé que Sganarelle à la vue du Commandeur, laissa tomber le cor et s'enfuit de la caverne à toutes jambes.

II

RAPPORTS DE L'HOMME AVEC LE MONDE INVISIBLE.

LA MAGIE.

Résumons nos observations sur l'état du monde invisible au temps de Shakespeare.

Entre l'ange toujours bon et le démon à jamais méchant que la Bible lui désignait, le moyen âge reconnaissait toute une race d'esprits intermédiaires.

Cette race était comme une humanité supérieure suspendue entre le ciel et l'enfer, qui, par son type suprême, touchait à l'ange, et, par son type infime, au démon.

Une hiérarchie traditionnelle divisait cette race en quatre espèces principales : la fée, placée au-dessous de l'ange; le sylphe, au-dessous de la fée; le lutin, au-dessous du sylphe; le gnome, au-dessus du démon.

Ces quatre espèces, Shakespeare les a symbolisées dans son drame par quatre créations impérissables.

Le gnome, c'est Caliban.

Le lutin, c'est Puck.

Le sylphe, c'est Ariel.

La fée, c'est Titania.

Ici, une nouvelle question surgit.

Entre le monde invisible et l'homme, les communications étaient-elles possibles?

Le moyen âge le croyait. Et non-seulement il le croyait, mais il dénonçait comme athée quiconque ne le croyait pas. Un écrivain orthodoxe du xvie siècle, Bodin disait dans la préface d'un ouvrage sur la *Démonomanie*, publié à Paris en 1582, avec privilége du roi et dédié au président de Thou : « Il n'y a guère moins d'impiété de révoquer en doute s'il est possible qu'il y ait des sorciers que révoquer en doute s'il y a un Dieu. »

Dans la Bible, Jacob ne lutte-t-il pas avec l'ange? La Pythonisse d'Endor n'évoque-t-elle pas l'âme de Samuel? Saint Paul ne chasse-t-il pas le démon du corps d'une jeune fille? Donc, suivant les croyances d'alors, l'homme pouvait exercer son action sur les esprits de tous ordres. Mais cette action même était qualifiée diversement selon la nature des esprits auxquels l'homme s'adressait.

Remarquez bien ici la distinction.

Quand l'homme avait recours aux esprits de ténèbres, il pratiquait la *magie noire*. Quand il se mettait en rapport avec des esprits de lumière, il exerçait la *magie blanche*.

Dans le premier cas, il était sorcier.

Dans le second, il était enchanteur.

Le sorcier réclamait les services du mauvais ange. Pour les obtenir, il s'engageait solennellement, par écrit ou par serment public, à abjurer le christianisme. Il devait marcher sur la croix, cracher sur les sacrements, renoncer à Dieu, à ses pompes et à ses œuvres. Moyennant quoi, Satan accordait au sorcier le bonheur que Dieu lui refusait ici-bas.

C'était là, en effet, le grand moyen de propagande du diable. Jésus prêchait à l'homme la pénitence; Satan lui prêchait la jouissance. Jésus prêchait la pauvreté; Satan prêchait l'opulence. Jésus prêchait le jeûne; Satan prêchait la bonne chère. Jésus prêchait l'abstinence; Satan prêchait la satisfaction. Jésus prêchait l'idée; Satan prêchait la matière. Jésus disait : Rends le bien pour le mal ; Satan disait : Rends le mal pour le mal.

Satan allait trouver une vieille dans sa hutte, et il lui disait : Tu es vieille, tu es pauvre, tu es affreuse, tu es la risée et l'horreur de ton village. Quand les enfants te voient passer, ils te lancent des pierres ; quand les filles te voient passer, elles te jettent des malédictions ; et ton Dieu, que fait-il pour toi? Te protége-t-il contre ces pierres et ces malédictions? Non! il te dit : Résigne-toi. — Moi, je te dis : Venge-toi! Et, pour te venger, je t'accorde une puissance plus grande que celle de tous les rois de la terre. Tu es laide, je te rends invisible. Tu es paralytique, je t'apporte des ailes. Tu es impotente, je te confère la force. Vois-tu cette mer? Eh bien, tu pourras y souffler la tempête. Vois-tu ces nuages? Eh bien, tu pourras en soutirer la foudre. Vois-tu ce ciel? Eh bien, tu pourras en arracher les étoiles! — Et, pour pouvoir tout cela, vieille, tu n'as qu'une chose à faire : me donner ton âme.

Et la vieille, lasse de se résigner, lasse d'être insultée, lasse d'être lapidée, lasse de prier un Dieu qui la laissait souffrir, la vieille acceptait le marché du Tentateur. Elle livrait son âme et devenait sorcière.

La sorcellerie était l'insurrection sacrilége de toutes les misères contre la loi humaine, de toutes les douleurs contre la loi divine. Elle était la franc-maçonnerie suprême du désespoir. Les sorciers, périodiquement réunis dans leurs invisibles sabbats, formaient une immense société secrète dont le mot d'ordre était : Jouissance! et dont le chef était l'Antechrist.

Sans cesse menacés par cette conspiration universelle, l'État et la religion se défendaient d'une manière terrible : l'État, par les supplices, la religion, par la damnation. Qui pourra dire combien d'arrêts eurent pour considérant cette injonction impitoyable de la Bible : « Tu ne souffriras point de sorcier parmi toi? » Quelques chiffres pris au hasard font frémir. En 1485, l'inquisiteur Cumanus fait brûler quarante et une femmes dans le seul comté de Burlia. Vers la même époque, un autre inquisiteur en brûle tant dans le Piémont qu'au rapport d'Alciatus, la populace fanatique le chasse. En 1524, d'après le témoignage de Spina, mille sorcières sont brûlées vives en une seule année! Les choses se passent partout comme en Italie. En 1515, Genève voit réduire en cendres cinq cents personnes! En Lorraine, frère Remigius se vante d'avoir brûlé neuf cents personnes en quinze mois! A quoi bon compter? Regardez par le soupirail de l'histoire le ciel de l'Europe chrétienne, et vous le verrez partout rouge des reflets de la braise humaine. Pendant tout le moyen âge, les bourreaux, ces sinistres vestales, entretiennent le feu sacré des bûchers.

Ces flammes pieuses n'étaient pas encore éteintes à la fin du seizième siècle, et Shakespeare a pu de ses yeux les voir dévorer leurs dernières victimes. Racontons cette horrible tragédie qui a dû faire sur l'âme généreuse du jeune poëte une ineffaçable impression.

C'était en 1585. Le roi d'Écosse, qui devait bientôt être roi de la Grande-Bretagne, Jacques VI, ayant atteint sa dix-neuvième année, songeait sérieusement à se marier. Jacques n'avait que l'embarras du choix. Sa mère, la reine Marie, alors enfermée dans une prison d'Angleterre, voulait qu'il prît une princesse catholique, et lui conseillait une fille de Philippe II. Sa marraine, la geôlière de sa mère, la reine Élisabeth, voulait qu'il se décidât pour une protestante, et lui indiquait madame de Navarre, sœur de Henri IV. Enfin, son ministère voulait qu'il épousât les intérêts de l'Écosse, et plaidait pour une fille du roi de Danemark, qui devait apporter en dot à la couronne les îles Orcades et les îles Shetland.

Le roi Jacques, qui ne voulait déplaire ni à sa marraine, ni à ses ministres, (quant à sa mère captive, il s'en souciait peu), hésitait entre madame de Navarre et madame de Danemark. Il tergiversa ainsi pendant trois ans. A la fin, cependant, il comprit la nécessité d'assurer par une conclusion le bonheur de son peuple. Il prit dans sa main le portrait de madame de Navarre, que lui avait remis le poëte ambassadeur Dubartas, et dans l'autre, la miniature de madame de Danemark, que lui avaient présentée les envoyés du roi Frédéric. Puis il compara. La princesse de Navarre n'était pas jolie, et, malgré les flatteries du peintre, elle paraissait bien son âge : trente-six ans. La princesse de Danemark était ravissante : un teint exquis, des cheveux blonds, des yeux noirs, une petite bouche en cœur, un front de seize ans !

Jacques n'hésita plus. Il choisit la princesse de Danemark. Il expliqua son choix à ses ministres par les considérations les plus politiques. L'alliance avec Henri de Navarre n'avait rien d'avantageux. Henri n'avait pas le sou, et, s'il avait des droits au trône de France, il lui restait à les faire valoir. L'alliance avec le Danemark était bien préférable : le roi Frédéric était riche, et il donnait à sa fille une dot magnifique, les Orcades, les Shetland, si nécessaires à l'unité de l'Écosse.

Une seule crainte restait à Jacques, c'était de fâcher tout de bon Élisabeth, qui venait de faire décapiter sa mère, mais qui lui accordait une pension absolument nécessaire à l'entretien de sa maison. Pour amadouer sa marraine, Jacques trouva un moyen qu'il crut fort ingénieux. Il fit faire une bonne petite émeute par son peuple d'Édimbourg, qui ne demandait pas mieux, et qui, au nom du salut public, réclama son mariage, le mousquet et la pique à la main. A cette mise en demeure, le malheureux roi ne pouvait faire autrement que de céder. Il déclara à son peuple qu'il consentait à congédier ce cher

Dubartas et que, puisqu'on l'exigeait, il se résignait à épouser tout de suite la princesse de Danemark.

Malheureusement, Élisabeth ne s'y laissa pas prendre. Cette vieille fille couronnée, que tous les mariages mettaient en rage, fut furieuse de celui-ci. Elle déclara bien haut qu'elle ne donnerait pas un penny pour ces noces-là, qu'elle ferait croiser sa flotte sur les côtes d'Écosse, qu'elle empêcherait la jeune princesse d'arriver et que Jacques se repentirait de l'avoir trahie.

La reine d'Angleterre n'était pas seule hostile à cette union. Parmi les grands seigneurs d'Écosse, il y avait des mécontents, mais le plus désappointé était sans contredit un certain Francis, comte de Bothwell, fils naturel d'un frère de Marie Stuart. Ce Francis, voyant la couronne d'Écosse sur la tête d'un enfant infirme, s'était flatté de la voir un jour sur la sienne. Il avait toutes les séductions d'un prétendant : il était beau, brave, intrigant, recherché des courtisans, adoré des femmes en général et en particulier de dame Euphane Mac-Calzean, la jolie veuve d'un sénateur du collége de justice. Cette dame aimait tant le comte qu'elle le voyait toujours assis sur son trône. Elle l'entretenait dans ces espérances, et, impatiente de les voir réalisées, elle avait, dit-on, consulté certaines femmes suspectes sur la durée de la vie du roi.—Le mariage de Jacques VI désormais annoncé dérangeait tout ce beau plan. Si Jacques prenait une femme et avait des enfants, adieu le sceptre que dame Mac-Calzean rêvait pour son bien-aimé.

En dépit de sa marraine Élisabeth, en dépit de son cousin Francis, en dépit de ses puissantes amies et de dame Mac-Calzean, Jacques VI résolut de tout brusquer. Il dépêcha le comte maréchal d'Écosse pour épouser la princesse Anne par procuration et la ramener au plus vite à Édimbourg. Le mariage *in partibus* eut lieu le

20 août 1589 au château de Kronenberg, dans l'île de Zélande.

Il ne restait plus qu'à ramener la nouvelle reine en Écosse, et ce fut le premier marin danois, l'amiral Pierre Munck, qui fut chargé de cette importante mission. La reine Anne s'embarqua sur le vaisseau amiral qu'escortaient onze bâtiments de guerre, destinés à tenir en respect les croisières anglaises. Cette belle escadre mit à la voile le 2 septembre 1589.

La traversée avait été favorable, et les signaux de la côte de Fife annonçaient déjà l'arrivée de la flottille, lorsque le vent changea tout à coup et souffla de l'ouest avec une violence extraordinaire. L'amiral, qui touchait au golfe d'Édimbourg, crut à un simple orage et voulut tenir, en mettant à la cape et en courant des bordées. Efforts inutiles. La bourrasque devint une tempête qui ne se calma que lorsque l'escadre royale eut regagné la côte de Norwége. L'amiral, qui était un brave, ne se découragea pourtant pas. Il profita d'une brise nord-est qui venait de s'établir pour remettre à la voile. Portée par le plus doux zéphir, la flotte danoise arriva de nouveau en vue des côtes d'Écosse. Cette fois, l'amiral Munck avait accompli sa mission, et déjà il montrait triomphalement à la jeune reine les rives de ses États, lorsque, contre toute attente, voici cet infernal vent d'ouest qui se remet à souffler de plus belle. L'amiral veut lutter contre le vent. Il oppose à l'ennemi ses plus belles manœuvres. Vaine tactique. La tempête l'emporte et pour la seconde fois repousse l'escadre jusque sur les côtes de Norwége.

L'amiral Munck, qui avait juré d'amener la jeune reine en Écosse, était profondément humilié. Il fallait à tout prix qu'il expliquât sa double défaite pour ne pas perdre sa réputation de loup de mer. Il déclara donc que l'équinoxe ne justifiait pas la résistance obstinée du vent;

que cette résistance avait une cause plus profonde, et voici, selon lui, quelle était cette cause. L'amiral se rappelait que, quelques mois auparavant, il avait souffleté sur les deux joues un bailli de Copenhague. Or, la femme de ce bailli était une sorcière avérée. Donc, il était certain que cette femme s'était liguée avec ses commères pour venger son mari, et avait excité le vieil Éole à rendre à la flotte de l'amiral le double soufflet que l'amiral avait donné au bailli. Ne rions pas. En vertu de ce syllogisme, la femme du bailli fut traduite devant le tribunal danois, condamnée comme coupable d'attentat sur la personne de la reine d'Écosse, et brûlée vive avec quelques-unes de ses amies.

Ce que je raconte là est historique.

Mais nous ne sommes pas au bout. Continuons.

Lorsque « la justice humaine eut été satisfaite, » l'amiral Munck respira. Il fit savoir au roi d'Écosse que, les exécrables auteurs de la dernière tempête ayant été punis, nul obstacle ne s'opposait désormais à l'arrivée de la princesse Anna. Définitivement rassuré, Jacques VI s'occupa sur-le-champ de réunir toute la maison de la reine et fit prévenir la première dame d'honneur, alors en Angleterre, qu'elle eût à se rendre immédiatement au palais pour prendre possession de sa charge. Cette dame d'honneur n'était autre que Jane Kennedy, lady Melville, cette noble femme qui, naguère suivante de Marie Stuart, n'avait quitté sa maîtresse que devant l'échafaud.

De son côté, l'amiral Munck avait appareillé pour la troisième fois. Bonne brise. Temps superbe. L'escadre danoise file douze nœuds à l'heure. Enfin, elle n'est plus qu'à vingt lieues de la côte écossaise. Elle est arrivée.

Croyez-vous?

Mais non; le temps vient de changer. O prodige! ô désespoir! ô vanité des calculs humains ! le vent tourne à l'ouest. Le vent d'ouest, ce damné vent d'ouest qui a déjà repoussé deux fois la marine danoise, revient à la charge pour la troisième fois. Et cette fois-là, comme vous savez, est la bonne. Ce n'est plus une tempête, c'est un ouragan. La rafale est irrésistible. Tous les navires subissent des avaries effroyables; mais le plus endommagé est sans contredit le vaisseau amiral. Il semble que c'est à lui surtout que les éléments en veulent. Toutes ses voiles sont déchirées. Son grand mât est brisé. Secouée par le roulis, une énorme pièce de canon brise les chaînes qui la fixent aux sabords : elle roule sur le pont jusqu'aux pieds de la reine, et ne s'arrête qu'après avoir écrasé huit matelots. Enfin, une voie d'eau se déclare. L'amiral, effrayé, fait des signaux de détresse, mais, pour comble de malheur, son escorte a disparu de l'horizon. Comme le navire qui porte le roi de Naples dans la pièce de Shakespeare, le vaisseau qui porte la reine d'Écosse a été séparé par quelque invisible Ariel du reste de l'escadre royale. Il est isolé, désemparé, et c'est à peine si, grâce au jeu continuel des pompes, il peut atteindre la rive de Norwége, tandis que les autres bâtiments dispersés se rallient sur les côtes de Danemark.

Cette épouvantable tourmente avait commencé le 29 septembre, jour de la Saint-Michel. Ce même jour-là, la première dame d'honneur de la reine, lady Melville, s'étant mise en route pour obéir aux ordres du roi, traversait en bateau la passe du Leith, lorsqu'un navire chassé par le vent prit la barque en travers et la fit chavirer. Lady Melville ne savait pas nager. Elle se noya, ainsi que deux domestiques de son beau-frère, sir James Melville. — Cette catastrophe éclaircit d'une manière sinistre les malheurs de la flotte danoise. Selon la justice infaillible d'alors, il devenait évident que la monarchie était menacée, non plus seulement par le complot isolé des sorcières de Danemark, mais bien par une conspiration générale des sorcières d'Écosse et de Danemark liguées ensemble. Le grave historien, sir James Melville, n'hésite pas à affirmer, dans ses Mémoires, que la fin tragique de sa belle-sœur était le résultat de cette ligue infernale. Les sorcières, n'ayant pu atteindre la jeune reine, avaient frappé sa dame d'honneur, et leur acharnement, dans cette circonstance, s'expliquait à merveille par la raison que les sorcières, étant catholiques et toutes dévouées à la fois au pape et à Satan, avaient juré d'empêcher à tout prix un mariage qui mettait une princesse protestante sur le trône d'Écosse.

La situation était critique, on en conviendra.

Jacques VI reçut au château de Craigmillar une lettre de la jeune reine. Anne racontait en termes pathétiques ses épreuves récentes. Elle avait bien manqué d'être noyée et d'être écrasée par un gros canon! Heureusement la divine Providence était intervenue, et maintenant la princesse était saine et sauve dans un port de la côte norwégienne, appelé Upslo. Un espion d'Élisabeth qui assistait à la lecture de cette lettre, Thomas Fowler, peint, dans une dépêche adressée au ministre Burleigh, toute l'émotion de sa majesté : « Le roi pleura et soupira profondément. »

Cependant pleurer n'avançait pas à grand'chose. Il fallait agir, et promptement. Un roi chevalier pouvait-il laisser sa dame dans un si grand embarras? Que penserait-on de Jacques dans toutes les cours de l'Europe? Pouvait-il rester dans cette position ridicule de mari transi, et soupirer indéfiniment à cinq cents lieues de sa belle?

Sous l'influence de ces réflexions, Jacques prit un parti héroïque. Il résolut de se fier à son étoile (car vous savez que Jacques avait une étoile), et d'aller lui-même chercher la princesse.

Mais ici les difficultés se présentaient.

D'abord les ministres de Jacques s'opposeraient, au nom du salut public, à ce périlleux voyage. Ensuite, en supposant que les ministres consentissent au départ du roi, il y avait à ce départ un petit obstacle, c'est que, pour aller d'Écosse en Norwége, il faut un navire, et le roi n'avait plus de navire !

Au milieu de ces embarras, Jacques eut une idée. Il fit venir son chancelier, une sorte de Gonzalo ayant nom Maitland, et lui confia toutes ses perplexités ; il lui déclara que l'honneur de sa couronne était engagé au retour de la reine, que, dans cette circonstance, il avait songé au dévouement éprouvé de son vieux serviteur, et qu'il n'hésitait pas à lui confier la dangereuse mission d'aller chercher son altesse. Le vénérable chancelier, qui ne se souciait sans doute nullement de l'honneur qu'on lui conférait, murmura quelques objections : « Il n'y avait pas de marine ; il fallait une escadre de six navires au moins ; le trésor était vide ; etc., etc. » Jacques eut réponse à tout. Dans un cas suprême comme celui-ci, n'était-il pas tout simple de faire appel à la loyauté des bons Écossais et de mettre en réquisition tous les bâtiments marchands qu'on pourrait trouver ? Le roi n'avait pas de marine, prétendait le chancelier. Eh ! n'avait-il pas la marine de ses sujets ?

Le chancelier ne pouvait rien répliquer à un argument si monarchique. Il fit de nécessité vertu et se mit à faire consciencieusement les préparatifs de l'expédition. Au bout de quelques jours, il avait réuni une flottille fort convenable, composée de chasse-marée et de bateaux-pêcheurs. Le plus fort de tous ces bâtiments était un sloop de cent vingt tonneaux. Ce fut celui qu'on désigna pour porter le chancelier et ramener la reine d'Écosse.

Durant ces préparatifs, un chose touchait cordialement le pauvre Maitland, c'était la sollicitude que son bon maître lui témoignait dans cette circonstance. Le roi ne voulait rien épargner pour lui rendre le voyage aussi agréable que possible : il visitait chaque jour en personne le navire destiné à son ministre ; il le lestait de provisions, de gibier, de volaille, de bestiaux et de vins exquis. Rien n'était assez friand pour les repas que devait faire à bord ce cher chancelier. Par une attention toute particulière, le roi avait décidé que les gentilshommes de sa chambre tiendraient compagnie à son ministre. Le chancelier ne savait comment reconnaître tant de bontés.

Dans la soirée du 21 octobre 1589, tous les apprêts étaient terminés. Le chancelier ému vient prendre congé du roi : il lui fait ses adieux, d'éternels adieux peut-être. Alors Jacques VI éclate. Il déclare à son ministre qu'il ne veut pas le quitter et qu'il est résolu à partir avec lui. Pas d'observation à faire. Tout est prévu. Tout est arrangé. Pour gouverner le pays en l'absence du roi, voici les lettres patentes qui nomment le duc de Lenox régent d'Écosse. Pour rassurer la nation, voici une proclamation que Jacques a rédigée de sa plus belle écriture :

« Je suis seul au monde. Je n'ai ni père, ni mère, ni frère, ni sœur, et pourtant non-seulement je suis roi de ce royaume, mais je suis héritier apparent d'un autre. J'ai donc pensé que, si je ne me hâtais de me marier dans mes jeunes années, on pourrait me considérer comme une souche stérile, puisqu'un roi sans successeur est impuissant. C'est dans cette vue que j'ai négocié une union avec la princesse Anne de Danemark. Le traité a été conclu, et ma reine s'est mise aussitôt en route. Ayant appris qu'elle était retenue par les vents contraires et qu'elle ne pouvait achever son voyage, j'ai résolu de faire de mon côté ce qui était impossible du sien... Ému de ses peines et des dangers qu'elle a courus, je n'ai pu trouver de repos que je n'aie moi-même entrepris le voyage pour aller la chercher... Nous serons de retour dans vingt jours, le vent et le temps aidant. Pourtant, dans la crainte que mon absence ne se prolonge, selon le bon plaisir de Dieu, j'ai désigné un gouverneur qui veillera sur ce royaume, et je compte, en conséquence, sur la bonne conduite de mes sujets. »

Jacques laissa ce manifeste sur la table royale, et, saisissant le bras du chancelier, l'entraîna à bord du sloop amiral.

L'escadrille partit furtivement de Leith entre minuit et une heure du matin, le mercredi 22 octobre 1589. Elle mit le cap sur le golfe au fond duquel était situé le bourg d'Upslo, et qui ne s'appelait pas encore le golfe de Christiania.

La traversée fut bonne, et, au bout de quatre jours, on se trouvait en vue des côtes norwégiennes, voguant délicieusement sur les eaux du Skager-Rack. Toute la cour était sur le pont, gaie, joyeuse, ravie d'avoir accompli si vite le dangereux voyage. Tout à coup, c'était dans la journée du 26 octobre, le ciel s'assombrit. Un brouillard impénétrable masque le soleil et jette toute la flottille dans une obscurité profonde. Le commandant du sloop royal veut jeter l'ancre, mais les chaînes sont trop courtes, et le navire est emporté par le courant. La coquille de noix, qui porte Jacques VI et sa fortune, flotte ainsi à la dérive pendant trente mortelles heures. Le roi, tous les courtisans, tous les matelots sont en prière. Enfin le ciel se dégage, le brouillard tombe. Il était temps. Le sloop allait se heurter contre les brisants de la côte. Quelle est cette côte? On aperçoit une petite baie. Vite on y débarque. Cette côte est la côte norwégienne! Cette petite baie est la baie de Slaikray, et le roi, pour gagner Upslo et retrouver la reine, n'a guère que quarante journées de marche à faire!

Cette distance n'est rien pour un mari en expectative. Nonobstant l'hiver qui lui barre la route, Jacques a résolu de partir tout de suite, et de faire en vingt jours ces quarante journées de marche, dût-il crever tous les chevaux du pays! Il part donc, escorté de ses gentilshommes les plus intrépides, il galope dans la boue et dans la neige pendant vingt-deux jours, et, le 19 novembre 1589, jour à jamais mémorable! il aperçoit enfin, du haut d'une colline, un tas de maisons de bois étendues le long de la mer sous un grand linceul blanc. C'est Upslo. C'est là, dans une de ces cabanes, que loge sa bien-aimée, sa princesse, sa reine, celle dont il a baisé si souvent l'image, sa femme par procuration, qu'il a tant de hâte d'épouser autrement qu'en effigie!

Dans sa légitime impatience, Jacques viole toutes les lois de l'étiquette. Sans prendre le temps de changer de linge, botté, éperonné, couvert de crotte, il force la porte de la reine, entre dans son appartement, la saisit dans ses bras et lui applique un gros baiser sur les lèvres. La reine, qui, dit le chroniqueur Marjoribanks, n'attendait nullement sa majesté à cette époque « tempêtueuse, » la reine se gendarme en voyant ce jeune échevelé lui sauter au cou. Jacques veut établir son identité : — Je suis lui-même! s'écrie-t-il comme le héros de la chanson. Il s'évertue à prouver à la princesse qu'il est son mari, et que ce baiser est un faible à-compte sur les arrérages déjà dus. Mais son éloquence reste sans effet. Le roi parle écossais, et la reine ne sait pas l'écossais. Jacques va donc être expulsé comme un vil saltimbanque, lorsque heureusement pour lui un interprète accourt et éclaircit l'affaire. Mais la princesse n'est complétement rassurée que quand le chapelain royal, maître David Lindsay, a prononcé la formule du mariage en français, langue également comprise par les deux époux.

Une fois le oui conjugal prononcé, Jacques n'avait plus qu'à revenir en Écosse, et à ramener la reine. Rien de plus simple en apparence. En effet, le roi ordonne à sa flottille, qui vient de se rallier dans la baie d'Upslo, de faire les préparatifs du retour. Mais la conspiration des ennemis invisibles continue. La nuit qui précède le départ, un froid de Sibérie se déclare. L'eau du golfe gèle, et voilà toute l'escadre bloquée par la glace jusqu'au mois de mars. Que faire? Un roi et une reine ne peuvent pourtant pas passer leur lune de miel dans un misérable village. Le trajet par mer est impossible : il reste le trajet par terre. Jacques, qui est fort en géographie, a vite indiqué l'itinéraire : descendre le long de la côte du golfe d'Upslo, pénétrer en Suède, traverser la province de Gotheborg, puis la province d'Halland, puis la province de Christianstadt, puis entrer dans la province de Malmohus, puis gagner la ville d'Helsingborg, où l'on n'aura que le petit détroit du Sund à passer pour être au palais danois de Kronenberg, enfin, s'embarquer à Kronenberg pour l'Écosse. A ce plan héroïque, les conseillers font mille objections : le roi n'y réfléchit pas, un pareil voyage est impraticable; en hiver, il n'y a pas de route; et puis, que d'obstacles à franchir : les cataractes du Glaumen, les Alpes scandinaves, enfin, huit rivières presque toutes sans pont! Mais Jacques ne veut rien entendre. Il est résolu à partir. Il partira.

Je ne vous peindrai pas les péripéties de cette Odyssée qui m'entraînerait trop loin de mon sujet. Il faudrait un volume pour raconter tous les dangers auxquels fut exposée la caravane royale. Pour en donner une idée, il suffira de dire qu'un siècle plus tard, les meilleurs régiments de Charles XII périrent jusqu'au dernier homme en essayant de traverser les Alpes scandinaves par la route même que Jacques avait suivie. Enfin, le couple royal parvint le 21 janvier 1590 au château de Kronenberg, où il fut reçu par le nouveau roi Christian IV, entouré de son conseil de régence [1]. Il resta tout l'hiver dans le palais danois et ne revint en Écosse que le 1er mai, après une traversée de neuf jours, qui fut troublée, cette fois encore, par un effroyable coup de vent, suprême effort des éléments conjurés.

Un *Te Deum* fut chanté dans toutes les églises pour célébrer le retour providentiel de Jacques VI. Mais il fallait une satisfaction à la vindicte publique. Tous les périls qui avaient menacé les jours du roi et de la reine n'étaient pas naturels, évidemment. Ils étaient le résultat d'un vaste complot qui avait pour but d'empêcher une union si fatale aux intérêts de Satan. La variété des moyens employés prouvait la science infernale des conspirateurs : ces trois tempêtes successives qui avaient rejeté la flotte danoise sur la côte norwégienne, cette rafale qui avait fait chavirer la barque de lady Melville, ce brouillard si épais qui avait enveloppé pendant trente heures le sloop de Jacques VI, ce froid précoce qui avait retenu l'escadre dans la baie d'Upslo, ces avalanches qui avaient failli écraser les augustes voyageurs dans les Alpes scandinaves, enfin, ce coup de vent qui avait manqué de les engloutir au retour, autant de manœuvres criminelles qui ne pouvaient rester impunies.

Une instruction fut immédiatement commencée pour découvrir les coupables, et les soupçons les plus graves

---

[1] Deux des membres de ce conseil s'appelaient, l'un, Rosencrantz, l'autre, Guildenstern : ce sont les mêmes noms que Shakespeare a donnés aux deux courtisans chargés d'espionner Hamlet. Tous les détails de ce curieux voyage étaient sans aucun doute familiers au poète anglais.

tombèrent tout d'abord sur ce Francis Stuart, petit-fils de Jacques V, dont j'ai déjà expliqué les espérances et révélé les relations avec une dame Euphane Mac-Calzean. Le comte fut sommé de paraître devant le roi pour se justifier : il repoussa hautement l'accusation, disant, selon le rapport de Melville, que « ni le démon qui est un menteur dès le commencement, ni ses amies jurées les sorcières, n'avaient droit à la moindre confiance dans cette occasion [1]. » Malgré cette dénégation absolue, il fut arrêté et jeté en prison. Plus heureux que ses coaccusés, il parvint à s'échapper quelques mois plus tard et se réfugia en France, où il mourut de misère.

Il n'en fut pas de même des autres prévenus.

Ici commence le drame : drame historique, ne l'oublions pas.

La dame Euphane Mac-Calzean fut mise à la torture. Vaincue par la douleur, elle avoua qu'elle avait consulté une certaine Agnès Simpson sur la durée de la vie de Jacques VI, et que, pour servir les intérêts de Francis Stuart, elle avait décidé ladite Agnès à empêcher par tous les moyens en son pouvoir l'arrivée de la reine et le retour du roi en Écosse.

A la suite de cette dénonciation, mistress Agnès Simpson, qui exerçait à Leith les fonctions de sage-femme, fut arrêtée. « Ce n'était pas, dit le chroniqueur Spottiswoode, une stryge vulgaire et sordide, mais une douce et grave matrone. » Elle nia tout d'abord les charges qu'on lui imputait. Sur quoi le juge royal ordonna qu'une corde fût mise au cou de l'accusée et que cette corde fût tordue jusqu'à ce que l'accusée fît des aveux. C'était un supplice inventé par les boucaniers. Agnès était presque étranglée, lorsqu'elle consentit à parler.

---

[1] Melville's Memoirs, p. 395.

Elle reconnut alors que Francis Stuart et dame Mac-Calzean lui avaient posé cette question : « Combien de temps le roi régnera-t-il et qu'arrivera-t-il après sa mort? » Elle reconnut encore que, dans cette entrevue avec Francis, elle avait pris l'engagement d'attenter aux jours du roi et de la reine, et de faire cette horrible proposition dans le prochain sabbat des sorcières du Lothian. La réunion eut lieu dans l'église de North-Berwick. Il y avait là, parmi les assistants, Betsie Todd, Kate Grey, la femme de Georges Moilis, Robert Grierson, Catherine Duncan, Buchanan, Thomas Barnhill et sa femme, Gilbert, John et Kate Macgil, Marion Leuchop, le docteur Fian, etc. En tout vingt-huit personnes que l'accusée nomma. Le docteur Fian ouvrit la porte de l'église en prononçant certaines paroles et alluma des cierges de cire noire avec un tison dérobé au feu de l'enfer. Le diable parut alors dans la chaire, couvert d'une robe noire et d'un bonnet noir, et fit un long sermon à la suite duquel Agnès Simpson fit sa motion régicide. Cette motion fut mise aux voix et adoptée. Il fut décidé que la conspiration commencerait par une tempête. C'est cette tempête qui éclata le jour de la Saint-Michel et fit chavirer la barque de lady Melville. Voici comment on s'y prit pour l'exécuter. Les conjurés saisirent un chat qu'ils baptisèrent au nom de Satan, et, après lui avoir attaché aux pattes les quatre membres d'un cadavre, le jetèrent à la mer. Après quoi, tous s'embarquèrent dans des cribles [1], et alors eut lieu l'épouvantable ouragan qui désempara la flotte danoise. Pour ne pas être engloutie, Agnès

---

[1] Nous retrouvons ce détail dans *Macbeth* :

PREMIÈRE SORCIÈRE.

...Son mari est parti pour Alep comme patron du *Tigre*; mais je vais voguer jusque-là *dans un crible*, et, comme un rat sans queue, j'agirai, j'agirai, j'agirai.

avoua qu'elle avait été obligée de s'élever avec des ailes au-dessus des flots, et même que le docteur Fian volait à côté d'elle sous la forme d'un oiseau de mer.

A cet endroit de la déposition d'Agnès, le roi, qui assistait à l'interrogatoire, s'écria qu'elle en avait menti. Sur quoi, l'accusée demanda à parler à sa majesté en particulier; Jacques VI s'étant approché, elle lui redit tout bas à l'oreille les propres paroles qu'il avait dites à la reine, pendant la nuit de noces, à Upslo. Devant cette preuve, le roi se déclara convaincu de la véracité d'Agnès. Au surplus, la culpabilité de l'accusée était parfaitement établie par le billet suivant qu'elle reconnut avoir écrit à Marion Leuchop :

« Marion Leuchop, Ye shal warn the rest of the sisters » to raise the wind this day at eleven hours, to stop the » queen's coming to Scotland [1]. » Traduction littérale : « Marion Leuchop, vous avertirez le reste des sœurs pour » soulever le vent ce soir à onze heures et empêcher la » reine d'arriver en Écosse. »

Les vingt-huit personnes dénoncées par Agnès furent arrêtées. Interrogées la corde au cou, toutes confessèrent presque immédiatement leur complicité dans l'attentat. Un seul accusé résista : ce fut le docteur John Fian, maître d'école à Tranent. Les bourreaux eurent beau tordre la corde : il se laissait étrangler. Il fallut donc changer le mode de question. Le bourreau appliqua au prévenu le supplice des *bottes*, qui consistait à lui broyer lentement les deux genoux. Le docteur n'avoua rien encore. Le bourreau prit des tenailles et lui arracha un à un les ongles des doigts. Le docteur n'avoua rien encore.

Tout cela se passait en présence du roi.

[1] Records of the High Court of Justiciary. Papers on the marriage of James VI with Anna of Denmark (XVI).

Le bourreau prit un certain nombre d'épingles qu'il enfonça à la place où n'étaient plus les ongles du patient. Le docteur n'avoua rien encore.

Alors le bourreau prit des dés à vis et broya le bout des doigts sanglants de l'accusé. Le docteur avoua tout.

Il reconnut qu'il avait conspiré avec Satan pour empêcher le roi de rejoindre la reine ; qu'il avait servi de secrétaire au diable dans le fameux meeting de North Berwick ; qu'il avait joué de la harpe (une harpe juive) tandis que les sorcières dansaient une ronde infernale sur l'air traditionnel :

> Cummer, gang ye before : cummer, gang ye!
> Gif ye will not gang before, cummer, let me!

« Commère, allez devant : commère, allez! Si vous n'allez pas devant, commère, laissez-moi passer! »

Le docteur convint enfin que c'était lui qui, en jetant à la mer une sorte de ballon lumineux, avait produit le brouillard dans lequel le vaisseau du roi avait été enveloppé pendant trente heures, au risque de se perdre contre la côte de Norwége.

L'interrogatoire étant terminé, la justice prononça la sentence. L'arrêt fut terrible. Tous les accusés, parmi lesquels était dame Mac Calzean, furent condamnés à être brûlés vifs.

Au mois de janvier 1591, vingt-neuf personnes, homes, femmes, jeunes filles, enfants, furent entassées sur un bûcher monstre dressé pendant les fêtes du couronnement.

Ce fut le feu de joie de ces fêtes.

Quand ce feu fut éteint, le vent du soir dispersa dans toute la ville d'Édimbourg et jeta jusqu'aux fenêtres du palais d'Holyrood les cendres encore chaudes de ces vingt-neuf corps qui avaient été jeunes, qui avaient été beaux et qui avaient contenu des âmes!

Que sont devenues ces cendres?

L'histoire sérieuse ne s'occupe pas de ces détails. Elle regarderait comme au-dessous d'elle de raconter trop minutieusement le monstrueux crime juridique qui inaugura le mariage de Jacques VI et d'Anne de Danemark. Que lui importe d'ailleurs la vie de ces trente personnes, hommes, femmes et filles du peuple? L'histoire veut garder toute son émotion pour les malheurs des Stuarts. Elle vous peindra avec attendrissement ces infortunes extraordinaires. Elle vous fera remarquer tristement toute cette série de catastrophes inexpliquées : Henry, fils aîné de Jacques et d'Anne de Danemark, mort à vingt ans d'une maladie inconnue! Charles, leur autre fils, décapité! Jacques II, leur petit-fils, chassé d'Angleterre! Charles-Édouard, leur arrière-petit-fils, vaincu à Culloden! Tous leurs descendants décimés par l'exil! Et l'histoire, dans sa sympathie pour les douleurs des enfants de Jacques d'Écosse, oubliera l'horrible sacrifice humain qui précéda leur naissance, et elle ne soupçonnera pas que ces douleurs en sont peut-être la mystérieuse expiation. Ah! qui sait, en effet, ce que sont devenues ces cendres impérissables, dispersées aux quatre vents? Qui sait si, se faisant miasmes impalpables, elles n'ont pas produit la fièvre putride qui enleva sitôt le jeune Henry? Qui sait si, se mêlant à la boue de Londres, elles n'ont pas aspiré le sang de Charles Ier au pied de l'échafaud? Qui sait enfin, si, devenues poussière, elles n'ont pas emporté dans leur tourbillon le proscrit Jacques II?

Nous venons de voir quels étaient ceux que la superstition populaire dénonçait comme sorciers. Voyons maintenant ceux qu'elles désignait comme enchanteurs.

J'ai dit et je répète qu'il ne faut pas confondre l'enchanteur avec le sorcier.

Le sorcier était le serviteur de l'esprit malin; l'enchanteur avait pour ministre l'esprit de lumière, ange ou fée. Le sorcier invoquait Satan; l'enchanteur adorait Dieu. Le sorcier abjurait le christianisme, l'enchanteur l'épurait jusqu'au mysticisme. Le sorcier ne voulait que le mal, la ruine du prochain, la satisfaction unique de ses passions; l'enchanteur voulait le bien de tous, le bonheur et l'immortalité du genre humain. Le sorcier vivait dans la jouissance brutale; l'enchanteur se consumait dans l'étude à la recherche de ces deux grandes choses : l'élixir de longue vie et la pierre philosophale. La magie noire était un complot, la magie blanche était un art,—art sublime qui revendiquait une origine céleste sous le titre de *Théurgie* et qui résumait toutes les connaissances humaines : théologie, logique, mathématiques, histoire naturelle, divination, chiromancie, astrologie, alchimie.

La magie blanche était la science des sciences.

« Les enchanteurs, écrivait Reginald Scot au temps
» de Shakespeare, n'agissent pas sur des sujets infé-
» rieurs : ils font sortir les anges du ciel; ils ressusci-
» tent tous les corps qu'ils veulent, fussent-ils morts,
» enterrés et pourris depuis longtemps; ils évoquent
» toutes les âmes. Ils se chargent aussi de soulever les
» tempêtes, les tremblements de terre et d'en faire au-
» tant que Dieu lui-même. Ce ne sont pas de petits im-
» béciles, collaborant avec un crapaud ou un chat,
» comme font les sorcières; ils ont une sorte de majesté,
» et c'est avec autorité qu'ils appellent les esprits par
» leurs noms et qu'ils leur commandent [1]. » Et plus

---

[1] Scot's *Discoverie of Witchcraft*, p. 377.

loin : «Les enchanteurs ont encore de nos jours des livres
» portant les noms d'Adam, d'Abel, de Tobie et d'Enoch :
» lequel Enoch ils regardent comme le plus divin con-
» frère en ces matières. Ils ont aussi des livres qu'ils di-
» sent faits par Abraham, Aaron et Salomon. Ils ont des
» livres de Zacharie, de Paul, d'Honorius, de Cyprien,
» de Jérôme, de Jérémie, d'Albert et de Thomas, et
» aussi des anges Riziel, Hazael et Raphael [1]. »

On le voit, les magiciens de la Renaissance réclamaient pour leurs travaux les autorités les plus sacrées. Ils se présentaient au monde comme les continuateurs des patriarches, des prophètes et des pères de l'Église. A les entendre, ils pratiquaient un ministère plus auguste que les prêtres. Les prêtres étaient les prédicateurs du Jéhovah éclatant de la Bible : ils étaient, eux, les confidents de l'Adonaï mystérieux de la Cabale.

Expliquons-nous.

Les enchanteurs étaient cabalistes. Ils étaient dépositaires de cette révélation spéciale qui avait survécu à l'expulsion du paradis, au déluge, à la ruine de Jérusalem, à la chute de Rome et à tous les cataclysmes de l'histoire. Ils étaient les initiés de cette tradition — plus sacrée que le texte sacré — que la parole d'Adam, répétée successivement par Abraham, par Moïse et par Esdras, avait transmise au rabbin Siméon Ben Jochaï.

Selon cette tradition, plus orthodoxe que l'orthodoxie même, le monde où nous vivons n'a pas été créé par Dieu, ainsi que l'affirme la Bible. Dieu, être infini, parfait, n'a pas créé immédiatement la matière, finie et imparfaite, qui nous entoure. Il a engendré, par une émanation analogue au rayonnement de la lumière, un être aussi voisin que possible de sa propre perfection. Cet

[1] Ib. p. 451.

être a produit, par émanation encore, un être aussi semblable à lui-même que possible. De ce nouvel être sont nés, par dégradations successives, d'autres êtres de moins en moins parfaits, de plus en plus finis. Et c'est le dernier de ces êtres, le plus éloigné de Dieu, qui a engendré la matière, mère du mal.

Ainsi le créateur de l'univers visible est une créature. Il est séparé de l'être incréé par une série indéfinie d'êtres intermédiaires. Bien plus, selon certains adeptes qui se rapprochaient de la théorie gnostique, non-seulement le créateur du monde n'est pas Dieu, mais il est l'ennemi de Dieu. C'est un ange rebelle qui a voulu dresser autel contre autel et qui, en se proclamant Dieu dans la Genèse, en a imposé au genre humain.

Aussi, n'était-ce pas à ce Dieu-là que les sectateurs de la cabale adressaient leurs prières. Ce n'était pas ce Dieu-là qu'ils invoquaient dans leurs enchantements. Ce Dieu-là était le dieu du mal. Eux, ils adoraient le Dieu du bien.

En s'adressant au créateur de ce monde, les profanes étaient dupes. Ils s'agenouillaient devant le génie cruel qui s'est proclamé le dieu des armées et qui excite les hommes à s'entre-tuer. Les initiés, eux, adoraient l'Être suprême, le Dieu infiniment pur et bon que n'a jamais souillé le contact de la matière et qui se détourne avec horreur d'un autel dressé par des bourreaux.

Voilà pourquoi les cabalistes opéraient tant de prodiges. Ce Tout-Puissant, dont ils prononçaient le nom dans leurs incantations, leur déléguait son pouvoir sur les êtres les plus lumineux. Armés de ce Verbe irrésistible, les enchanteurs pouvaient soumettre à leur volonté les esprits les plus sublimes de la hiérarchie féerique ou de la hiérarchie céleste.

La morale des cabalistes était aussi mystique que

leur théodicée. L'initiation à leur art avait pour conditions premières un complet renoncement à la vie mondaine, une austérité parfaite, une chasteté absolue. « Les hommes dévoués à Dieu, écrivait Agrippa, l'illustre théurge du seizième siècle, doivent être élevés par les trois vertus théologales, et alors ils commandent aux éléments, détournent les tempêtes, soulèvent les vents, font fondre les nues en pluie, guérissent les malades, ressuscitent les morts [1]. » Pour avoir des rapports suivis avec des êtres bienfaisants ou angéliques, il fallait, pour ainsi parler, que l'homme mît son âme à l'unisson de ces âmes. Il fallait que son esprit, dégagé autant que possible de la matière, fût d'avance en communion sympathique avec les esprits évoqués. Aussi les enchanteurs se soumettaient-ils à l'ascétisme le plus rigoureux. Pour commencer la plus simple opération magique, pour évoquer, non pas même un ange, mais une simple fée, ils jugeaient nécessaire de prier, de jeûner pendant trois jours et de se purifier le corps par des ablutions continuelles. Dans ce livre si intéressant et si peu connu que j'ai déjà cité, Reginald Scot vous indique minutieusement ce que vous devez faire pour évoquer une fée. Libre à vous de faire l'expérience :

« D'abord jeûnez et priez pendant trois jours et abs-
» tenez-vous de toute impureté. Puis allez dans une
» chambre ou dans un salon convenable, et tracez un
» cercle avec de la craie : puis, à quatre pieds de ce cer-
» cle, tracez un second cercle où doit apparaître la fée :
» ne mettez pas de nom dans ce second cercle, ne jetez
» dedans aucune chose sainte, mais entourez-le d'un
» troisième cercle. Alors, que le maître et son disciple
» s'asseoient dans le premier cercle, le maître ayant le

---

[1] *La philosophie occulte*, par Cornélius Agrippa. II, p. 19.

» livre dans sa main, le disciple tenant le cristal dans
» sa main droite et le regardant quand la fée paraît.
» Puis, que le maître prononce sept fois l'évocation sui-
» vante :

« Je te conjure, Sibylle, ô gentille vierge-fée, par tous
» les anges de ♃, et par leurs caractères et vertus, et par
» tous les esprits de ♃ et de ♀, et par leurs caractères et
» vertus, et par la foi et l'obéissance que tu leur dois ; je
» te conjure, ô belle et bienheureuse vierge, par tous
» les noms réels ; je te conjure, Sibylle, par toutes leurs
» vertus, et je te somme, sans plus tarder, d'apparaître
» devant nous visible, sous la forme d'une belle femme
» au vêtement blanc et éclatant, afin d'accomplir plei-
» nement mes volontés et mes désirs [1]. »

Malgré la sublimité de leurs relations, malgré l'éléva-
tion de leur doctrine, la noblesse de leur but et l'austérité de leur vie, les enchanteurs ne furent pas beaucoup
mieux traités que les sorciers pendant le moyen âge.
L'Église poursuivait les sorciers comme des renégats ;
elle persécuta les enchanteurs comme des hérétiques.

Traqués par le pouvoir ecclésiastique, les adeptes de
la magie blanche se réfugièrent presque tous sous la protection des autorités laïques. Toutefois, hâtons-nous de
le dire, ce patronage accordé par les princes aux enchanteurs n'avait rien de désintéressé. Les princes n'encoura-
geaient la science occulte que parce que cette science,
ayant pour objet la découverte de la pierre philosophale,
leur promettait une mine d'inépuisables richesses. Mais
malheur à ces savants s'ils décevaient trop longtemps les
espérances royales ! Voyez le sort des plus illustres. Au
treizième siècle, le moine Roger Bacon, abandonné par
les rois d'Angleterre, est enfermé par l'Inquisition pen-

---

[1] *Discoverie of Witchcraft*, p. 404.

dant dix ans; et celui que, cinq cents ans plus tard, Cuvier devait proclamer homme de génie, meurt en disant : J'ai trop aimé la science ! Au quatorzième siècle, Pietro d'Apono, cet encyclopédiste qui, dit Gabriel Naudé, s'était « acquis la cognoissance des sept arts libéraux par le moyen de sept esprits familiers enfermés dans un cristal, » expire dans un cachot à l'âge de quatre-vingts ans, et son cadavre est livré aux flammes. Dans le même siècle, Raymond Lulle, l'ami d'Édouard IV, va de désespoir se faire tuer en Afrique. Au quinzième siècle, l'Allemand Faust, qui doit à son génie la découverte de l'imprimerie, est confondu avec les sorciers, et n'échappe que par miracle au bûcher de la place de Grève. Au seizième siècle, Cornélius Agrippa, le médecin de Louise de Savoie, finit à l'hôpital de Grenoble, et son convoi funèbre n'est suivi que par deux chiens que la terreur populaire transforme en esprits malins. A la même époque, Paracelse, ce bienfaiteur de l'humanité qui révèle à l'Europe ces deux spécifiques, le mercure et l'opium, expire sur un grabat, à l'hospice de Salzbourg !

Le dernier de ces martyrs de la cabale, Shakespeare l'a connu ; il l'a visité peut-être dans le laboratoire de Morlake. C'est le protégé de la reine Élisabeth et de milord Leicester, c'est l'enchanteur John Dee. John Dee est probablement le type primitif de cet infatigable alchimiste que Balzac nous montre dans la *Recherche de l'absolu*. Ce héros de la science sacrifie tout, lui aussi, à la découverte du grand secret : il jette dans le creuset sans fond sa petite fortune, la dot de sa femme, l'héritage de ses enfants, sa réputation, son honneur.

Guidé par un certain Kelly, John Dee avait, paraît-il, trouvé une certaine quantité de l'élixir magique dans les ruines de l'abbaye de Glassenburg. Avec cet élixir, les deux associés purent changer un poêlon de cuivre en une masse d'argent dont ils envoyèrent un morceau à la reine. Mais la précieuse drogue fut vite épuisée, et John Dee consacra désormais toutes ses études à retrouver la proportion exacte des éléments qui la composaient. C'est pour découvrir cette recette qu'il alla consulter les plus savants magiciens d'Allemagne et de Pologne. Mais la science des hommes fut impuissante, et John Dee dut recourir à la science des esprits. Alors eurent lieu ces mystérieuses séances dont Méric Casaubon a publié en 1659 le compte-rendu détaillé. John Dee s'enfermait avec son disciple Kelly et le magnétisait. Sous l'empire du fluide, Kelly voyait des esprits dans un morceau de cristal placé sur la table, et répétait à son maître ce que ceux-ci lui disaient. Ces esprits, de dignité diverse, appartenaient tous soit à l'ordre céleste, soit à l'ordre féerique. Tantôt, c'était l'ange Madini qui apparaissait et se réjouissait au nom du Christ. Tantôt, c'était un être, vêtu de blanc, couvert de cheveux blonds tombant sur ses épaules, qui disait : « Je suis Ariel, la lumière ; je suis la main de celui qui causa avec Esdras et le consola dans son affliction. » Tantôt, c'était un être appelé Nalsage, ressemblant au roi Édouard V, ayant une robe de soie blanche, un manteau d'hermine à glands verts, qui, une baguette à la main, dessinait sur une table de nacre cette inscription étrange :

```
   H E R I
 I D  3  S A I
```

John Dee passait tout un grand jour à chercher le sens de cette énigme. Mais, hélas ! c'était en vain. L'élixir, cet élixir prestigieux qui devait le faire plus puissant que l'empereur d'Allemagne et plus riche que le Grand Mogol, ce philtre du bien-être universel, il n'en pouvait retrouver la formule. Ce fut ainsi qu'il usa son existence. Rentré en Angleterre après une longue absence, il eut à se justifier de ses relations suspectes devant l'archevêque de Cantorbéry, et ce fut une grâce de la reine qui le sauva du fagot. Trop heureux, il mourut de misère après avoir vécu d'aumône. Quant à son associé Kelly, il se tua en 1595, en sautant par la fenêtre d'une prison où l'avait enfermé son protecteur, Rodolphe II.

Si telle était la destinée des maîtres de la magie blanche, de ceux que patronnaient les reines et les empereurs, quel était donc le sort réservé aux adeptes plus humbles? Écoutez, pour en finir sur ce sujet, deux histoires curieuses :

Vers 1585, un membre du haut clergé d'Écosse, le savant Patrick Adamson, évêque de Saint-André, souffrait d'une fièvre lente que la médecine d'alors avait été jusque-là impuissante à guérir. Au moment où le prélat se désespérait, un ami lui conseilla de s'adresser à une paysanne du village de Byrehill qui avait fait, disait-on, des cures merveilleuses. Elle s'appelait Alisa Pearson. L'évêque suivit le conseil et fit venir la paysanne. Après avoir examiné le malade, Alisa déclara qu'elle le guérirait en transmettant sa maladie à un cheval de ses écuries. L'évêque accepta cette condition. La paysanne revint le lendemain apportant pour tout médicament un poulet étuvé par elle-même, et une potion composée de vin de Bordeaux et de certaines herbes connues d'elle. Le prélat prit sans répugnance le remède que lui avait préparé son médecin en cotillon, et s'en trouva soulagé dès le premier jour. Il suivit le même régime pendant quelque temps; et, après deux semaines, il se portait mieux que jamais. La maladie avait définitivement passé à un cheval blanc, qui mourut exactement le jour du rétablissement de l'évêque.

Tout allait bien jusque-là, et Alisa Pearson s'attendait à de beaux honoraires qui devaient lui payer ses visites. Mais bientôt, au lieu de recevoir le majordome de sa grandeur comme elle s'y attendait, elle vit entrer chez elle le shériff du tribunal de Saint-André qui venait l'arrêter.

Voici l'explication de cette inquiétante visite.

L'évêque de Saint-André, une fois guéri, avait eu des scrupules sur la légitimité de sa guérison; il avait conçu des doutes graves sur l'orthodoxie de cette médecine qui faisait passer dans un cheval la fièvre d'un homme; et, pour éclaircir ses doutes, il avait porté contre Alisa une plainte en sorcellerie.

Soumise à la torture, la pauvre enfant raconta que le remède par elle administré à sa grandeur lui avait été indiqué par son cousin William Sympsone, lequel cousin vivait retiré à la cour des fées et lui apparaissait chaque fois qu'elle l'appelait. Elle ajouta, pour sa défense, que ce n'était pas elle qui avait établi ces relations, que c'était son cousin qui s'était de lui-même offert à elle et l'avait entraînée, malgré sa volonté, au milieu de ses nouveaux amis, et que même, pendant sept ans, elle avait été disgraciée par la reine des fées. — Cette justification ne parut pas suffisante; et, malgré tout le bien qu'elle avait fait, malgré sa vertu exemplaire reconnue par tous, malgré ses larmes de repentir, Alisa Pearson fut condamnée comme sorcière.

Elle périt sur le bûcher, le 29 mai 1586.

Pour que le lecteur ne m'accuse pas d'exagération, je traduis ici de l'écossais le texte de cet inqualifiable jugement, monument trop oublié de la justice humaine :

« Ce jourd'hui, 28 mai 1586. Considérant qu'Alisa Pearson, de Byrehill, a consulté l'esprit malin sous la forme d'un certain William Sympsone, son cousin, qui, d'après ce qu'elle a affirmé, était un grand savant et docteur en médecine; qu'elle a été guérie par lui quand elle avait douze ans; qu'elle a perdu l'usage d'un côté en ayant avec lui un commerce familier; qu'elle a composé des charmes et abusé le commun peuple par l'art de la sorcellerie, dans ces dernières années;

» *Item.* Considérant que, de son propre aveu, elle a visité récemment les *Bons Voisins* (gude neibours) et la reine des fées; qu'elle a des parents dans cette cour, lesquels sont en faveur auprès de ladite reine et ont pu lui donner aide; qu'elle était tantôt bien, tantôt mal portante, selon qu'elle était avec eux ou loin d'eux; que, quand elle se mettait bien tranquillement au lit le soir, elle ne savait pas où elle serait le lendemain; qu'elle n'a pas vu la reine pendant sept ans, et qu'elle a été sept ans en disgrâce à la cour des fées; que, toutefois, elle a conservé là des amis; que ce sont les Bons Voisins qui l'ont guérie avec la permission de Dieu; et que c'est par leur aide qu'elle a guéri tant de gens à Saint-André;

» *Item.* Considérant que, de son propre aveu, ledit M. William Sympsone est le même qui, à l'âge de huit ans, fut enlevé par un géant égyptien et est revenu après une absence de douze années;

» *Item.* Considérant qu'un jour, étant à Grange-Muir avec d'autres personnes, elle se sentit malade et s'étendit à terre; que, quand elle fut seule, un homme, habillé de vert, vint à elle et lui dit que, si elle consentait à lui être fidèle, il ferait son bonheur; mais qu'elle, étant effrayée, appela au secours; que, personne n'étant venu, elle répondit à l'homme que tout était bien s'il venait au nom de Dieu et pour le salut de son âme; et qu'alors l'homme se retira;

» *Item.* Considérant qu'une autre fois il lui apparut comme un libertin au milieu d'une foule d'hommes et de femmes; qu'elle se signa et pria, en les voyant tous faire bonne chère avec des pipes et du vin; qu'elle fut enlevée par eux; que, pour peu qu'elle dît un mot de ces choses, elle était cruellement tourmentée par eux ; et que, la première fois qu'elle alla avec eux, elle reçut un coup violent qui lui ôta l'usage d'un côté en y laissant une marque sinistre ;

» *Item.* Considérant qu'une autre fois elle surprit les Bons Voisins en train de composer leurs onguents dans des chaudrons mis sur le feu et de recueillir leurs herbes avant le lever du soleil ; qu'alors ceux-ci vinrent à elle très-effrayés, l'écorchèrent très-fort, ce qui la fit crier, et, après des menaces terribles, paralysèrent le côté sain qui lui restait, ce qui la mit au lit pour plusieurs semaines; qu'ensuite ils vinrent par intervalle s'asseoir à son chevet, lui promettant qu'elle n'aurait besoin de rien si elle était discrète, mais qu'ils la massacreraient si elle parlait; que M. William Sympsone la guérit enfin et lui apprit comment il avait été enlevé jadis par les Bons Voisins, l'avertissant de se signer pour n'être pas enlevée comme lui, et lui avouant que chaque année, sur dix habitants de la terre des fées, il fallait en livrer un à l'enfer;

» *Item.* Considérant que ledit M. William lui indiquait quelles herbes étaient bonnes pour chaque maladie et comment les employer; qu'il lui dit notamment que l'évêque de Saint-André était affligé de diverses maladies, telles que la fièvre, le frisson, le flux; qu'il lui fit faire un onguent pour frictionner le malade, et lui donna la recette d'une potion à lui faire boire ;

» Ladite Alisa Pearson, convaincue du crime de sorcellerie, est condamnée à être brûlée vive [1]. »

---

[1] Voir l'original du jugement cité par Walter Scott dans l'ouvrage intitulé *Minstrelsy of Scottish Border.*

Il y avait un précédent tout récent à ce monstrueux arrêt.

Vers 1570, une fermière nommée Élisabeth Dunlop, qui demeurait dans la baronnie de Dalry (Ayrshire), était au lit, sur le point d'accoucher. Un soir qu'elle était seule, une dame à l'apparence parfaitement respectable entra dans sa chambre, s'assit un moment sur un banc, près du lit, et demanda un verre d'eau, en disant qu'elle avait grand'soif. Malgré son état critique, Élisabeth se leva, prit une cruche sur le buffet et remplit un verre qu'elle présenta à l'inconnue. La dame remercia et partit.

Peu de temps après cette singulière visite, il y eut dans la ferme comme une épidémie. Une des vaches mourut; deux moutons tombèrent malades; l'enfant qu'Élisabeth venait de mettre au monde fut pris d'une coqueluche, et son mari, André Jacques, se coucha avec la fièvre.

C'était plus qu'il n'en fallait pour accabler la pauvre Élisabeth. Un jour qu'elle conduisait les vaches au pré commun du village, au moment où elle passait par l'enclos Monkcastle, pleurant, sanglotant, et se mettant la tête dans son tablier, elle fut abordée par un personnage qu'elle ne connaissait pas. Ce personnage était habillé à l'ancienne mode. C'était un vieillard à barbe grise. Il portait des bas blancs noués par une jarretière au-dessus du genou, un haut de chausse gris, un habit gris à manches lombardes, un chapeau noir bordé de dentelle de soie, et tenait une baguette blanche à la main. Le nouveau venu s'adressa à Élisabeth par son petit nom :

— Par Sainte Marie! Bessie, quelle est la chose terrestre qui te fait pleurer si fort?

— Ah! Monsieur, n'ai-je pas raison de me désoler? Voilà ma plus belle vache morte! mes moutons mourants! mon mari et mon petit dernier malades! ne dois-je pas avoir le cœur bien navré?

— Bessie, tu as offensé Dieu par quelque impiété. Tes deux moutons n'en reviendront pas. Ton dernier-né mourra. Mais, si tu te repens vite, ton mari se rétablira.

Élisabeth rentra à la ferme. Les deux moutons étaient morts! son enfant à l'agonie! Alors elle se rappela l'avertissement du vieillard et se mit à prier. André Jacques se trouva mieux et guérit.

Une semaine après, Élisabeth passait près du fourré de Daumstarnick, lorsqu'elle rencontra le même personnage.

— Eh bien! Bessie, ma prédiction s'est-elle réalisée?

— Hélas! répliqua la paysanne avec un gros soupir, mes deux moutons! mon pauvre petit dernier! vous l'aviez bien dit, Monsieur. Heureusement, voilà mon mari tiré d'affaire. Grâce à vos bons avis. Puis-je au moins savoir le nom de celui qui m'a si bien conseillée?

— Mon nom, Bessie, je veux bien te le dire, mais à une condition, c'est que tu ne révéleras jamais nos relations à qui que ce soit.

— Jamais!

— Tu as sans doute, dans ton enfance, entendu parler de Thomas Reid, l'ancien écuyer du laird de Blair, celui qui fut tué le 10 septembre 1547, à la fameuse bataille de Pinkie.

— A la bataille de Pinkie! Certainement. On parle souvent de lui encore dans le pays. Le pauvre homme!

— Eh bien, ce Thomas Reid, c'est moi.

— C'est vous? s'écria Bessie avec stupéfaction.

— Oui, c'est moi, repartit le vieillard, et je puis t'en donner la preuve, si tu le désires. Il existe encore, dans une métairie, à un mille d'ici, un de mes anciens compagnons d'armes, appelé John Pitcairn.

— Je le connais parfaitement, interrompit Élisabeth.

— John Pitcairn et moi, nous faisions partie de l'arrière-ban du baron de Dalry. Le matin de ce fameux samedi *Noir* où devait se livrer la bataille, nous nous mîmes en route de compagnie. Sur le chemin, Pitcairn fut pris d'un pressentiment sinistre: «Je ne sais pourquoi, me dit-il en se frappant le front, j'ai mauvaise idée de cette affaire. Je sens qu'un de nous deux va mourir aujourd'hui. Camarade, si vous m'en croyez, nous n'irons pas dans la bagarre et nous rentrerons tranquillement chez nous. » Et il voulut rebrousser chemin. Je le retins en lui déclarant tout net que je ne le suivrais pas; et, à force de lui faire honte de sa frayeur, je le décidai à se remettre en marche avec moi. Nous arrivâmes ainsi sur la place de l'Église de Dalry. Là, comme nous avions faim, j'achetai des figues que je liai dans un mouchoir et que nous mangeâmes tout le long de la route. Une heure après, nous étions sur le champ de bataille. Le pressentiment de John était réalisé. L'un de nous était tué. C'était moi. — Eh bien, va trouver John Pitcairn, redis-lui tous ces détails qu'il ne croit connus que de lui seul; et, s'ils ne sont pas parfaitement exacts, regarde-moi comme un imposteur.

Là-dessus, le vieillard disparut; et la fermière se rendit incontinent chez John Pitcairn, qui confirma de point en point le récit de l'apparition.

A quelque temps de là, — c'était un samedi vers midi, — André Jacques était à la ferme, assis devant un pot de bière avec trois compagnons. Élisabeth était dans la salle et rangeait. Tout à coup, elle aperçut, au fond de la cour, par la porte entr'ouverte, le revenant qui lui faisait signe. Elle sortit sans que personne s'en aperçût, et suivit son mystérieux ami jusqu'à un endroit écarté où elle vit quatre hommes et huit femmes, portant le plaid écossais. La plus belle de ces femmes, qui toutes étaient fort jolies, lui adressa aussitôt la parole : — Bonjour, Bessie. Veux-tu t'en venir avec moi?

Élisabeth, tout effrayée, fit un signe de refus. Sur quoi les douze personnages disparurent dans un tumulte qui ressemblait à un ouragan.

— Rassure-toi, Bessie, fit doucement Thomas. La personne qui vient de te parler ne te veut que du bien. Te souviens-tu qu'un soir, — il n'y a pas longtemps, — une inconnue est entrée dans ta chambre, tandis que tu étais au lit, malade, et que tu t'es levée pour lui donner à boire?

— Oui.

— Eh bien, cette inconnue est la même personne qui vient de te parler. C'est une bien grande dame, sais-tu bien, Bessie? Sa majesté la reine des fées, ni plus ni moins. La reine n'est pas seulement belle; elle est bonne et puissante. Et, si tu consens à quitter ce monde pour aller vivre dans son royaume, elle fera ton bonheur, comme elle a fait le mien. Regarde-moi, n'ai-je pas un air de prospérité qui fait envie? Allons, décide-toi, Bessie, partons!

Et ce disant, Thomas tira Élisabeth par son tablier.

— Laissez-moi, repartit la fermière d'un ton offensé. Quitter ainsi mon André! quitter ainsi mes enfants! jamais! et que diraient-ils, ces pauvres petits, en ne voyant pas revenir leur mère?

— Allons, chère Bessie, fit le revenant d'un ton câlin. Ne te fâche pas. Je t'ai dit que notre reine voulait ton bonheur, mais ce n'est pas un bonheur forcé. Reste donc sur cette terre, avec ton mari, avec tes enfants, dans ton ménage. Moi, il faut que je m'en aille, car on m'attend.

Mais je veux que nous nous quittions bons amis. Il y a bien des choses, vois-tu, Bessie, que, nous autres, nous savons, et que, vous autres, vous ignorez. Je mets toute ma science à ta disposition. Si jamais tu as égaré quelque objet précieux, appelle-moi, et je te révélerai le lieu où il est. Si jamais quelqu'un de ceux qui t'intéressent tombe malade, appelle-moi, et je t'indiquerai où est le remède.

Et le revenant disparut.

Depuis cette époque, Élisabeth Dunlop eut de fréquentes entrevues avec son féerique conseiller. Grâce aux instructions de Thomas Reid, elle accomplissait de véritables miracles. Elle avait l'art de retrouver toutes les choses perdues et de guérir toutes les indispositions. Et, comme elle n'avait fait de confidence à personne, nul ne savait d'où elle tenait cet art. Ce qui est certain, c'est qu'on venait de tous les environs la consulter sur des cas graves et qu'elle donnait des médicaments infaillibles.
— Un jour, on vint la quérir pour aller visiter une suivante de lady Stanley, dont le médecin du château n'avait pu jusqu'ici découvrir la maladie. Élisabeth en référa secrètement à Thomas Reid, qui déclara immédiatement que l'affection était produite « par un sang froid qui venait autour de la tête, » et ordonna une potion, composée d'ale forte légèrement sucrée et de certaines plantes aromatiques, à prendre chaque matin. La prescription fit merveille, et la malade se rétablit bientôt complétement.

Malheureusement pour Élisabeth, il y eut quelqu'un que cette cure indisposa. Ce fut le médecin du château, qui fut profondément humilié dans sa patente par le savoir naïf de la paysanne. Le Diafoirus écossais jugea que la science humaine n'avait plus rien à faire là où sa propre science avait échoué : il déclara avec fureur que la malade n'avait pas été guérie dans les règles, et que le remède indiqué était contraire à toutes les formules. Bref, il appela la justice au secours de l'art. Élisabeth fut traduite devant les tribunaux, sous la prévention de sorcellerie. Mise à la question extraordinaire, elle avoua toute l'histoire et révéla les détails que je viens de raconter. Elle eut beau alléguer pour sa défense qu'elle n'avait consulté que de bons esprits et qu'elle n'avait fait que le bien, les juges furent impitoyables.

La malheureuse fut brûlée vive le 8 novembre 1576.

III

SYSTÈME DE SHAKESPEARE.

On le voit, la législation du seizième siècle ne faisait pas de distinction entre la magie noire et la magie blanche. Elle confondait dans la même réprobation le sorcier et l'enchanteur, celui qui servait le diable ou celui que la fée servait. Tout rapport avec un être invisible, quel que fût cet être, était puni de mort, et de quelle mort!

En présence de tous ces supplices qui font frémir l'insensible histoire, il était impossible que des âmes généreuses ne fussent pas émues. Quelques hommes courageux, déjà pleins de l'esprit moderne, entreprirent de battre en brèche une jurisprudence monstrueuse qu'appuyaient toutes les autorités divines et humaines. Un savant allemand, le docteur Wier, médecin du duc de Clèves, eut l'honneur de commencer cette polémique mémorable qui retentit par toute l'Europe. Il osa le premier affirmer que ces relations, prétendues coupables, entre l'homme et le monde invisible, n'existaient pas et ne pouvaient pas exister; que l'homme, étant né de la chair, ne pouvait communiquer avec les esprits purs ; que, par conséquent, la sorcellerie était un crime imaginaire, et que toutes les créatures condamnées sur ce chef étaient innocentes. A ces assertions hardies, un écrivain français, Bodin, répondit avec une violence toute catholique. Il dénonça les propositions du docteur Wier comme autant d'hérésies. Il développa cette thèse digne de l'École : « Quiconque nie la sorcellerie, défend la sorcellerie. » A l'appui de sa doctrine, il rappela triomphalement ce fait que Wier, étant élève du fameux Agrippa, était lui-même un enchanteur, et soutint que, si le docteur criait tant contre le fagot, c'est que lui-même sentait fortement le roussi. C'est par cette charitable dénonciation que le jésuite concluait son pamphlet.

On conçoit que de pareilles répliques n'étaient pas de nature à encourager les contradicteurs. Le silence se rétablit donc pour quelque temps, et ce ne fut qu'en 1584 qu'un calviniste anglais, Reginald Scot, osa reprendre publiquement la théorie de Wier. Pour écrire ses *Révélations sur la sorcellerie*, Reginald s'était fait initier à tous les mystères de l'art magique; il avait appris tous les tours des tireurs de cartes; il avait pris des leçons d'escamotage et s'était lié avec un enchanteur repenti que la protection de Leicester venait de sauver du bûcher.

C'est par des documents ainsi recueillis que l'auteur anglais espérait démontrer à ses contemporains que la magie n'était qu'une innocente plaisanterie dont ils étaient dupes. Selon lui, c'était une législation impie que celle qui punissait du feu des forfaits impossibles, et qui attribuait à l'homme un pouvoir qui n'appartient qu'à Dieu. « Les fables de la sorcellerie, disait-il, ont des ra-
» cines si profondes dans le cœur de l'homme, que per-

» sonne ne peut plus endurer avec patience les châti-
» ments imposés par la Providence. Si un accident
» arrive, maladie, perte d'enfants, de grain ou de bes-
» tiaux, vite on crie : à la sorcière [1] ! » C'est ainsi que
Reginald Scot revendiquait les droits méconnus du Créateur. Le préjugé universel attribuait à d'infernales vengeances les calamités de ce monde, Scot les attribuait, lui, à la colère céleste. Il réclamait pour Dieu cette responsabilité du mal qu'on rejetait sur Satan. Impies ceux qui prenaient ainsi la droite de Jéhovah pour la griffe du diable!

Quant à ces apparitions dont on parlait tant, elles n'étaient pour Scot que les visions chimériques de l'imagination et de la peur. Les anges dont a parlé la Bible n'ont eu des ailes que par métaphore. « Je pense avec Calvin, disait l'auteur des *Révélations*, que les anges sont des créatures de Dieu, bien que Moïse ne dise rien de leur création. Je pense avec lui qu'ils n'ont pas de forme du tout, puisqu'ils sont des esprits purs, et je pense avec lui, enfin, que c'est pour la capacité de notre esprit que l'Écriture nous les peint avec des ailes, afin de nous faire comprendre qu'ils sont toujours prêts à nous secourir[2]. » Quant aux sylphes et aux lutins envolés de la féerie, quant aux monstres évoqués du paganisme, quant aux loups-garous échappés de l'enfer, Reginald Scot les renvoyait sans façon aux contes de nourrice. « Certaine-
» ment il est arrivé qu'un drôle affublé d'un drap blanc
» a abusé et trompé des milliers de personnes, spéciale-
» ment à l'époque où Robin Bonenfant faisait tant de
» remue-ménage dans la campagne. Pendant notre en-
» fance, les servantes de nos mères nous ont tant fait
» peur d'un vilain diable ayant des cornes sur la tête,

---

[1] *Discoverie of Witchcraft* (1584).
[2] *Ibid.*

» du feu dans la bouche, une queue à sa culotte, des
» yeux comme une cuve, des crocs comme un chien,
» des griffes comme un ours, une peau comme un nègre,
» une voix rugissante comme un lion, que nous tres-
» saillons quand nous entendons crier Boh! Elles nous
» ont tant fait peur des taureaux mendiants, des esprits,
» des sorcières, des hérissons, des lutins, des stryges,
» des fées, des satyres, des pans, des faunes, des syl-
» vains, des tritons, des centaures, des nains, des géants,
» des gnomes, des farfadets, des enchanteurs, des nym-
» phes, des enfants volés, des incubes, de Robin Bonen-
» fant, de l'homme dans le chêne, des revenants, des
» feux follets, de Tom-Pouce, d'Hobgoblin, de l'homme
» sans os et autres épouvantails, que nous sommes ef-
» frayés de notre ombre. Beaucoup n'ont peur d'un
» diable que par une nuit noire, et alors un mouton
» tondu devient une bête périlleuse et est pris bien des
» fois pour l'âme de notre père, surtout s'il est attaché
» dans un cimetière; là l'homme le plus hardi du monde
» ne passerait pas la nuit sans que les cheveux lui dres-
» sassent sur la tête [1]. » A ce manifeste du plus audacieux
scepticisme, devinez qui répondit?

Ce fut le roi d'Écosse, sa majesté Jacques VI, en personne. Depuis la révélation d'Agnès Sympsone et de ses complices, le fils de Marie Stuart avait vécu dans des transes continuelles. Persuadé que le démon en voulait particulièrement à sa vie et que les dangers qu'il avait courus à l'époque de son mariage étaient l'effet d'un complot infernal, il ne put lire sans indignation un ouvrage d'où ressortait l'innocence des condamnés et qui présentait Dieu lui-même comme l'auteur véritable de tempêtes complétement subversives. Jacques ne pouvait laisser passer sans réfutation d'aussi inqualifiables

---

[1] *Discoverie of Witchcraft* (1584).

théories. Il se mit donc à l'œuvre, et, après de longues années de travail, il publia en 1597 son fameux livre intitulé : *Démonologie*. Pour que nul ne se méprît sur l'objet de cette publication, il daigna l'expliquer lui-même dans une préface au lecteur que je traduis littéralement :

« La terrible abondance, à cette époque et dans ce
» pays, de ces détestables esclaves du diable, les sor-
» cières et les enchanteurs, m'a décidé, ami lecteur, à
» terminer à la hâte le traité que voici. Nullement, je le
» jure, dans le but de faire montre de ma science et de
» mon esprit, mais seulement, par une inspiration de
» ma conscience, pour contribuer, autant que je le puis,
» à résoudre les doutes de beaucoup de gens et pour
» prouver que les assauts de Satan sont très-certaine-
» ment pratiqués, et que ses instruments méritent d'être
» très-sévèrement punis, en dépit des opinions condam-
» nables de deux de nos contemporains. L'un, appelé
» Scot, un Anglais, n'a pas honte de déclarer dans un
» imprimé public qu'il n'y a pas de sorcellerie, et de
» maintenir ainsi la vieille erreur des Sadducéens qui
» niaient les esprits. L'autre, nommé Wier, un méde-
» cin allemand, a fait l'apologie publique de ces artisans
» du mal dans un ouvrage où, tout en réclamant pour
» eux l'impunité, il avoue pleinement avoir exercé leur
» profession. — Pour rendre ce traité plus agréable et
» plus facile, je l'ai mis sous forme de dialogue et je l'ai
» divisé en trois livres : le premier, traitant de la magie
» en général et de la nécromancie en particulier ; le
» second, de la sorcellerie ; le troisième, contenant une
» description des spectres et des esprits de toutes sortes
» qui paraissent et troublent les personnes : enfin, une
» conclusion de tout l'ouvrage. Mon intention dans ce
» travail, je l'ai déjà dit, est seulement de prouver deux

» choses : premièrement, que ces arts diaboliques ont
» existé et existent toujours ; secondement, qu'ils méri-
» tent un jugement rigoureux et une punition sévère [1]. »

Il faut en convenir, Jacques VI a beau jeu dans cette discussion. Il a pour lui les arguments les plus puissants, le consentement universel, la tradition historique, et enfin cette autorité suprême : la Bible. Aussi de quel ton triomphant il répond à ses adversaires ! On nie la sorcellerie ! eh ! qu'est-ce donc que la lutte entre Moïse et les magiciens de Pharaon ? Qu'est-ce donc que l'évocation de l'ombre de Samuel par la pythonisse ? On nie la féerie ! on nie le pouvoir qu'ont les créatures sublunaires de dire l'avenir ? Eh ! pourquoi donc l'histoire est-elle pleine des prédictions des sibylles et des prophéties des augures ? On nie les visites du diable sur la terre ? Est-ce que, dans la Bible même, Satan n'a pas rompu son ban ? Est-ce qu'il n'apparaît pas, tantôt sous la forme du serpent, tantôt sous la forme du dragon, tantôt sous la forme de Judas ? On prétend que les femmes qui s'accusent elles-mêmes d'être en rapport avec le démon sont des mélancoliques qui veulent en finir avec la vie ? Eh ! n'a-t-on pas vu figurer dans le dernier procès des femmes riches, bien portantes, heureuses ? Qui ne sait que le prince des ténèbres a des séductions pour tous ? qu'au pauvre il offre la richesse, au riche la vengeance, au désespéré l'espoir ? On a soutenu que les démoniaques sont simplement de malheureux épileptiques ! Comment se fait-il alors que l'eau sainte les mette en fureur et qu'ils tremblent au nom du Christ ? On crie à la cruauté, lorsque les coupables sont jetés au bûcher ! Est-ce que ces arrêts ne sont pas la stricte exécution d'une sentence divine ?

[1] *Préface au traité de la Démonologie. OEuvres complètes de Jacques Ier.* Londres, 1619, pages 87 et 88.

Que répliquer à tous ces arguments, surtout quand celui qui les présente, aujourd'hui roi d'Écosse, sera demain roi d'Angleterre? Le pauvre Scot et ses partisans durent se taire en loyaux sujets. Le livre de Jacques eut un succès immense et populaire. La critique, toujours fidèle au succès, acclama dans l'auteur un nouveau Salomon. La littérature accepta servilement l'arrêt royal. Les tréteaux du théâtre répétèrent l'anathème lancé des tréteaux du trône. En pleine scène anglaise, Greene fit faire pénitence à Roger Bacon; et, du haut de la même scène, Marlowe précipita Faust au fond de l'enfer.

Un seul homme résista à l'entraînement universel.

Cet homme, ce fut Shakespeare.

Shakespeare ne fit pas comme Reginald Scot.

Il ne rejeta pas les traditions de la Bible et de la légende; il les arbora.

Il ne contesta pas le monde invisible; il le réhabilita.

Il ne nia pas la puissance surnaturelle de l'homme; il la sanctifia.

Jacques VI avait dit : Anathème aux esprits! Shakespeare dit : Gloire aux esprits!

Ce parti pris du poëte ne fut pas dans sa pensée la préméditation d'une tactique, il fut l'effet d'une conviction. Shakespeare croyait profondément au mystère. Il n'était pas de ceux qui affirment que la création qui commence à la pierre s'arrête à l'homme; il acceptait pleinement cette philosophie populaire qui faisait monter une échelle d'êtres indéfinie de la matière à l'idée, du mal au bien, de Satan à Jéhovah, et qui plaçait au milieu de cette échelle l'homme, moitié corps et moitié âme. Convaincu qu'il y a un monde intermédiaire entre l'homme et Dieu, Shakespeare était invité par la logique même à reconnaître l'existence de toutes les créatures dont le panthéisme de la Renaissance remplissait ce monde. Non ! la légende ne mentait pas. Non ! l'Écriture ne mentait pas. Non ! la mythologie n'était pas un mythe. Non ! Platon ne mentait pas. Non ! l'antique dogme druidique ne mentait pas. Il y a place dans l'infini pour toutes les créatures de toutes les théogonies. « Il existe plus de choses en ce monde, Horatio, qu'il n'en est rêvé dans votre philosophie. » Au-dessus de nous, autour de nous, au-dessous de nous, circulent des milliers d'êtres qui nous regardent et que nous ne voyons pas. Ces êtres animent partout la création : gnomes et satyres, ils peuplent la terre ; nymphes, naïades et ondines, ils peuplent les eaux ; dieux lares et lutins, ils peuplent les maisons ; sylphes et salamandres, ils peuplent l'air et la flamme ; fées, ils peuplent l'éther ; esprits, ils peuplent l'atome ! Ces êtres forment une humanité supérieure qui voit plus loin que nous et qui sait plus que nous. Et nous, humanité cadette, nous n'aurions pas le droit de nous adresser à cette grande sœur ! Nous n'aurions pas le droit de l'évoquer, de la consulter, de la conjurer ! Triste tas de chair que nous sommes, il nous serait interdit, pour nos problèmes, d'appeler à nous ces lumineux auxiliaires ! Et non-seulement cet appel ne serait pas un droit pour nous, mais il serait un crime ! Et, pour punir ces invocations adressées aux esprits les plus purs, il faudrait dresser les bûchers !

C'est contre ces conclusions du législateur que le poëte proteste.

La loi condamne la féerie : Shakespeare la célèbre dans *Le Songe d'une nuit d'été*. La loi punit par le feu le magicien : Shakespeare le glorifie dans *La Tempête*.

Telle est la portée intime et, selon moi, jusqu'ici méconnue, de son œuvre.

Des arrêts alors souverains flétrissaient d'une réprobation infamante les êtres féeriques. Un des chefs de la magistrature française, un très-catholique conseiller du roi très-chrétien, le sieur de l'Ancre, les dénonçait dans son ouvrage *de la Mescréance* (p. 382, éd. 1622), comme « des » démons qui, pour se rendre maistres, ont accoustumé » de vexer et de tourmenter les hommes. » Le roi protestant Jacques VI, dans son livre de *la Démonologie* (page 123, éd. 1619), les réléguait, avec les esprits des ténèbres, « sous la papauté de Satan, *Sub papatu Satanæ.* » Shakespeare protége les fées contre ces sentences du fanatisme, jésuitique ou puritain. Il étend l'aile immense de son génie sur les calomniées de l'azur. Il les affranchit à jamais du prétendu vasselage qui les soumet au démon. Il restitue à ces tutélaires créatures la place splendide que leur assignait dans l'ordre des êtres la vieille foi celtique. Grâce à une poésie souveraine, on ne les confondra plus avec les âmes des ténèbres : « Nous, dit fièrement Obéron, nous ne sommes pas de ceux qui s'exilent de la lumière et qui épousent à jamais la nuit au front noir. Nous sommes des esprits d'un autre ordre. Moi qui vous parle, j'ai fait bien souvent des parties avec l'amant de la matinée, et, comme un forestier, je puis marcher dans les halliers jusqu'à ce que la porte de l'Orient, toute flamboyante, s'ouvrant sur Neptune avec de splendides rayons, change en or jaune le sel vert de ses eaux. »

Sur le théâtre de Shakespeare, les fées, si longtemps méconnues, redeviennent les gardiennes charmantes de la nature. Ce sont elles qui font la toilette du printemps et qui secouent de sa robe les bêtes sinistres et difformes. Elles « tuent le ver caché dans le bouton de rose ; » elles « font la guerre aux chauves-souris ; » elles « écartent les hiboux ; » elles mettent en fuite « le porc-épic épineux, les serpents au double dard, les lézards, aveugles reptiles, les noirs escarbots, les araignées filandières et les faucheux. » Telle est l'influence qu'elles exercent sur l'ordre des choses, qu'il suffit, pour causer les plus effroyables perturbations, de la moindre querelle entre leur roi et leur reine. Si Titania et Obéron se font une scène, vite « les saisons s'altèrent, le printemps, l'été, le fécond automne, l'hiver maussade échangent leurs livrées accoutumées ; le givre hérissé se vautre sur le sein frais de la rose cramoisie ; et sur le crâne glacé du vieil hiver est attachée, comme par dérision, une guirlande odorante de fleurs ! » — Ce n'est pas seulement le calme des éléments qui dépend du caprice des fées, c'est aussi la paix des cœurs. Démétrius veut épouser Hermia qui ne veut épouser que Lysandre ; Héléna veut épouser Démétrius qui ne veut épouser qu'Hermia. Comment arranger l'affaire? Thésée, qui représente la sagesse humaine, a trouvé une solution qui fait le malheur des quatre soupirants : Hermia entrera au couvent, et personne ne se mariera ! Mais les fées interviennent à temps, et trouvent la solution qui fait le bonheur de tous les quatre. Elles versent sur les yeux de Démétrius un philtre qui le rend amoureux d'Héléna ; et les deux rivaux réconciliés épousent chacun celle qu'il aime. Ce n'est pas tout. Les fées veulent couronner leur œuvre. Lorsque arrive la nuit de noces, lorsque les mariés reposent tous, Thésée près d'Hippolyte, Démétrius près d'Héléna, Lysandre près d'Hermia, Puck, le lutin, vient balayer le palais, et, quand l'impure demeure est devenue digne de leur présence, le roi et la reine des fées entrent radieux comme une aurore et répandent sur chaque lit nuptial la rosée féconde de leurs bénédictions.

Le *Songe d'une nuit d'été* représente l'action du monde invisible sur l'homme. *La Tempête* symbolise l'action de l'homme sur le monde invisible.

Dans la première pièce, œuvre de la jeunesse du poëte, l'homme obéit aux esprits. Dans la seconde, œuvre de l'âge mûr, ce sont les esprits qui obéissent à l'homme.

Beaucoup de commentateurs s'accordent à présenter *la Tempête* comme la dernière création de Shakespeare. Je le croirais volontiers. Il y a dans *la Tempête* le ton solennel d'un testament. On dirait qu'avant de mourir, le poëte a voulu écrire un codicille pour l'avenir dans cette épopée de l'idéal. Dans cette île enchantée « pleine de chansons et de douce musique, » on croirait par instant entrevoir le monde de l'utopie, la terre promise des générations futures, l'Éden reconquis. Qu'est-ce en effet que Prospero, le roi de cette île? Prospero, c'est le naufragé qui atteint le port, c'est le banni qui retrouve la patrie, c'est le désespéré qui devient tout-puissant, c'est le travailleur qui, par la science, a dompté la matière Caliban, et, par le génie, l'esprit Ariel. Prospero, c'est l'homme devenu le maître de la nature et le despote de la destinée, c'est l'homme-Providence !

La Tempête est le dénoûment suprême rêvé par Shakespeare au drame sanglant de la Genèse. C'est l'expiation du crime primordial. Le pays où elle nous transporte est un terrain prestigieux où l'arrêt de la damnation est cassé par la clémence et où la réconciliation définitive se fait par l'amnistie du fratricide. Et, à la fin de la pièce, quand le poëte attendri jette Antonio dans les bras de Prospero, il a fait pardonner Caïn par Abel.

Hauteville-House. Mars 1858.

LE

Songe d'une Nuit d'Été

Tel qu'il a été diuerses fois ioué publiquement par les seruiteurs du Très Honorable Lord Chambellan.

Écrit

Par William Shakespeare.

Imprimé à *Londres* pour *Thomas Fisher* et en vente à sa boutique à l'enseigne du Cerf blanc dans *Fleet Street*.

1600.

PERSONNAGES :

THÉSÉE, duc d'Athènes (2).
ÉGÉE, père d'Hermia.
LYSANDRE, } amoureux d'Hermia.
DÉMÉTRIUS, }
PHILOSTRATE, intendant des menus plaisirs de Thésée.
BOTTOM, tisserand.
LECOING, charpentier.
FLUTE, raccommodeur de soufflets.
GROIN, chaudronnier.
ÉTRIQUÉ, menuisier.
MEURT DE FAIM, tailleur.

HIPPOLYTE, reine des Amazones.
HERMIA, fille d'Égée, amoureuse de Lysandre.
HÉLÉNA, amoureuse de Démétrius.

OBÉRON, roi des fées.
TITANIA, reine des fées.
PUCK ou ROBIN BONENFANT, lutin.
FLEUR DES POIS, }
TOILE D'ARAIGNÉE, }
PHALÈNE, } sylphes.
GRAIN DE MOUTARDE, }
UNE FÉE.

FÉES ET ESPRITS DE LA SUITE DU ROI ET DE LA REINE.
SERVITEURS DE LA SUITE DE THÉSÉE ET D'HIPPOLYTE.

La scène est à Athènes et dans un bois voisin.

SCÈNE I

[Athènes. — Le palais de Thésée.]

Entrent Thésée, Hippolyte, Philostrate et leur suite.

THÉSÉE.
Maintenant, belle Hippolyte, notre heure nuptiale — s'avance à grands pas ; quatre heureux jours vont amener — une autre lune : oh ! mais que l'ancienne — me semble lente à décroître ! Elle retarde mes désirs, — comme une marâtre ou une douairière — qui laisse sécher le revenu d'un jeune héritier.

HIPPOLYTE.
— Quatre jours se seront bien vite plongés dans les nuits ; — quatre nuits auront bien vite épuisé le temps en rêve ; — et alors la lune, telle qu'un arc d'argent — qui vient d'être tendu dans les cieux, éclairera la nuit — de nos noces solennelles.

THÉSÉE.
Va, Philostrate, — anime la jeunesse athénienne aux divertissements ; — réveille l'esprit vif et leste de la joie ; — renvoie aux funérailles la mélancolie : — la pâle compagne n'est pas de notre fête.

Sort Philostrate.

THÉSÉE, continuant, à Hippolyte.

— Hippolyte, je t'ai courtisée avec mon épée (3), — et j'ai gagné ton amour en te faisant violence ; — mais je veux t'épouser sous d'autres auspices, — au milieu de la pompe, des spectacles et des réjouissances.

Entrent ÉGÉE, HERMIA, LYSANDRE et DÉMÉTRIUS.

ÉGÉE.
— Heureux soit Thésée, notre duc renommé !

THÉSÉE.
— Merci, mon bon Égée ; quelle nouvelle apportes-tu ?

ÉGÉE.
— Je viens, tout tourmenté, me plaindre — de mon enfant, de ma fille Hermia.

A Démétrius.
— Avancez, Démétrius.

A Thésée.
Mon noble seigneur, — ce jeune homme a mon consentement pour l'épouser.

A Lysandre.
— Avancez, Lysandre.

A Thésée.
Et celui-ci, mon gracieux duc, — a ensorcelé le cœur de mon enfant.

A Lysandre.
— Oui, c'est toi, toi, Lysandre, toi qui lui as donné ces vers — et qui as échangé avec ma fille des gages d'amour. — Tu as, au clair de lune, chanté sous sa fenêtre — des vers d'un amour trompeur, avec une voix trompeuse : — tu lui as arraché l'expression de sa sympathie avec — des bracelets faits de tes cheveux, des bagues, des babioles, des devises, — des brimborions, des fanfreluches, des bouquets, des bonbons : messagers — d'un

grand ascendant sur la tendre jeunesse. — A force de ruse tu as volé le cœur de ma fille, — et changé l'obéissance qu'elle me doit — en indocilité revêche. Maintenant, mon gracieux duc, — si par hasard elle osait devant votre grâce — refuser d'épouser Démétrius, — je réclame l'ancien privilége d'Athènes. — Comme elle est à moi, je puis disposer d'elle : — or, je la donne soit à ce gentilhomme, — soit à la mort, en vertu de notre loi — qui a prévu formellement ce cas.

THÉSÉE.

— Que dites-vous, Hermia? Réfléchissez, jolie fille : — pour vous votre père doit être comme un dieu; — c'est lui qui a créé votre beauté : oui, — pour lui vous n'êtes qu'une image de cire — pétrie par lui et dont il peut — à son gré maintenir ou détruire la forme. — Démétrius est un parfait gentilhomme.

HERMIA.

— Et Lysandre aussi.

THÉSÉE.

Oui, parfait en lui-même. — Mais, sous ce rapport, comme il n'a pas l'agrément de votre père, — l'autre doit être regardé comme le plus parfait.

HERMIA.

— Je voudrais seulement que mon père vît par mes yeux.

THÉSÉE.

— C'est plutôt à vos yeux de voir par le jugement de votre père.

HERMIA.

— Je supplie votre grâce de me pardonner. — J'ignore quelle puissance m'enhardit, — ou combien ma modestie se compromet — à déclarer mes sentiments devant un tel auditoire. — Mais je conjure votre grâce de me faire connaître — ce qui peut m'arriver de pire dans le cas — où je refuserais d'épouser Démétrius.

THÉSÉE.

— C'est, ou de subir la mort, ou d'abjurer — pour toujours la société des hommes. — Ainsi, belle Hermia, interrogez vos goûts, — consultez votre jeunesse, examinez bien vos sens. — Pourrez-vous, si vous ne souscrivez pas au choix de votre père, — endurer la livrée d'une religieuse, — à jamais enfermée dans l'ombre d'un cloître, — et vivre toute votre vie en sœur stérile, — chantant des hymnes défaillants à la froide lune infructueuse? — Trois fois saintes celles qui maîtrisent assez leurs sens — pour accomplir ce pèlerinage virginal! — Mais le bonheur terrestre est à la rose qui se distille, — et non à celle qui, se flétrissant sur son épine vierge, — croît, vit et meurt dans une solitaire béatitude.

HERMIA.

— Ainsi je veux croître, vivre et mourir, monseigneur, — plutôt que d'accorder mes virginales faveurs — à ce seigneur dont le joug m'est répulsif — et à qui mon âme ne veut pas conférer de souveraineté.

THÉSÉE.

— Prenez du temps pour réfléchir; et, le jour de la lune nouvelle — qui doit sceller entre ma bien-aimée et moi — l'engagement d'une union impérissable, — ce jour-là, soyez prête à mourir — pour avoir désobéi à la volonté de votre père, — ou à épouser Démétrius, comme il le désire, — ou bien à prononcer sur l'autel de Diane — un vœu éternel d'austérité et de célibat.

DÉMÉTRIUS.

— Fléchissez, douce Hermia. Et toi, Lysandre, fais céder — ton titre caduc à mon droit évident.

LYSANDRE.

— Vous avez l'amour de son père, Démétrius. — Épousez-le, et laissez-moi l'amour d'Hermia.

SCÈNE I.

ÉGÉE.

— Moqueur Lysandre! Oui, vraiment, j'aime Démétrius; — et, ce qui est à moi, mon amour veut le lui céder; — et ma fille est à moi; et tous mes droits sur elle, — je les transmets à Démétrius.

LYSANDRE, à Thésée.

— Monseigneur, je suis aussi bien né que lui, — et aussi bien partagé; mon amour est plus grand que le sien; — ma fortune est sous tous les rapports aussi belle, — sinon plus belle, que celle de Démétrius, — et, ce qui est au-dessus de toutes ces vanités, — je suis aimé de la belle Hermia. — Pourquoi donc ne poursuivrais-je pas mes droits? — Démétrius, je le lui soutiendrai en face, — a fait l'amour à Héléna, la fille de Nédar, — et a gagné son cœur : et elle, la charmante, elle raffole, — raffole jusqu'à la dévotion, raffole jusqu'à l'idolâtrie, — de cet homme taré et inconstant.

THÉSÉE.

— Je dois avouer que je l'ai entendu dire, — et je voulais en parler à Démétrius; — mais, absorbé par mes propres affaires, — mon esprit a perdu de vue ce projet. Venez, Démétrius; — venez aussi, Égée; nous sortirons ensemble, — j'ai des instructions particulières à vous donner à tous deux. — Quant à vous, belle Hermia, résignez-vous — à conformer vos caprices à la volonté de votre père : — sinon, la loi d'Athènes, — que je ne puis nullement adoucir, — vous condamne à la mort ou à un vœu de célibat. — Venez, mon Hippolyte; qu'avez-vous, mon amour? — Démétrius! Égée! suivez-moi; — j'ai besoin de vous pour une affaire — qui regarde nos noces; et je veux causer avec vous — de quelque chose qui vous touche vous-mêmes de près.

ÉGÉE.

— Nous vous suivons et par devoir et par plaisir.

Thésée, Hippolyte, Égée, Démétrius et la suite sortent.

LYSANDRE.

— Qu'y a-t-il, mon amour? pourquoi votre joue est-elle si pâle? — Par quel hasard les roses se fanent-elles là si vite?

HERMIA.

— Peut-être faute de pluie; et je pourrais bien — en faire tomber par un orage de mes yeux.

LYSANDRE.

— Hélas! d'après tout ce que j'ai pu lire dans l'histoire — ou appris par ouï-dire, — l'amour vrai n'a jamais suivi un cours facile. — Tantôt ç'a été la différence de naissance...

HERMIA.

— O contrariété! être enchaîné à plus bas que soi!

LYSANDRE.

— Tantôt, on a été mal greffé sous le rapport des années...

HERMIA.

— O malheur! être engagé à plus jeune que soi!

LYSANDRE.

— Tantôt tout a dépendu du choix des parents...

HERMIA.

— O enfer! choisir ses amours par les yeux d'autrui!

LYSANDRE.

— Ou, si par hasard la sympathie répondait au choix, — la guerre, la mort, la maladie venaient assiéger cette union, — et la rendre éphémère comme un son, — fugitive comme une ombre, courte comme un rêve, — rapide comme un éclair qui, dans une nuit profonde, — découvre par accès le ciel et la terre, — et que la gueule des ténèbres dévore, — avant qu'on ait pu dire : Regardez! — Si prompt est tout ce qui brille à s'évanouir!

HERMIA.

— Si les vrais amants ont toujours été traversés ainsi,

— c'est en vertu d'un édit de la destinée ; — supportons donc patiemment ces épreuves, — puisqu'elles sont une croix nécessaire, — aussi inhérente à l'amour que la rêverie, les songes, les soupirs, — les désirs et les pleurs, ce triste cortége de la passion.

LYSANDRE.

— Sage conseil ! Écoute-moi donc, Hermia : — j'ai une tante qui est veuve, une douairière, — qui a de gros revenus et n'a pas d'enfants. — Elle demeure à sept lieues d'Athènes, — et elle me traite comme son fils unique. — Là, gentille Hermia, je pourrai t'épouser ; — dans ce lieu, la cruelle loi d'Athènes — ne peut nous poursuivre. Ainsi, si tu m'aimes, — évade-toi de la maison de ton père demain soir ; — et je t'attendrai dans le bois, à une lieue de la ville, — là où je t'ai rencontrée une fois avec Héléna, — pour célébrer la première aurore de mai (4).

HERMIA.

Mon bon Lysandre ! — Je te le jure, par l'arc le plus puissant de Cupidon, — par sa plus belle flèche à tête dorée, — par la candeur des colombes de Vénus, — par la déesse qui tresse les âmes et favorise les amours, — par le feu qui brûla la reine de Carthage, — alors qu'elle vit sous voiles le parjure Troyen, — par tous les serments que les hommes ont brisés, — plus nombreux que tous ceux que les femmes ont faits, — à cette même place que tu m'as désignée, — demain sans faute j'irai te rejoindre.

LYSANDRE.

— Tiens ta promesse, amour. Regarde, voici venir Héléna.

Entre HÉLÉNA.

HERMIA.
— Que Dieu assiste la belle Héléna! Où allez-vous?

HÉLÉNA.
— Vous m'appelez belle? Rétractez ce mot-là. — Démétrius aime votre beauté. O heureuse beauté! — Vos yeux sont des étoiles polaires; et le doux son de votre voix — est plus harmonieux que ne l'est pour le berger le chant de l'alouette, — alors que le blé est vert et qu'apparaissent les bourgeons d'aubépine. — La maladie est contagieuse; oh! que la grâce ne l'est-elle! — j'attraperais la vôtre, charmante Hermia, avant de m'en aller. — Mon oreille attraperait votre voix; mon œil, votre regard; — ma langue, la suave mélodie de votre langue. — Si le monde était à moi, Démétrius excepté, — je donnerais tout le reste pour être changée en vous. — Oh! apprenez-moi le secret de votre mine, et par quel art — vous réglez les battements du cœur de Démétrius.

HERMIA.
— Je lui fais la moue, pourtant il m'aime toujours.

HÉLÉNA.
— Oh! puisse votre moue enseigner sa magie à mes sourires!

HERMIA.
— Je lui donne mes malédictions, pourtant il me donne son amour.

HÉLÉNA.
— Oh! puissent mes prières éveiller la même affection!

HERMIA.
— Plus je le hais, plus il me poursuit.

SCÈNE I.

HÉLÉNA.

— Plus je l'aime, plus il me hait.

HERMIA.

— S'il est fou, Héléna, la faute n'en est pas à moi.

HÉLÉNA.

— Non, mais à votre beauté! Que n'est-ce la faute de la mienne!

HERMIA.

— Consolez-vous ; il ne verra plus mon visage ; — Lysandre et moi, nous allons fuir de ces lieux. — Avant que j'eusse vu Lysandre, — Athènes était comme un paradis pour moi. — Oh! quel charme possède donc mon amour — pour avoir ainsi changé ce ciel en enfer ?

LYSANDRE.

— Héléna, nous allons vous dévoiler nos projets. — Demain soir, quand Phébé contemplera — son visage d'argent dans le miroir des eaux, — et ornera de perles liquides les lames du gazon, — à cette heure qui cache toujours la fuite des amants, — nous avons résolu de franchir à la dérobée les portes d'Athènes.

HERMIA.

— Vous rappelez-vous le bois où souvent, vous et moi, — nous aimions à nous coucher sur un lit de molles primevères, — en vidant le doux secret de nos cœurs? — C'est là que nous nous retrouverons, mon Lysandre et moi, — pour aller ensuite, détournant nos regards d'Athènes, — chercher de nouveaux amis et un monde étranger. — Adieu, douce compagne de mes jeux : prie pour nous, — et puisse une bonne chance t'accorder ton Démétrius! — Tiens parole, Lysandre. Il faut que nous sevrions nos regards — de la nourriture des amants, jusqu'à demain, à la nuit profonde.

Sort Hermia.

LYSANDRE.

— Je tiendrai parole, mon Hermia. Adieu, Héléna. — Puisse Démétrius vous rendre adoration pour adoration !

Sort Lysandre.

HÉLÉNA.

— Comme il y a des êtres plus heureux que d'autres ! — Je passe dans Athènes pour être aussi belle qu'elle. — Mais à quoi bon ? Démétrius n'est pas de cet avis. — Il ne veut pas voir ce que voient tous, excepté lui. — Nous nous égarons, lui, en s'affolant des yeux d'Hermia ; — moi, en m'éprenant de lui. — A des êtres vulgaires et vils, qui ne comptent même pas, — l'amour peut prêter la noblesse et la grâce. — L'amour ne voit pas avec les yeux, mais avec l'imagination ; — aussi représente-t-on aveugle le Cupidon ailé. — L'amour en son imagination n'a pas le goût du jugement. — Des ailes et pas d'yeux : voilà l'emblème de sa vivacité étourdie. — Et l'on dit que l'amour est un enfant, — parce qu'il est si souvent trompé dans son choix. — Comme les petits espiègles qui en riant manquent à leur parole, — l'enfant Amour se parjure en tous lieux. — Car, avant que Démétrius remarquât les yeux d'Hermia, — il jurait qu'il était à moi : c'était une grêle de serments, — mais, aux premières ardeurs qu'Hermia lui a fait sentir, cette grêle — s'est dissoute et tous les serments se sont fondus... — Je vais lui révéler la fuite de la belle Hermia. — Alors il ira, demain soir, dans le bois — la poursuivre ; et, si pour cet avertissement — j'obtiens de lui un remercîment, je serai richement récompensée. — Aussi bien j'espère, pour payer ma peine, — aller là-bas, et en revenir dans sa compagnie.

Elle sort.

SCÈNE II

(Même ville. Une échoppe.)

Entrent Étriqué, Bottom, Flute, Groin, Lecoing et Meurt de faim.

LECOING.
Toute notre troupe est-elle ici?

BOTTOM.
Vous feriez mieux de les appeler tous l'un après l'autre, en suivant la liste.

LECOING.
Voici sur ce registre les noms de tous ceux qui, dans Athènes, ont été jugés capables de jouer notre intermède devant le duc et la duchesse, pendant la soirée de leurs noces.

BOTTOM.
Dites-nous d'abord, mon bon Pierre Lecoing, quel est le sujet de la pièce; puis vous lirez les noms des acteurs; et ainsi vous arriverez à un résultat.

LECOING.
Morguienne, notre pièce c'est *La très-lamentable comédie et la très-cruelle mort de Pyrame et Thisbé.*

BOTTOM.
Un vrai chef-d'œuvre, je vous assure, et bien amusant... Maintenant, mon bon Pierre Lecoing, appelez vos acteurs en suivant la liste... Messieurs, alignez-vous.

LECOING.
Répondez quand je vous appellerai... Nick Bottom, tisserand.

BOTTOM.

Présent. Nommez le rôle qui m'est destiné, et continuez.

LECOING.

Vous, Nick Bottom, vous êtes inscrit pour le rôle de Pyrame.

BOTTOM.

Qu'est-ce que Pyrame? Un amoureux ou un tyran?

LECOING.

Un amoureux qui se tue très-galamment par amour.

BOTTOM.

Pour bien jouer ce rôle, il faudra quelques pleurs. Si j'en suis chargé, gare aux yeux de l'auditoire! je provoquerai des orages, j'aurai une douleur congrue.

A Lecoing.

Passez aux autres... Pourtant, c'est comme tyran que j'ai le plus de verve. Je pourrais jouer Herculès d'une façon rare : un rôle à crever un chat, à faire tout éclater.

> Les furieux rocs,
> De leurs frissonnants chocs,
> Briseront les verrous
> Des portes des prisons,
> Et de Phibus le char
> De loin brillera,
> Et fera et défera
> Les stupides destins.

Voilà du sublime!... Maintenant nommez le reste des acteurs... Ceci est le ton d'Herculès, le ton d'un tyran; un amant est plus plaintif.

LECOING.

François Flûte, raccommodeur de soufflets.

FLUTE.

Voici, Pierre Lecoing.

LECOING.

Il faut que vous preniez Thisbé sur vous.

FLUTE.

Qu'est-ce que Thisbé? Un chevalier errant?

LECOING.

C'est la dame que Pyrame doit aimer.

FLUTE.

Non, vraiment, ne me faites pas jouer une femme; j'ai la barbe qui me vient.

LECOING.

C'est égal; vous jouerez avec un masque, et vous ferez la petite voix autant que vous voudrez.

BOTTOM.

Si je peux cacher ma figure, je demande à jouer aussi Thisbé. Je parlerai avec une voix monstrueusement petite. Comme ceci: — *Thisne! Thisne!* — *Ah! Pyrame, mon amant chéri! ta Thisbé chérie! ta dame chérie!*

LECOING.

Non, non; il faut que vous jouiez Pyrame, et vous, Flûte, Thisbé.

BOTTOM.

Soit, continuez.

LECOING.

Robin Meurt de Faim, le tailleur.

MEURT DE FAIM.

Voici, Pierre Lecoing.

LECOING.

Robin Meurt de Faim, vous ferez la mère de Thisbé... Thomas Groin, le chaudronnier.

GROIN.

Voici, Pierre Lecoing.

LECOING.

Vous, le père de Pyrame; moi, le père de Thisbé... Vous, Étriqué, le menuisier, vous aurez le rôle du lion... Et voilà, j'espère, une pièce bien distribuée.

ÉTRIQUÉ.

Avez-vous le rôle du lion par écrit? Si vous l'avez, donnez-le-moi, je vous prie, car je suis lent à apprendre.

LECOING.

Vous pouvez improviser, car il ne s'agit que de rugir.

BOTTOM.

Laissez-moi jouer le lion aussi; je rugirai si bien que ça mettra tout le monde en belle humeur de m'entendre; je rugirai de façon à faire dire au duc : Qu'il rugisse encore! qu'il rugisse encore!

LECOING.

Si vous le faisiez d'une manière trop terrible, vous effraieriez la duchesse et ces dames, au point de les faire crier; et c'en serait assez pour nous faire tous pendre.

TOUS.

Cela suffirait pour que nos mères eussent chacune un fils pendu.

BOTTOM.

Je conviens, mes amis, que, si vous rendiez ces dames folles de terreur, il leur resterait juste assez de raison pour nous faire pendre. Mais je contiendrai ma voix, de façon à vous rugir aussi doucement qu'une colombe à la becquée. Je vous rugirai à croire que c'est un rossignol.

LECOING.

Vous ne pouvez jouer que Pyrame. Pyrame, voyez-vous, est un homme au doux visage; un homme accompli, comme on doit en voir un jour d'été; un homme très-aimable et très comme il faut; donc, il faut absolument que vous jouiez Pyrame.

SCÈNE II.

BOTTOM.

Allons, je m'en chargerai. Quelle est la barbe qui m'irait le mieux pour ce rôle-là?

LECOING.

Ma foi, celle que vous voudrez.

BOTTOM.

Je puis vous jouer ça avec une barbe couleur paille, ou avec une barbe couleur orange, ou avec une barbe couleur pourpre, ou avec une barbe couleur de couronne de Vénus, parfaitement jaune.

LECOING.

Ces couronnes-là n'admettent guère le poil; vous joueriez donc votre rôle sans barbe... Mais, messieurs, voici vos rôles; et je dois vous supplier, vous demander et vous recommander de les apprendre pour demain soir. Nous nous réunirons dans le bois voisin du palais, à un mille de la ville, au clair de la lune; c'est là que nous répéterons. Car, si nous nous réunissons dans la ville, nous serons traqués par les curieux, et tous nos effets seront connus. En attendant, je vais faire la note de tous les objets nécessaires pour la mise en scène. Je vous en prie, ne me manquez pas.

BOTTOM.

Nous nous y trouverons; et nous pourrons répéter là avec plus de laisser-aller et de hardiesse. Appliquez-vous; soyez parfaits; adieu.

LECOING.

Au chêne du duc, le rendez-vous.

BOTTOM.

Suffit. Nous y serons, eussions-nous, ou non, une corde cassée à notre arc.

Ils sortent.

SCÈNE III

[Un bois près d'Athènes. Il fait nuit. La lune brille.]

Une Fée entre par une porte et Puck par une autre.

PUCK.
Eh bien! esprit, où errez-vous ainsi?

LA FÉE.
— Par la colline, par la vallée, — à travers les buissons, à travers les ronces, — par les parcs, par les haies, — à travers l'eau, à travers le feu, — j'erre en tous lieux, — plus rapide que la sphère de la lune. — Je sers la reine des fées, — et j'humecte les cercles qu'elle trace sur le gazon. — Les primevères les plus hautes sont ses pensionnaires. — Vous voyez des taches sur leurs robes d'or : — ce sont les rubis, les bijoux de la fée, — taches de rousseur d'où s'exhale leur senteur. — Il faut maintenant que j'aille chercher des gouttes de rosée, — pour suspendre une perle à chaque oreille d'ours. — Adieu, toi, bouffon des esprits, je vais partir. — Notre reine et tous ses elfes viendront ici tout à l'heure.

PUCK.
— Le roi donne ici ses fêtes cette nuit. — Veille à ce que la reine ne s'offre pas à sa vue; — car Obéron est dans une rage épouvantable, — parce qu'elle a pour page — un aimable enfant volé à un roi de l'Inde. — Elle n'a jamais eu un plus charmant captif; — et Obéron jaloux voudrait faire de l'enfant — un chevalier de sa suite, pour parcourir les forêts sauvages. — Mais elle retient de force l'enfant bien-aimé, — le couronne de fleurs, et

en fait toute sa joie. — Chaque fois maintenant qu'ils se rencontrent, au bois, sur le gazon, — près d'une limpide fontaine, à la clarté du ciel étoilé, — le roi et la reine se querellent : si bien que tous leurs sylphes effrayés — se fourrent dans la coupe des glands et s'y cachent.

LA FÉE.

— Ou je me trompe bien sur votre forme et vos façons, — ou vous êtes cet esprit malicieux et coquin — qu'on nomme Robin Bonenfant (5). N'êtes-vous pas celui — qui effraie les filles du village, — écrème le lait, tantôt dérange le moulin, — et fait que la ménagère s'essouffle vainement à la baratte, — tantôt empêche la boisson de fermenter, — et égare la nuit les voyageurs, en riant de leur peine? — Ceux qui vous appellent Hobgoblin et charmant Puck, — vous faites leur ouvrage, et vous leur portez bonheur. — N'êtes-vous pas celui-là?

PUCK.

Tu dis vrai; — je suis ce joyeux rôdeur de nuit. — J'amuse Obéron (6), et je le fais sourire — quand je trompe un cheval gras et nourri de fèves, — en hennissant comme une pouliche coquette. — Parfois je me tapis dans la tasse d'une commère — sous la forme exacte d'une pomme cuite; — et, lorsqu'elle boit, je me heurte contre ses lèvres, — et je répands l'ale sur son fanon flétri. — La matrone la plus sage, contant le conte le plus grave, — me prend parfois pour un escabeau à trois pieds; — alors je glisse sous son derrière; elle tombe, — assise comme un tailleur, et est prise d'une quinte de toux; — et alors toute l'assemblée de se tenir les côtes et de rire, — et de pouffer de joie, et d'éternuer, et de jurer — que jamais on n'a passé de plus gais moments. — Mais, place, fée! voici Obéron qui vient.

LA FÉE.

— Et voici ma maîtresse. Que n'est-il parti!

Obéron entre avec son cortége d'un côté, Titania, avec le sien, de l'autre.

OBÉRON.
— Fâcheuse rencontre au clair de lune, fière Titania !
TITANIA.
— Quoi, jaloux Obéron? Fées, envolons-nous d'ici : — j'ai abjuré son lit et sa société.
OBÉRON.
— Arrête, impudente coquette. Ne suis-je pas ton seigneur ?
TITANIA.
— Alors, que je sois ta dame! Mais je sais — qu'il t'est arrivé de t'enfuir du pays des fées — pour aller tout le jour t'asseoir sous la forme de Corin, — jouant du chalumeau, et adressant de tendres vers — à l'amoureuse Phillida. Pourquoi es-tu ici, — de retour des côtes les plus reculées de l'Inde? — C'est, ma foi, parce que la fanfaronne Amazone, — votre maîtresse en bottines, vos amours guerrières, — doit être mariée à Thésée; et vous venez — pour apporter à leur lit la joie et la prospérité!
OBÉRON.
— Comment n'as-tu pas honte, Titania, — d'attaquer mon caractère à propos d'Hippolyte, — sachant que je sais ton amour pour Thésée? — Ne l'as-tu pas, à la lueur de la nuit, emmené — des bras de Périgénie, qu'il avait ravie? — Ne lui as-tu pas fait violer sa foi envers la belle Églé, — envers Ariane et Antiope?
TITANIA.
— Ce sont les impostures de la jalousie. — Jamais, depuis le commencement de la mi-été, — nous ne nous sommes réunies sur la colline, au vallon, au bois, au pré, — près d'une source cailloutée, ou d'un ruisseau bordé de joncs, — ou sur une plage baignée de vagues,

— pour danser nos rondes au sifflement des vents, — sans que tu aies troublé nos jeux de tes querelles. — Aussi les vents, nous ayant en vain accompagnés de leur zéphyr, — ont-ils, comme pour se venger, aspiré de la mer — des brouillards contagieux qui, tombant sur la campagne, — ont à ce point gonflé d'orgueil les plus chétives rivières, — qu'elles ont franchi leurs digues. — Ainsi, le bœuf a traîné son joug en vain, — le laboureur a perdu ses sueurs, et le blé vert — a pourri avant que la barbe fût venue à son jeune épi. — Le parc est resté vide dans le champ noyé, — et les corbeaux se sont engraissés du troupeau mort. — Le mail où l'on jouait à la mérelle est rempli de boue ; — et les délicats méandres dans le gazon touffu — n'ont plus de tracé qui les distingue. — Les mortels humains ne reconnaissent plus leur hiver : — ils ne sanctifient plus les soirées par des hymnes ou des noëls. — Aussi la lune, cette souveraine des flots, — pâle de colère, remplit l'air d'humidité, — si bien que les rhumes abondent. — Grâce à cette intempérie (7), nous voyons — les saisons changer : le givre à crête hérissée — s'étale dans le frais giron de la rose cramoisie ; — et au menton du vieil Hiver, sur son crâne glacé, — une guirlande embaumée de boutons printaniers — est mise comme par dérision. Le printemps, l'été, — l'automne fécond, l'hiver chagrin échangent — leur livrée habituelle : et le monde effaré — ne sait plus les reconnaître à leurs produits. — Ce qui engendre ces maux, — ce sont nos débats et nos dissensions : — nous en sommes les auteurs et l'origine.

OBÉRON.

— Mettez-y donc un terme : cela dépend de vous. — Pourquoi Titania contrarierait-elle son Obéron ? — Je ne lui demande qu'un petit enfant volé — pour en faire mon page.

TITANIA.

Que votre cœur s'y résigne. — Tout l'empire des fées ne me paierait pas cet enfant. — Sa mère était une adoratrice de mon ordre. — Que de fois, la nuit dans l'air plein d'aromes de l'Inde, — nous avons causé côte à côte! — Assises ensemble sur le sable jaune de Neptune, — nous observions sur les flots les navires marchands, — et nous riions de voir les voiles concevoir — et s'arrondir sous les caresses du vent. — Alors, faisant gracieusement la mine de nager, — avec son ventre gros alors de mon jeune écuyer, — elle les imitait et voguait sur la terre, — pour m'aller chercher de menus présents, et s'en revenir, — comme après un voyage, avec une riche cargaison. — Mais elle était mortelle, et elle est morte de cet enfant; — et j'élève cet enfant pour l'amour d'elle; — et, pour l'amour d'elle, je ne veux pas me séparer de lui.

OBÉRON.

— Combien de temps comptez-vous rester dans ce bois?

TITANIA.

— Peut-être jusqu'après les noces de Thésée. — Si vous voulez paisiblement danser dans notre ronde — et voir nos ébats du clair de lune, venez avec nous; — sinon, fuyez-moi, et j'éviterai les lieux hantés par vous.

OBÉRON.

— Donne-moi cet enfant, et j'irai avec toi.

TITANIA.

— Non, pas pour tout ton royaume. Fées, partons: — nous nous fâcherons tout de bon, si je reste plus longtemps.

Sort Titania avec sa suite.

OBÉRON.

— Soit, va ton chemin; tu ne sortiras pas de ce bois

SCÈNE III. 115

— que je ne t'aie châtiée pour cet outrage. — Viens ici, mon gentil Puck. Tu te rappelles l'époque — où, assis sur un promontoire, — j'entendis une sirène, portée sur le dos d'un dauphin, — proférer un chant si doux et si harmonieux — que la rude mer devint docile à sa voix, — et que plusieurs étoiles s'élancèrent follement de leur sphère — pour écouter la musique de cette fille des mers ?

PUCK.

Je me rappelle.

OBÉRON.

— Cette fois-là même, je vis, (mais tu ne pus le voir,) — je vis voler, entre la froide lune et la terre, — Cupidon tout armé : il visa — une belle vestale, trônant à l'Occident (8), — et décocha de son arc une flèche d'amour assez violente — pour percer cent mille cœurs. — Mais je pus voir le trait enflammé du jeune Cupidon — s'éteindre dans les chastes rayons de la lune humide, — et l'impériale prêtresse passa, — pure d'amour, dans sa virginale rêverie. — Je remarquai pourtant où le trait de Cupidon tomba : — il tomba sur une petite fleur d'Occident, — autrefois blanche comme le lait, aujourd'hui empourprée par sa blessure, — que les jeunes filles appellent Pensée d'amour. — Va me chercher cette fleur ; je t'en ai montré une fois la feuille. — Son suc, étendu sur des paupières endormies, — peut rendre une personne, femme ou homme, amoureuse folle — de la première créature vivante qui lui apparaît. — Va me chercher cette plante : et sois de retour — avant que Léviathan ait pu nager une lieue.

PUCK.

— Je puis faire une ceinture autour de la terre — en quarante minutes.

Il sort.

OBÉRON.

Quand une fois j'aurai ce suc, — j'épierai Titania dans son sommeil, — et j'en laisserai tomber une goutte sur ses yeux. — Le premier être qu'elle regardera en s'éveillant, — que ce soit un lion, un ours, un loup, un taureau, — le singe le plus taquin, le magot le plus tracassier, — elle le poursuivra avec l'âme de l'amour. — Et, avant de délivrer sa vue de ce charme, — ce que je puis faire avec une autre herbe, — je la forcerai à me livrer son page. — Mais qui vient ici? Je suis invisible; — et je vais écouter cette conversation.

Entre DÉMÉTRIUS ; HÉLÉNA le suit.

DÉMÉTRIUS.

— Je ne t'aime pas, donc ne me poursuis pas. — Où est Lysandre? et la belle Hermia? — Je veux tuer l'un, l'autre me tue. — Tu m'as dit qu'ils s'étaient sauvés dans ce bois. — M'y voici, dans le bois, aux abois — de n'y pas rencontrer Hermia. — Hors d'ici ! va-t'en, et cesse de me suivre.

HÉLÉNA.

— C'est vous qui m'attirez, vous, dur cœur d'aimant ; — mais ce n'est pas du fer que vous attirez, car mon cœur — est pur comme l'acier. Perdez la force d'attirer, — et je n'aurai pas la force de vous suivre.

DÉMÉTRIUS.

— Est-ce que je vous entraîne? Est-ce que je vous encourage? — Est-ce qu'au contraire je ne vous dis pas avec la plus entière franchise : — Je ne vous aime pas et je ne puis pas vous aimer?

HÉLÉNA.

— Et je ne vous en aime que davantage. — Je suis votre épagneul, Démétrius, — et plus vous me battez, plus je vous cajole : — traitez-moi comme votre épagneul, repoussez-moi, frappez-moi, — délaissez-moi, perdez-moi ; seulement, accordez-moi — la permission de vous suivre, toute indigne que je suis. — Quelle place plus humble dans votre amour puis-je mendier, — quand je vous demande de me traiter comme votre chien ? — Eh bien, c'est cependant pour moi une place hautement désirable.

DÉMÉTRIUS.

— N'excite pas trop mon aversion, — car je souffre quand je te regarde.

HÉLÉNA.

— Et moi aussi, je souffre quand je vous regarde.

DÉMÉTRIUS.

— C'est compromettre par trop votre pudeur — que de quitter ainsi la cité, de vous livrer — à la merci d'un homme qui ne vous aime pas, — d'exposer ainsi aux tentations de la nuit — et aux mauvais conseils d'un lieu désert — le riche trésor de votre virginité.

HÉLÉNA.

— Votre mérite est ma sauvegarde. — Pour moi, il ne fait pas nuit quand je vois votre visage, — aussi ne crois-je pas que je sois dans la nuit. — Ce n'est pas non plus le monde qui manque en ce bois ; — car vous êtes pour moi le monde entier. — Comment donc pourrait-on dire que je suis seule, — quand le monde entier est ici pour me regarder ?

DÉMÉTRIUS.

— Je vais m'échapper de toi et me cacher dans les fougères, — et te laisser à la merci des bêtes féroces.

HÉLÉNA.

— La plus féroce n'a pas un cœur comme vous. — Courez où vous voudrez, vous retournerez l'histoire : — Apollon fuit, et Daphné lui donne la chasse ; — la colombe poursuit le griffon ; la douce biche — s'élance pour attraper le tigre. Élan inutile, — quand c'est l'audace qui fuit et la poltronnerie qui court après !

DÉMÉTRIUS.

— Je ne veux pas écouter tes subtilités ; lâche-moi; — ou bien, si tu me suis, sois sûre — que je vais te faire outrage dans le bois.

HÉLÉNA.

— Hélas! dans le temple, dans la ville, dans les champs, — partout vous me faites outrage. Fi, Démétrius ! — vos injures jettent le scandale sur mon sexe : — en amour, nous ne pouvons pas attaquer, comme les hommes ; — nous sommes faites pour qu'on nous courtise, non pour courtiser. — Je veux te suivre et faire un ciel de mon enfer — en mourant de la main que j'aime tant.

Sortent Démétrius et Héléna.

OBÉRON.

— Adieu, nymphe ; avant qu'il ait quitté ce hallier, — c'est toi qui le fuiras, c'est lui qui recherchera ton amour.

Rentre Puck.

OBÉRON, à Puck.

— As-tu la fleur ? Sois le bienvenu, rôdeur.

PUCK.

— Oui, la voilà.

OBÉRON.

Donne-la-moi, je te prie. — Je sais un banc où s'épanouit le thym sauvage, — où poussent l'oreille d'ours et la violette branlante. — Il est couvert par un dais de chèvrefeuilles vivaces, — de suaves roses musquées et d'églantiers. — C'est là que dort Titania, à certain moment de la nuit, — bercée dans ces fleurs par les danses et les délices : — c'est là que la couleuvre étend sa peau émaillée, — vêtement assez large pour couvrir une fée. — Alors je teindrai ses yeux avec le suc de cette fleur, — et je la remplirai d'odieuses fantaisies. — Prends aussi de ce suc, et cherche à travers le hallier. — Une charmante dame d'Athènes est amoureuse — d'un jeune dédaigneux : mouille les yeux de celui-ci, — mais veille à ce que le premier être qu'il apercevra — soit cette dame. Tu reconnaîtras l'homme — à son costume athénien. — Fais cela avec soin, de manière qu'il devienne — plus épris d'elle qu'elle n'est éprise de lui. — Et viens me rejoindre sans faute avant le premier chant du coq.

PUCK.

— Soyez tranquille, monseigneur, votre serviteur obéira.

Ils sortent.

SCÈNE IV

[Une autre partie du bois. Devant le chêne du duc.]

TITANIA arrive avec sa suite (9).

TITANIA.

— Allons! maintenant une ronde et une chanson féerique! — Ensuite, allez-vous-en pendant le tiers d'une minute ; — les unes, tuer les vers dans les boutons de rose musquée, — les autres, guerroyer avec les chauves-souris pour avoir la peau de leurs ailes, — et en faire des cottes à mes petits sylphes, d'autres chasser — le hibou criard qui la nuit ne cesse de huer, effarouché — par nos ébats subtils. Maintenant, endormez-moi de vos chants, — puis, allez à vos fonctions, et laissez-moi reposer.

CHANSON.

PREMIÈRE FÉE.

Vous, serpents tachetés au double dard,
Hérissons épineux, ne vous montrez pas,
Salamandres, orverts, ne soyez pas malfaisants,
N'approchez pas de la reine des fées.

CHŒUR DES FÉES.

Philomèle, avec ta mélodie,
Accompagne notre douce chanson ;
Lulla, Lulla, Lullaby ! Lulla, Lulla, Lullaby !
Que ni malheur, ni charme, ni maléfice
N'atteigne notre aimable dame,
Et bonne nuit, avec Lullaby.

SECONDE FÉE.

Araignées fileuses, ne venez pas céans ;
Arrière, faucheux aux longues pattes, arrière !
Noirs escarbots, n'approchez pas.
Vers et limaçons, ne faites aucun dégât.

CHŒUR DES FÉES.

Philomèle, avec ta mélodie,
Accompagne notre douce chanson ;
Lulla, Lulla, Lullaby ! Lulla, Lulla, Lullaby !
Que ni malheur, ni charme, ni maléfice
N'atteigne notre aimable dame,
Et bonne nuit, avec Lullaby.

PREMIÈRE FÉE.

Maintenant, partons, tout va bien.
Qu'une de nous se tienne à l'écart, en sentinelle !

Les fées sortent. Titania s'endort.

Entre Obéron.

OBÉRON, pressant la fleur sur les paupières de Titania.

Que l'être que tu verras à ton réveil
    Soit par toi pris pour amant !
    Aime-le et languis pour lui ;
    Quel qu'il soit, once, chat, ours,
Léopard ou sanglier au poil hérissé,
Que celui qui apparaîtra à tes yeux,
    Quand tu t'éveilleras, soit ton chéri !
Réveille-toi, quand quelque être vil approchera.

Il sort.

Entrent Lysandre et Hermia.

LYSANDRE.

— Bel amour, vous vous êtes exténuée à errer dans le bois, — et, à vous dire vrai, j'ai oublié notre chemin. — Nous nous reposerons ici, Hermia, si vous le trouvez bon, — et nous attendrons la clarté secourable du jour.

HERMIA, s'étendant contre une haie.

— Soit, Lysandre. Cherchez un lit pour vous, — moi, je vais reposer ma tête sur ce banc.

LYSANDRE, s'approchant d'elle.

— Le même gazon nous servira d'oreiller à tous deux ; — un seul cœur, un seul lit ; deux âmes, une seule foi.

HERMIA.

— Non, bon Lysandre : pour l'amour de moi, mon cher, — étendez-vous plus loin, ne vous couchez pas si près.

LYSANDRE.

— Oh ! saisissez, charmante, la pensée de mon innocence ; — l'amour doit saisir l'intention dans le langage de l'amour. — Je veux dire que nos deux cœurs sont tressés — de façon à n'en faire plus qu'un, — que nos deux âmes sont enchaînées par le même vœu, — de sorte que nous avons deux âmes et une seule foi. — Ne me refusez donc pas un lit à votre côté, — car, en vous serrant sur moi, Hermia, j'exécute un serment.

HERMIA.

— Lysandre fait de très-jolis jeux de mots. — Malheur à ma vertu et à mon honneur, — si j'ai accusé Lysandre de négliger un serment! — Mais, doux ami, au nom de l'amour et de la courtoisie, — serrez-moi de moins près; l'humaine modestie — exige entre nous la séparation — qui sied à un galant vertueux et à une vierge. — Gardez donc certaine distance, et bonne nuit, doux ami; — que ton amour ne s'altère pas avant que ta douce vie finisse!

LYSANDRE, se couchant à distance d'Hermia.

— Je dis : Amen! amen! à cette belle prière; — et j'ajoute : Que ma vie finisse quand finira ma fidélité! — Voici mon lit. Que le sommeil t'accorde tout son repos!

HERMIA.

— Qu'il en garde la moitié pour en presser tes yeux!

Ils s'endorment.

Entre Puck.

PUCK.

— J'ai parcouru la forêt, — mais je n'ai pas trouvé d'Athénien — sur les yeux duquel j'aie pu éprouver — la vertu qu'a cette fleur d'inspirer l'amour. — Nuit et silence! Quel est cet homme? — Il porte un costume athénien; — c'est celui, m'a dit mon maître, — qui dédaigne la jeune Athénienne; — et voici la pauvre fille profondément endormie — sur le sol humide et sale. — Jolie âme! elle n'a pas osé se coucher — près de ce ladre d'amour, de ce bourreau de courtoisie. — Malappris! je

SCÈNE IV.

répands sur tes yeux — toute la puissance que ce philtre possède.

Il fait tomber sur les yeux de Lysandre quelques gouttes du suc magique.

— Une fois que tu seras éveillé, que l'amour — éloigne à jamais le sommeil de tes yeux! — Réveille-toi dès que je serai parti; — car il faut que j'aille rejoindre Obéron.

Il sort.

Entrent Démétrius et Héléna, courant.

HÉLÉNA.

— Arrête, quand tu devrais me tuer, bien-aimé Démétrius.

DÉMÉTRIUS.

— Va-t'en, je te l'ordonne. Ne me hante pas ainsi.

HÉLÉNA.

— Veux-tu donc m'abandonner dans les ténèbres? Oh! non!

DÉMÉTRIUS.

— Arrête, ou malheur à toi! je veux m'en aller seul.

Sort Démétrius.

HÉLÉNA.

— Oh! cette chasse éperdue m'a mise hors d'haleine! — Plus je prie, moins j'obtiens grâce. — Hermia est heureuse, partout où elle respire; — car elle a des yeux attrayants et célestes. — Qui a rendu ses yeux si brillants? ce ne sont pas les larmes amères. — Si c'étaient les larmes, mes yeux en ont été plus souvent baignés que les siens. — Non, non, je suis laide comme une ourse, — car les bêtes qui me rencontrent se sauvent de frayeur. — Il n'est donc pas étonnant que Démétrius — me fuie comme un monstre. — Quel miroir perfide et menteur — m'a fait comparer mes yeux aux yeux étoilés d'Hermia? — Mais qui est ici?... Lysandre! à terre! — mort ou endormi? Je ne vois pas de sang, pas de blessure. — Lysandre, si vous êtes vivant, cher seigneur, éveillez-vous.

LYSANDRE, s'éveillant.

— Et je courrai à travers les flammes, pour l'amour de toi, — transparente Héléna! La nature a ici l'art — de me faire voir ton cœur à travers ta poitrine. — Où est Démétrius? Oh! que ce vil nom — est bien un mot fait pour périr à la pointe de mon épée!

HÉLÉNA.

— Ne dites pas cela, Lysandre; ne dites pas cela. — Qu'importe qu'il aime votre Hermia? Seigneur, qu'importe? — Hermia n'aime toujours que vous : soyez donc heureux.

LYSANDRE.

— Heureux avec Hermia? non, je regrette — les fastidieuses minutes que j'ai passées avec elle. — Ce n'est pas Hermia, mais Héléna que j'aime à présent. — Qui n'échangerait une corneille pour une colombe? — La volonté de l'homme est gouvernée par la raison; — et la raison dit que vous êtes la plus digne fille. — Ce qui croît n'est mûr qu'à sa saison. — Trop jeune encore, je n'étais pas mûr pour la raison; — mais, arrivé maintenant au faîte de l'expérience humaine, — ma raison met ma volonté au pas — et me conduit à vos yeux, où je lis — une histoire d'amour, écrite dans le plus riche livre d'amour.

HÉLÉNA.

— Suis-je donc née pour être si amèrement narguée? — Quand ai-je mérité de vous cette moquerie? — N'est-ce pas assez, n'est-ce pas assez, jeune homme — que je n'aie jamais pu, non, que je ne puisse jamais — mériter un doux regard de Démétrius, — sans que vous deviez encore railler mon insuffisance? — Vous m'outragez, ma foi; sur ma parole, vous m'outragez — en me courtisant d'une manière si dérisoire. — Mais adieu! je suis forcée d'avouer — que je vous croyais un seigneur de plus réelle courtoisie. — Oh! qu'une femme, repoussée par un homme, — soit encore insultée par un autre!

Elle sort.

LYSANDRE.

— Elle ne voit pas Hermia... Hermia, dors là, toi, — et puisses-tu ne jamais approcher de Lysandre! — Car, de même que l'indigestion des choses les plus douces — porte à l'estomac le plus profond dégoût, — ou de même que les hérésies, que les hommes abjurent, — sont le plus haïes de ceux qu'elles ont trompés, — de même, toi, mon indigestion, toi, mon hérésie, — sois haïe de tous, et surtout de moi. — Et toi, mon être tout entier, consacre ton amour et ta puissance — à honorer Héléna et à être son chevalier.

Il sort.

HERMIA, se dressant.

— A mon secours, Lysandre, à mon secours! Tâche — d'arracher ce serpent qui rampe sur mon sein! — Ah! par pitié!... Quel était ce rêve? — Voyez, Lysandre, comme je tremble de frayeur. — Il me semblait qu'un serpent me dévorait le cœur — et que vous étiez assis, souriant à mon cruel supplice. — Lysandre! quoi! éloigné de moi! Lysandre! seigneur! — Quoi! hors de la portée de ma voix! parti! pas un son, pas un mot! — Hélas! où êtes-vous? parlez, si vous m'entendez; — parlez, au nom de tous les amours; je suis presque évanouie de frayeur. — Non? Alors je vois bien que vous n'êtes pas près de moi : — il faut que je trouve sur-le-champ ou la mort ou vous. —

Elle sort.

Entrent les Clowns, Lecoing, Étriqué, Bottom, Flute, Groin *et* Meurt de Faim.

BOTTOM.

Sommes-nous tous réunis?

LECOING.

Parfait! parfait! et voici une place merveilleusement convenable pour notre répétition. Cette pelouse verte sera notre scène, ce fourré d'aubépine nos coulisses, et nous allons mettre ça en action comme nous le mettrons devant le duc.

BOTTOM.

Pierre Lecoing...

LECOING.

Que dis-tu, bruyant Bottom?

BOTTOM.

Il y a dans cette comédie de *Pyrame et Thisbé* des choses qui ne plairont jamais. D'abord, Pyrame doit tirer l'épée pour se tuer; ce que les dames ne supporteront pas. Qu'avez-vous à répondre à ça?

GROIN.

Par Notre-Dame! ça leur fera une peur terrible.

MEURT DE FAIM.

Je crois que nous devons renoncer à la tuerie comme dénoûment.

BOTTOM.

Pas le moins du monde. J'ai un moyen de tout arranger. Faites-moi un prologue; et que ce prologue affecte de dire que nous ne voulons pas nous faire de mal avec nos épées et que Pyrame n'est pas tué tout de bon; et, pour les rassurer encore mieux, dites que moi, Pyrame, je ne suis pas Pyrame, mais Bottom le tisserand : ça leur ôtera toute frayeur.

LECOING.

Soit, nous aurons un prologue comme ça, et il sera écrit en vers de huit et de six syllabes.

BOTTOM.

Non! deux syllabes de plus! en vers de huit et de huit!

GROIN.

Est-ce que ces dames n'auront pas peur du lion?

MEURT DE FAIM.

J'en ai peur, je vous le promets.

BOTTOM.

Mes maîtres, réfléchissez-y bien. Amener, Dieu nous soit en aide! un lion parmi ces dames, c'est une chose fort effrayante; car il n'y a pas au monde d'oiseau de proie plus terrible que le lion, voyez-vous; et nous devons y bien regarder.

GROIN.

Eh bien, il faudra un autre prologue pour dire que ce n'est pas un lion.

BOTTOM.

Oui, il faudra que vous disiez le nom de l'acteur, et qu'on voie la moitié de son visage à travers la crinière du lion; il faudra que lui-même parle au travers et qu'il dise ceci ou quelque chose d'équivalent : *Mes dames,* ou : *belles dames, je vous demande,* ou : *je vous requiers,* ou : *je vous supplie de ne pas avoir peur, de ne pas trembler; ma vie répond de la vôtre. Si vous pensiez que je suis venu en vrai lion, ce serait fâcheux pour ma vie. Non, je ne suis rien de pareil : je suis un homme comme les autres hommes.* Et alors, ma foi, qu'il se nomme et qu'il leur dise franchement qu'il est Étriqué le menuisier (10).

LECOING.

Allons, il en sera ainsi. Mais il y a encore deux choses difficiles : c'est d'amener le clair de lune dans une chambre; car, vous savez, Pyrame et Thisbé se rencontrent au clair de lune.

ÉTRIQUÉ.

Est-ce que la lune brillera la nuit où nous jouerons?

BOTTOM.

Un calendrier! un calendrier! Regardez dans l'almanach; trouvez le clair de lune, trouvez le clair de lune.

LECOING.

Oui, la lune brille cette nuit-là.

BOTTOM.

Eh bien, vous pourriez laisser ouverte une lucarne de la fenêtre dans la grande salle où nous jouerons; et la lune pourra briller par cette lucarne.

LECOING.

Oui; ou bien quelqu'un devrait venir avec un fagot d'épines et une lanterne et dire qu'il vient pour défigurer ou représenter le personnage du clair de lune. Mais il y a encore autre chose. Il faut que nous ayons un mur dans la grande salle; car Pyrame et Thisbé, dit l'histoire, causaient à travers la fente d'un mur.

ÉTRIQUÉ.

Vous ne pourrez jamais apporter un mur... Qu'en dites-vous, Bottom?

BOTTOM.

Un homme ou un autre devra représenter le mur: il faudra qu'il ait sur lui du plâtre, ou de l'argile, ou de la chaux pour figurer le mur; et puis, qu'il tienne ses doigts comme ça, et Pyrame et Thisbé chuchoteront à travers l'ouverture.

LECOING.

Si ça se peut, alors tout est bien. Allons, asseyez-vous tous, fils de mères que vous êtes, et répétez vos rôles. Vous, Pyrame, commencez: quand vous aurez dit votre tirade, vous entrerez dans ce taillis, et ainsi de suite, chacun à son moment.

Entre Puck *au fond du théâtre.*

PUCK.

— Qu'est-ce donc que ces filandreuses brutes qui viennent brailler ici, — si près du berceau de la reine des fées ? — Quoi ! une pièce en train ? Je serai spectateur, — peut-être acteur aussi, si j'en trouve l'occasion. —

LECOING.

Parlez, Pyrame... Thisbé, avancez.

PYRAME.

Thisbé, les fleurs odieuses ont un parfum suave...

LECOING.

Odorantes ! odorantes !

PYRAME.

Les fleurs odorantes ont un parfum suave.
Tel celui de ton haleine, ma très-chère Thisbé, chérie.
Mais écoute, une voix ! Arrête un peu ici,
Et tout à l'heure je vais t'apparaître.

Sort Pyrame.

PUCK, à part.

— Le plus étrange Pyrame qui ait jamais joué ici ! —

Il sort en suivant Pyrame.

THISBÉ.

Est-ce à mon tour de parler ?

LECOING.

Oui, pardieu, c'est à votre tour ; car vous devez comprendre qu'il n'est sorti que pour voir un bruit qu'il a entendu, et qu'il va revenir.

THISBÉ.

Très-radieux Pyrame, au teint blanc comme le lis,
Toi dont l'incarnat est comme la rose rouge sur l'églantier triomphant,

Le plus piquant jouvenceau, et aussi le plus aimable Juif,
Fidèle comme un fidèle coursier qui jamais ne se fatigue,
J'irai te retrouver, Pyrame, à la tombe de Nigaud.

LECOING.

A la tombe de Ninus, l'homme !... Mais vous ne devez pas dire ça encore : c'est ce que vous répondrez à Pyrame; vous dites tout votre rôle à la fois, en confondant toutes les répliques. Entrez, Pyrame : on a passé votre réplique, après ces mots : *qui jamais ne se fatigue.*

(Reviennent Puck et Bottom, affublé d'une tête d'âne (11).

THISBÉ.

Fidèle comme le fidèle coursier qui jamais ne se fatigue...

PYRAME.

Si je l'étais, belle Thisbé, je ne serais qu'à toi.

LECOING, apercevant Bottom.

O monstruosité ! ô prodige ! nous sommes hantés ! — En prières, mes maîtres ! fuyons, mes maîtres ! au secours !

Les clowns sortent.

PUCK.

— Je vais vous suivre ; je vais vous faire faire un tour — à travers les marais, les buissons, les fourrés, les ronces. — Tantôt je serai cheval, tantôt chien, — cochon, ours sans tête, tantôt flamme; — et je vais hennir, et aboyer, et grogner, et rugir, et brûler — tour à tour comme un cheval, un chien, un ours, une flamme. —

Il sort.

BOTTOM.

Pourquoi se sauvent-ils ? C'est une farce pour me faire peur.

SCÈNE IV.

Revient Groin.

GROIN.

O Bottom, comme tu es changé! qu'est-ce que je vois sur toi?

BOTTOM.

Ce que vous voyez? vous voyez une tête d'âne, la vôtre. Voyez-vous?

Sort Groin.

Revient Lecoing.

LECOING.

Dieu te bénisse, Bottom, Dieu te bénisse! tu es métamorphosé.

Il sort.

BOTTOM.

Je vois leur farce; ils veulent faire de moi un âne, m'effrayer, s'ils peuvent. Mais, ils auront beau faire, je ne veux pas bouger de cette place; je vais me promener ici de long en large, et chanter, pour qu'ils sachent que je n'ai pas peur.

Il chante.

> Le merle, si noir de couleur,
> Au bec jaune-orange,
> La grive à la note si juste,
> Le roitelet avec sa petite plume...

TITANIA, s'éveillant.
— Quel est l'ange qui m'éveille de mon lit de fleurs?—

BOTTOM, chantant.

> Le pinson, le moineau, et l'alouette,
> Le gris coucou avec son plain-chant,
> Dont maint homme écoute la note
> Sans oser lui répondre non!

Car, vraiment, qui voudrait mettre son esprit aux prises avec un si fol oiseau? qui voudrait donner un démenti à un oiseau, eût-il beau crier à tue-tête : *coucou?*

TITANIA.

— Je t'en prie, gentil mortel, chante encore. — Autant mon oreille est énamourée de ta note, — autant mes yeux sont captivés par ta forme, — et la force de ton brillant mérite m'entraîne, malgré moi, — à la première vue, à dire, à jurer que je t'aime. —

BOTTOM.

M'est avis, madame, que vous avez bien peu de raisons pour ça : et pourtant, à dire vrai, la raison et l'amour ne vont guère de compagnie, par le temps qui court; c'est grand dommage que d'honnêtes voisins n'essaient pas de les réconcilier. Oui-dà, je sais batifoler dans l'occasion.

TITANIA.

— Tu es aussi sage que tu es beau. —

BOTTOM.

Non, je ne suis ni l'un ni l'autre. Mais, si j'avais seulement assez d'esprit pour me tirer de ce bois, j'en aurais assez pour ce que j'en veux faire.

TITANIA.

— Ne demande pas à sortir de ce bois. — Tu resteras ici, que tu le veuilles ou non. — Je suis un esprit d'un ordre peu commun; — l'été est une dépendance inséparable de mon empire, — et je t'aime. Donc, viens avec moi; — je te donnerai des fées pour te servir; — et elles t'iront chercher des joyaux au fond de l'abîme, — et elles chanteront, tandis que tu dormiras sur les fleurs pressées. — Et je te purgerai si bien de ta grossièreté mortelle — que tu iras comme un esprit aérien. — Fleur des Pois! Toile d'Araignée! Phalène! Grain de Moutarde! —

SCÈNE IV.

Entrent quatre SYLPHES.

PREMIER SYLPHE.

— Me voici.

DEUXIÈME SYLPHE.

Et moi.

TROISIÈME SYLPHE.

Et moi.

QUATRIÈME SYLPHE.

Où faut-il que nous allions?

TITANIA.

— Soyez aimables et courtois pour ce gentilhomme; — bondissez dans ses promenades et gambadez à ses yeux; — nourrissez-le d'abricots et de groseilles, — de grappes pourpres, de figues vertes et de mûres; — dérobez aux abeilles leurs sacs de miel; — pour flambeaux de nuit, coupez leurs cuisses enduites de cire, — et allumez-les aux yeux enflammés du ver luisant, — afin d'éclairer mon bien-aimé à son coucher et à son lever; — et arrachez les ailes des papillons diaprés — pour écarter de ses yeux endormis les rayons de lune. — Inclinez-vous devant lui, sylphes, et faites-lui vos courtoisies.

PREMIER SYLPHE.

— Salut, mortel!

DEUXIÈME SYLPHE.

Salut!

TROISIÈME SYLPHE.

Salut!

QUATRIÈME SYLPHE.

Salut! —

BOTTOM.

J'implore du fond du cœur la merci de vos révérences.

Au premier sylphe.
Par grâce, le nom de votre révérence ?

PREMIER SYLPHE.

Toile d'Araignée.

BOTTOM.

Je vous demande votre amitié, cher monsieur Toile d'Araignée ; si je me coupe le doigt, je prendrai avec vous des libertés.

Au second Sylphe.
Votre nom, honnête gentilhomme ?

DEUXIÈME SYLPHE.

Fleur des Pois.

BOTTOM.

De grâce, recommandez-moi à mistress Cosse, votre mère, et à maître Pois-Chiche, votre père. Cher monsieur Fleur des Pois, je demanderai à faire avec vous plus ample connaissance.

Au troisième Sylphe.
Par grâce, votre nom, monsieur ?

TROISIÈME SYLPHE.

Grain de Moutarde.

BOTTOM.

Cher monsieur Grain de Moutarde, je connais bien vos souffrances ; maint gigantesque rosbif a lâchement dévoré bien des gentilshommes de votre maison. Votre famille m'a fait souvent venir la larme à l'œil, je vous le promets. Je demande à lier connaissance avec vous, bon monsieur Grain de Moutarde.

TITANIA.

— Allons, escortez-le, conduisez-le à mon berceau. — La lune, il me semble, regarde d'un œil humide ; — et, quand elle pleure, les plus petites fleurs pleurent, — se lamentant sur quelque virginité violée. — Enchaînez la langue de mon bien-aimé ; conduisez-le en silence. —

Il sortent.

SCÈNE V

[Une autre partie du bois.]

Entre OBÉRON.

OBÉRON.

— Je suis curieux de savoir si Titania s'est éveillée, — et puis, quel est le premier être qui s'est offert à sa vue — et dont elle a dû s'éprendre éperdûment.

Entre PUCK.

— Voici mon messager. Eh bien, fol esprit, — quelle fredaine nocturne viens-tu de faire dans ce bois enchanté?

PUCK.

— Ma maîtresse est amoureuse d'un monstre. — Tandis qu'elle prenait — son heure de sommeil — auprès de son berceau discret et consacré, — une troupe de paillasses, d'artisans grossiers, — qui travaillent pour du pain dans les échoppes d'Athènes, — se sont réunis pour répéter une pièce — qui doit être jouée le jour des noces du grand Thésée. — Le niais le plus épais de cette stupide bande, — lequel jouait Pyrame, a quitté la scène — pendant la représentation et est entré dans un taillis ; — je l'ai surpris à ce moment favorable, — et lui ai fixé sur le chef une tête d'âne. — Alors, comme il fallait donner la réplique à sa Thisbé, — mon saltimbanque reparaît. Quand les autres l'aperçoivent, — figurez-vous des oies sauvages voyant ramper l'oiseleur, — où une troupe de choucas à tête rousse, — qui, au bruit du mousquet, s'envolent en croassant, — se dispersent et balaient follement le ciel ; — c'est ainsi qu'à sa vue tous ses camarades se sauvent ; — je trépigne, et tous de tomber les uns sur les autres, — et de crier au meurtre, et d'appeler Athènes au secours. — Leur raison si faible, égarée par une frayeur si forte, — a tourné contre eux les êtres inanimés. — Les épines et les ronces accrochent leurs vêtements, — aux uns, leurs manches, aux autres, leur chapeau : ils laissent partout leurs dépouilles. — Je les ai emmenés, éperdus d'épouvante, — et j'ai laissé sur place le tendre Pyrame métamorphosé. — C'est à ce moment, le hasard ainsi l'a voulu, — que Titania s'est éveillée et s'est aussitôt amourachée d'un âne.

OBÉRON.

— Cela s'arrange mieux encore que je ne pouvais l'imaginer. — Mais as-tu mouillé les yeux de l'Athénien — avec le philtre d'amour, ainsi que je te l'ai dit ?

PUCK.

— Je l'ai surpris dormant. C'est encore une chose faite ; — et l'Athénienne était à ses côtés ; — à son réveil, il a dû nécessairement la voir. —

Entrent DÉMÉTRIUS et HERMIA.

OBÉRON.

— Ne t'éloigne pas ; voici notre Athénien.

PUCK.

— C'est bien la femme, mais ce n'est pas l'homme.

DÉMÉTRIUS, à Hermia.

— Oh ! pourquoi rebutez-vous ainsi quelqu'un qui vous aime tant ? — Gardez ces murmures amers pour votre amer ennemi.

HERMIA.

— Je me borne à te gronder, mais je devrais te traiter plus durement encore ; — car tu m'as donné, j'en ai peur, sujet de te maudire. — S'il est vrai que tu aies tué Lysandre dans son sommeil, — déjà dans le sang jusqu'à la cheville, achève de t'y plonger, — et tue-moi aussi. — Le soleil n'est pas plus fidèle au jour — que lui à moi. Se serait-il dérobé ainsi — à Hermia endormie? Je croirais plutôt — que cette terre peut être percée de part en part, et que la lune, — en traversant le centre, peut aller aux antipodes — éclipser le soleil en plein midi. — Il est impossible que tu ne l'aies pas tué. — Cet air spectral et sinistre est celui d'un assassin.

DÉMÉTRIUS.

— C'est celui d'un assassiné ; et c'est celui que je dois avoir, — ainsi percé jusqu'au cœur par votre inflexible cruauté. — Vous pourtant, l'assassine, vous avez l'air aussi radieux, aussi serein — que Vénus, là-haut, dans sa sphère étincelante.

HERMIA.

— Qu'a cela de commun avec mon Lysandre? où est-il? — Ah! bon Démétrius! veux-tu me le rendre?

DÉMÉTRIUS.

— J'aimerais mieux donner sa carcasse à mes limiers.

HERMIA.

— Arrière, chien! arrière, monstre! tu me pousses au delà des bornes — de la patience virginale. Tu l'as donc tué? — Cesse désormais d'être compté parmi les hommes. — Oh! sois franc une fois, sois franc, fût-ce par amour pour moi : — aurais-tu osé regarder en face Lysandre éveillé, — toi qui l'as tué endormi? Oh! le brave exploit! — Un ver, une vipère n'en pouvaient-ils pas faire autant? — C'est bien aussi une vipère qui l'a fait ; car une vipère — ne pique pas, ô reptile, avec une langue plus double.

DÉMÉTRIUS.

— Vous épuisez votre colère sur une méprise ; — je ne

suis pas souillé du sang de Lysandre, — et il n'est pas mort, que je sache.

HERMIA.

—Dis-moi, je t'en supplie, qu'il est sain et sauf!

DÉMÉTRIUS.

— Et, si je pouvais le dire, qu'y gagnerais-je?

HERMIA.

— Un privilége, celui de ne jamais me revoir. — Sur ce, je fuis ta présence exécrée; — qu'il soit mort ou vivant, tu ne me verras plus.

Elle sort.

DÉMÉTRIUS.

— Inutile de la suivre en cette humeur furieuse. — Je vais donc me reposer ici quelques moments. — Les charges du chagrin s'augmentent — de la dette que le sommeil en banqueroute ne lui a pas payée; — peut-être va-t-il me donner un léger à-compte, — si j'attends ici ses offres.

Il se couche par terre.

OBÉRON, à Puck.

— Qu'as-tu fait? tu t'es complétement mépris; — tu as mis la liqueur d'amour sur la vue d'un amant fidèle. — Il doit forcément résulter de ta méprise — l'égarement d'un cœur fidèle, et non la conversion d'un perfide.

PUCK.

—Ainsi le destin l'ordonne; pour un homme qui garde sa foi, — des millions doivent faiblir, brisant serments sur serments.

OBÉRON.

— Cours à travers le bois, plus rapide que le vent, - et cherche à découvrir Héléna d'Athènes; — elle a le cœur malade, et elle est toute pâle — des soupirs d'amour qui ruinent la fraîcheur de son sang. — Tâche de l'amener ici par quelque illusion. — Au moment où elle paraîtra, je charmerai les yeux de celui-ci.

SCÈNE V. 139

PUCK.

— Je pars, je pars ; vois comme je pars ; — plus rapide que la flèche de l'arc du Tartare.

Il sort.

OBÉRON, *versant le suc de la fleur sur les yeux de Démétrius.*

Fleur de nuance pourprée,
Blessée par l'archer Cupidon,
Pénètre la prunelle de ses yeux.
Quand il cherchera son amante,
Qu'elle brille aussi splendide
Que la Vénus des cieux.

Se penchant sur Démétrius endormi.

Si, à ton réveil, elle est auprès de toi,
A toi d'implorer d'elle un remède.

Rentre Puck.

PUCK.

Capitaine de notre bande féerique,
Héléna est à deux pas d'ici ;
Et le jeune homme que j'ai charmé par méprise
Revendique auprès d'elle ses honoraires d'amant.
Assisterons-nous à cette amoureuse parade?
Seigneur, que ces mortels sont fous !

OBÉRON.

Mets-toi de côté : le bruit qu'ils vont faire
Réveillera Démétrius.

PUCK.

Alors ils seront deux à courtiser la même ;
Cela seul fera un spectacle réjouissant.
Rien ne me plaît plus
Que ces absurdes contre-temps.

Entrent Lysandre *et* Héléna.

LYSANDRE.

— Pourquoi vous figurer que je vous courtise par dérision? — La moquerie et la dérision n'apparaissent jamais en larmes. — Voyez, je pleure en protestant de mon amour; quand les protestations sont ainsi nées, — toute leur sincérité apparaît dès leur naissance. — Comment peuvent-elles vous sembler en moi une dérision, — quand elles portent ces insignes évidents de la bonne foi?

HÉLÉNA.

— Vous déployez de plus en plus votre perfidie. — Quand la foi tue la foi, oh! l'infernale guerre sainte! — Ces protestations appartiennent à Hermia : voulez-vous donc l'abandonner? — Quand ils se font contre-poids, les serments ne pèsent plus rien; — ceux que vous nous offrez, à elle et à moi, mis dans deux plateaux, — se balancent et sont aussi légers que des fables.

LYSANDRE.

— Je n'avais pas de jugement quand je lui jurai mon amour.

HERMIA.

— Non, ma foi, pas plus qu'en ce moment où vous l'abandonnez.

LYSANDRE.

— Démétrius l'aime, et ne vous aime pas.

DÉMÉTRIUS, s'éveillant.

— O Héléna, déesse, nymphe, perfection divine! — à quoi, mon amour, comparerai-je tes yeux? — Le cristal est de la fange. Oh! comme elles sont tentantes, — tes lèvres, ces cerises mûres pour le baiser! — Dans sa pure blancheur glacée, la neige du haut Taurus, — que balaie le vent d'est, paraît noire comme le corbeau — quand tu lèves la main. Oh! laisse-moi donner — à cette princesse de blancheur un baiser, sceau de la béatitude!

HÉLÉNA.

— O rage! ô enfer! je vois que vous êtes tous d'accord pour vous jouer de moi! — Si vous étiez civils, si vous connaissiez la courtoisie, — vous ne me feriez pas tous ces outrages. — N'est-ce pas assez de me haïr comme vous le faites, — sans vous liguer du fond de l'âme pour me bafouer? — Si vous étiez des hommes, comme vous en avez l'apparence, — vous ne voudriez pas traiter ainsi une gente dame, — me prodiguer ces vœux, ces serments, ces louanges exagérées, — quand, j'en suis sûre, vous me haïssez cordialement. — Rivaux tous deux pour aimer Hermia, — vous êtes rivaux ausi pour vous moquer d'Héléna. — Admirable exploit, héroïque entreprise, — d'évoquer les larmes des yeux d'une pauvre fille — avec vos dérisions! Des gens de noble race — ne voudraient pas offenser ainsi une vierge et mettre à bout — la patience d'une pauvre âme : le tout pour s'amuser!

LYSANDRE.

— Vous êtes méchant, Démétrius. Ne soyez pas ainsi. — Car vous aimez Hermia ; vous savez, je le sais. — Ici, en toute bonne volonté et de tout mon cœur, — je vous cède mes droits à l'amour d'Hermia ; — léguez-moi, vous, vos droits sur Héléna, — que j'aime et que j'aimerai jusqu'à la mort.

HÉLÉNA.

— Jamais moqueurs ne perdirent de plus vaines paroles.

DÉMÉTRIUS.

— Lysandre, garde ton Hermia : je n'en veux plus. — Si je l'aimai jamais, tout cet amour est parti. — Mon cœur n'a séjourné avec elle que comme un convive ; — et le voilà revenu à son foyer, chez Héléna, — pour s'y fixer.

LYSANDRE.

Ce n'est pas vrai, Héléna.

DÉMÉTRIUS.

— Ne calomnie pas une conscience que tu ne connais

pas, — de peur qu'à tes dépens je ne te le fasse payer cher. — Tiens, voici venir tes amours; voici ton adorée.

Entre HERMIA.

HERMIA.

— La nuit noire, qui suspend les fonctions de l'œil, — rend l'oreille plus prompte à percevoir. — De ce qu'elle prend au sens de la vue, — elle rend le double à l'ouïe. — Ce n'est pas par mes yeux, Lysandre, que tu as été trouvé ; — c'est mon oreille, et je l'en remercie, qui m'a conduite à ta voix. — Mais pourquoi, méchant, m'as-tu quittée ainsi?

LYSANDRE.

— Pourquoi serait-il resté, celui que l'amour pressait de partir?

HERMIA.

— Quel amour pouvait presser Lysandre de quitter mon côté?

LYSANDRE.

— L'amour de Lysandre, l'amour qui ne lui permettait pas de rester, — c'était la belle Héléna; Héléna qui dore la nuit plus — que ces globes incandescents et ces yeux de lumière, là-haut. — Pourquoi me cherches-tu? N'as-tu pas compris — que c'est la haine que je te porte qui m'a fait te quitter ainsi?

HERMIA.

— Vous ne parlez pas comme vous pensez; c'est impossible.

HÉLÉNA.

— Tenez, elle aussi, elle est de ce complot. — Je le vois maintenant, ils se sont concertés, tous trois, — pour arranger à mes dépens cette comédie. — Injurieuse Hermia! fille ingrate! — conspirez-vous, êtes-vous liguée

avec ces hommes — pour me harceler de cette affreuse
dérision? — Avez-vous oublié toutes les confidences dont
nous nous faisions part l'une à l'autre, — nos serments
d'être sœurs, les heures passées ensemble, — alors que
nous grondions le temps au pied hâtif — de nous séparer?
Oh! avez-vous tout oublié? — notre amitié des jours
d'école, notre innocence enfantine? — Que de fois, Hermia, vraies déesses d'adresse, — nous avons créé toutes
deux avec nos aiguilles une même fleur, — toutes deux
au même modèle, assises sur le même coussin, — toutes
deux fredonnant le même chant, sur le même ton toutes
deux, — comme si nos mains, nos flancs, nos voix, nos
âmes — eussent été confondus! Ainsi on nous a vues
croître ensemble, — comme deux cerises, apparemment
séparées, — mais réunies par leur séparation même, —
fruits charmants moulés sur une seule tige; — deux
corps visibles n'ayant qu'un seul cœur; — deux jumelles
aînées ayant droit — à un écusson unique, couronné d'un
unique cimier! — Et vous voulez déchirer notre ancienne
affection — en vous joignant à des hommes pour narguer
votre pauvre amie? — Cette action n'est ni amicale ni
virginale; — notre sexe, aussi bien que moi, peut vous
la reprocher, — quoique je sois seule à ressentir l'outrage.

HERMIA.

— Vos paroles emportées me confondent; — je ne vous
raille pas; c'est vous, il me semble, qui me raillez.

HÉLÉNA.

— N'avez-vous pas excité Lysandre à me suivre — par
dérision, et à vanter mes yeux et mon visage? — et engagé votre autre amoureux, Démétrius, — qui, il n'y a
qu'un instant, me repoussait du pied, — à m'appeler
déesse, nymphe, divine, rare, — précieuse, céleste?
Pourquoi parle-t-il ainsi — à celle qu'il hait? Et pour-

quoi Lysandre vous dénie-t-il l'amour dont son cœur est si riche, — et m'offre-t-il hautement son affection, — si ce n'est à votre instigation et par votre consentement ? — Qu'importe que je ne sois pas aussi favorisée que vous, — aussi entourée d'amour, aussi fortunée, — et que, misère suprême, j'aime sans être aimée ? — Vous devriez m'en plaindre et non m'en mépriser.

HERMIA.

— Je ne comprends pas ce que vous voulez dire.

HÉLÉNA.

— Oui, allez, persévérez, affectez les airs graves. — Faites-moi des grimaces quand je tourne le dos ; — faites-vous des signes entre vous ; soutenez la bonne plaisanterie ; — cette bouffonnerie, bien réussie, trouvera sa chronique. — Si vous aviez un peu de pitié, d'honneur ou de savoir-vivre, — vous ne feriez pas de moi un pareil plastron. — Mais, adieu ! c'est en partie ma faute ; — la mort ou l'absence l'aura bientôt réparée.

LYSANDRE.

— Arrête, gentille Héléna ; écoute mes excuses, — mon amour, ma vie, mon âme, ma belle Héléna !

HÉLÉNA.

— Ah ! parfait !

HERMIA, à Lysandre.

Cher, cesse de la railler ainsi.

DÉMÉTRIUS.

— Si les prières ne l'y décident pas, je puis employer la force.

LYSANDRE, à Démétrius.

— Ta force n'obtiendrait pas plus que ses prières. — Tes menaces sont aussi impuissantes que ses faibles supplications. — Héléna, je t'aime ; sur ma vie, je t'aime ; — je jure, par cette vie que je suis prêt à perdre pour toi,

SCÈNE V.

— de convaincre de mensonge quiconque dit que je ne t'aime pas.

DÉMÉTRIUS, à Héléna.

— Je dis, moi, que je t'aime plus qu'il ne peut aimer.

LYSANDRE, à Démétrius.

— Si tu prétends cela, viens à l'écart et prouve-le.

DÉMÉTRIUS.

— Sur-le-champ, allons!

HERMIA, se pendant au bras de Lysandre.

Lysandre, à quoi tend tout ceci?

LYSANDRE.

— Arrière, vous, Éthiopienne!

DÉMÉTRIUS, ironiquement, à Lysandre.

Non, non, monsieur, — affectez de vous emporter; faites mine de me suivre; — mais ne venez pas. Vous êtes un homme apprivoisé, allez!

LYSANDRE, à Hermia qui le retient.

— Va te faire pendre, chatte insupportable; lâche-moi, vile créature, — ou je vais te secouer de moi comme un serpent.

HERMIA.

— Pourquoi êtes-vous devenu si grossier? Que signifie ce changement, — mon doux amour?

LYSANDRE.

Ton amour? Arrière, fauve Tartare, arrière! — Arrière, médecine dégoûtante! Odieuse potion, loin de moi!

HERMIA.

— Vous plaisantez, n'est-ce pas?

HÉLÉNA.

Oui, sans doute, et vous aussi.

LYSANDRE.

— Démétrius, je te tiendrai parole.

DÉMÉTRIUS.

— Je voudrais avoir votre billet; car, je le vois, — un

faible lien vous retient; je ne me fie pas à votre parole.
LYSANDRE.
— Eh quoi! dois-je la frapper, la blesser, la tuer? — J'ai beau la haïr, je ne veux pas lui faire du mal.
HERMIA, à Lysandre.
— Eh! quel mal plus grand pouvez-vous me faire que de me haïr? — Me haïr! pourquoi? Hélas! qu'est-il donc arrivé, mon amour? — Ne suis-je pas Hermia? N'êtes-vous pas Lysandre? — Je suis maintenant aussi belle que tout à l'heure. — Cette nuit encore, vous m'aimiez; et, cette même nuit, vous m'avez quittée pourtant. — M'avez-vous donc quittée? Ah! les dieux m'en préservent! — Quittée sérieusement?

LYSANDRE.
Oui, sur ma vie, — et avec le désir de ne jamais te revoir. — Ainsi, n'aie plus d'espoir, d'incertitude, de doute; — sois-en certaine, rien de plus vrai; ce n'est pas une plaisanterie, — je te hais et j'aime Héléna.

HERMIA.
— Hélas!
A Héléna.
Jongleuse! rongeuse de fleurs! — voleuse d'amour! c'est donc vous qui êtes venue cette nuit, — et avez volé le cœur de mon amant!

HÉLÉNA.
Magnifique, ma foi! — Avez-vous perdu la modestie, la réserve virginale, — le sens de la pudeur? Quoi! vous voulez donc arracher — des réponses de colère à mes douces lèvres? — Arrière! arrière! vous, comédienne, vous, marionnette, vous!

HERMIA.
— Marionnette! Pourquoi? Oui, voilà l'explication de ce jeu. — Je le vois, elle aura fait quelque comparaison — entre sa stature et la mienne, elle aura fait valoir sa

hauteur; — et avec cette taille-là, une haute taille, — une taille qui compte, ma foi, elle l'aura dominé, lui. — Êtes-vous donc montée si haut dans son estime, — parce que je suis si petite et si naine? — Suis-je donc si petite, mât de cocagne? dis, — suis-je donc si petite? Je ne le suis pas assez cependant — pour que mes ongles ne puissent atteindre tes yeux.

HÉLÉNA.

— Par grâce, messieurs, bien que vous vous moquiez de moi, — empêchez-la de me faire mal. Je n'ai jamais été bourrue; — je ne suis pas douée le moins du monde pour la violence. — Je suis une vraie fille pour la couardise. — Empêchez-la de me frapper. Vous pourriez croire peut-être — que, parce qu'elle est un peu plus petite que moi, — je puis lui tenir tête.

HERMIA.

Plus petite! vous l'entendez, encore!

HÉLÉNA.

— Bonne Hermia, ne soyez pas si amère contre moi. — Je vous ai toujours aimée, Hermia, — j'ai toujours gardé vos secrets, je ne vous ai jamais fait de mal; — mon seul tort est, par amour pour Démétrius, — de lui avoir révélé votre fuite dans ce bois. — Il vous a suivie, je l'ai suivi par amour; — mais il m'a chassée, il m'a menacée — de me frapper, de me fouler aux pieds, et même de me tuer. — Et maintenant, si vous voulez me laisser partir en paix, — je vais ramener ma folie à Athènes, — et je ne vous suivrai plus; laissez-moi partir; — vous voyez comme je suis simple, comme je suis sotte!

HERMIA.

— Eh bien, partez. Qui vous retient?

HÉLÉNA.

— Un cœur insensé que je laisse derrière moi.

HERMIA.

— Avec qui? avec Lysandre!

HÉLÉNA.

Avec Démétrius.

LYSANDRE, montrant Hermia.

— N'aie pas peur; elle ne te fera pas de mal, Héléna.

DÉMÉTRIUS, à Lysandre.

— Non, monsieur, non, quand vous prendriez son parti.

HÉLÉNA.

— Oh! quand elle est fâchée, elle est rusée et maligne. — C'était un vrai renard quand elle allait à l'école; — et, toute petite qu'elle est, elle est féroce.

HERMIA.

— Encore petite! Toujours à parler de ma petitesse! — Souffrirez-vous donc qu'elle se moque ainsi de moi? — Laissez-moi aller à elle.

LYSANDRE.

Décampez, naine, — être minime, fait de l'herbe qui noue les enfants, — grain de verre, gland de chêne!

DÉMÉTRIUS, montrant Héléna.

Vous êtes par trop officieux — à l'égard d'une femme qui dédaigne vos services. — Laissez-la; ne parlez plus d'Héléna; — ne prenez pas son parti; car, si tu prétends — lui faire jamais la moindre démonstration d'amour, — tu le paieras cher.

LYSANDRE.

Maintenant qu'elle ne me retient plus, — suis-moi, si tu l'oses, et voyons qui, — de toi ou de moi, a le plus de droits sur Héléna.

DÉMÉTRIUS.

— Te suivre? Non, je marcherai de front avec ta hure.

Sortent Lysandre et Démétrius.

HERMIA.

— C'est vous, madame, qui êtes cause de tout ce tapage. — Ça, ne vous en allez pas.

HÉLÉNA.

Je ne me fie pas à vous, moi ; — et je ne resterai pas plus longtemps dans votre maudite compagnie. — Pour une querelle, votre main est plus leste que la mienne ; — mais, pour courir, mes jambes sont les plus longues.

Elle sort.

HERMIA.

— Je suis ahurie, et ne sais que dire.

Elle sort en courant après Héléna.

OBÉRON, à Puck.

— C'est ta faute ; tu fais toujours des méprises, — quand tu ne commets pas tes coquineries volontairement.

PUCK.

— Croyez-moi, roi des ombres, j'ai fait une méprise. — Ne m'avez-vous pas dit que je reconnaîtrais l'homme — à son costume athénien ? — Mon action est donc irréprochable, en ce sens — que c'est un Athénien dont j'ai humecté les yeux ; — et je suis satisfait du résultat, en ce sens — que leur querelle me paraît fort réjouissante.

OBÉRON.

— Tu vois, ces amoureux cherchent un lieu pour se battre : — dépêche-toi donc, Robin, assombris la nuit. — Couvre sur-le-champ la voûte étoilée — d'un brouillard accablant, aussi noir que l'Achéron, — et égare si bien ces rivaux acharnés, — que l'un ne puisse rencontrer l'autre. — Tantôt contrefais la voix de Lysandre, — en surexcitant Démétrius par des injures amères ; — et tantôt déblatère avec l'accent de Démétrius. — Va, écarteles ainsi l'un de l'autre — jusqu'à ce que sur leur front le sommeil imitant la mort — glisse avec ses pieds de plomb et ses ailes de chauve-souris. — Alors, tu écraseras sur les yeux de Lysandre cette herbe, — dont la liqueur a la propriété spéciale — de dissiper toute illusion — et de rendre aux prunelles leur vue accoutumée. — Dès qu'ils s'éveilleront, toute cette dérision — leur paraîtra un rêve, une infructueuse vision; — et ces amants retourneront à Athènes — dans une union qui ne finira qu'avec leur vie. — Tandis que je t'emploierai à cette affaire, — j'irai demander à ma reine son petit Indien; — et puis je délivrerai ses yeux charmés — de leur passion pour un monstre, et la paix sera partout.

PUCK.

— Mon féerique seigneur, ceci doit être fait en hâte; — car les rapides dragons de la nuit fendent les nuages à plein vol, — et là-bas brille l'avant coureur de l'aurore. — A son approche, les spectres errant çà et là — regagnent en troupe leurs cimetières : tous les esprits damnés, — qui ont leur sépulture dans les carrefours et dans les flots, — sont déjà retournés à leurs lits véreux. — Car, de crainte que le jour ne luise sur leurs fautes, — ils s'exilent volontairement de la lumière — et sont à jamais fiancés à la nuit au front noir.

OBÉRON.

— Mais nous, nous sommes des esprits d'un autre ordre : — souvent j'ai fait une partie de chasse avec l'amant de la matinée, — et, comme un garde forestier, je puis marcher dans les halliers — même jusqu'à l'instant où la porte de l'Orient, toute flamboyante, — s'ouvrant sur Neptune avec de divins et splendides rayons, — change en or jaune le sel vert de ses eaux. — Mais, pourtant, hâte-toi; ne perds pas un instant; — nous pouvons encore terminer cette affaire avant le jour. —

Obéron sort.

PUCK.

Par monts et par vaux, par monts et par vaux,
Je vais les mener par monts et par vaux;

SCÈNE V.

Je suis craint aux champs et à la ville ;
Lutin, menons-les par monts et par vaux.

— En voici un.

Entre LYSANDRE.

LYSANDRE.

— Où es-tu, fier Démétrius ? parle donc à présent.

PUCK.

— Ici, manant, l'épée à la main et en garde. Où es-tu?

LYSANDRE.

— Je suis à toi, dans l'instant.

PUCK.

— Suis-moi donc — sur un terrain plus égal.

Lysandre sort, comme guidé par la voix.

Entre DÉMÉTRIUS.

DÉMÉTRIUS.

Lysandre! parle encore. — Ah! fuyard! ah! lâche, tu t'es donc sauvé! — Parle. Dans quelque buisson? où caches-tu ta tête?

PUCK.

— Ah! lâche, tu jettes tes défis aux étoiles; — tu dis aux buissons que tu veux te battre, — et tu ne viens pas! Viens, poltron ; viens, marmouset; — je vais te fouetter avec une verge. Il se déshonore, — celui qui tire l'épée contre toi.

DÉMÉTRIUS.

Oui-dà! es-tu là?

PUCK.

— Suis ma voix; nous verrons ailleurs si tu es un homme.

Il sortent.

Revient LYSANDRE.

LYSANDRE.

— Il va toujours devant moi, et toujours il me défie ; — quand j'arrive où il m'appelle, il est déjà parti. — Le misérable a le talon plus léger que moi ; — je courais vite après, mais il fuyait plus vite, — et me voici engagé dans un chemin noir et malaisé. — Reposons-nous ici. Viens, toi, jour bienfaisant.

Il se couche par terre.

— Car, dès que tu me montreras ta lueur grise, — je retrouverai Démétrius et je punirai son insolence.

Il s'endort.

PUCK *et* DÉMÉTRIUS *reviennent.*

PUCK.

— Holà ! holà ! holà ! holà ! (12) Lâche, pourquoi ne viens-tu pas ?

DÉMÉTRIUS.

— Attends-moi, si tu l'oses ; car je vois bien — que tu cours devant moi, en changeant toujours de place, — sans oser t'arrêter, ni me regarder en face. — Où es-tu ?

PUCK.

Viens ici ; je suis ici.

DÉMÉTRIUS.

— Allons, tu te moques de moi. Tu me le paieras cher, — si jamais je revois ta face à la lumière du jour. — Maintenant, va ton chemin. La fatigue me force — à mesurer de ma longueur ce lit glacé... — Dès l'approche du jour, compte sur ma visite.

Il se couche à terre et s'endort.

SCÈNE V.

Entre HÉLÉNA.

HÉLÉNA.

— O nuit accablante, ô longue et fastidieuse nuit, — abrége tes heures ! Au secours, clarté de l'Orient, — que je puisse, à la lumière du jour, retourner à Athènes, — loin de ceux qui détestent ma triste société ! — Et toi, sommeil, qui parfois fermes les yeux de la douleur, — dérobe-moi un moment à ma propre société.

Elle s'endort.

PUCK.

Rien que trois ! Allons, encore une !
Quatre feront deux couples.
La voici qui vient maussade et triste.
Cupidon est un mauvais garnement
De rendre ainsi folles de pauvres femmes.

Entre HERMIA.

HERMIA.

— Jamais si fatiguée, jamais si malheureuse ! — Trempée par la rosée, et déchirée par les ronces, — je ne puis me traîner ni aller plus loin ; — mes jambes ne peuvent plus marcher au pas de mes désirs. — Reposons-nous ici, jusqu'au point du jour. — Que le ciel protége Lysandre, s'ils veulent se battre. —

Elle se couche.

PUCK.

Sur le terrain
Dormez profondément.
Je vais appliquer
Sur vos yeux,
Doux amant, un remède,

Il exprime le jus d'une herbe sur l'œil de Lysandre.

Quand tu t'éveilleras,
Tu prendras
Un vrai plaisir
A revoir
Ta première amante.
Et le proverbe connu :
On prend son bien où on le trouve,
S'accomplira à ton réveil.
Jeannot aura sa Jeanneton ;
Rien n'ira de travers.
Chacun reprendra sa jument,
Et tout sera bien.

Sort Puck.

Démétrius, Lysandre, Héléna et Hermia restent endormis.

Entrent Titania et Bottom, entourés d'un cortége de fées ; Obéron, en arrière, invisible.

TITANIA, à Bottom.

— Viens t'asseoir sur ce lit de fleurs, — que je caresse tes joues charmantes, — et que j'attache des roses musquées sur ta tête douce et lisse, — et que je baise tes belles longues oreilles, mon ineffable joie ! —

BOTTOM.

Où est Fleur des Pois ?

FLEUR DES POIS.

Me voici.

BOTTOM.

Gratte-moi la tête, Fleur des Pois... Où est monsieur Toile d'Araignée ?

TOILE D'ARAIGNÉE.

Me voici.

BOTTOM.

Monsieur Toile d'Araignée, mon bon monsieur, prenez vos armes ; et tuez-moi cette abeille aux cuisses rouges au haut de ce chardon ; puis, apportez-moi son sac à miel, mon bon monsieur. Ne vous écorchez pas trop dans l'action, monsieur ; surtout, mon bon monsieur, ayez soin que le sac à miel ne crève pas. Il me répugnerait de vous voir inondé de miel, signor. Où est monsieur Grain de Moutarde ?

GRAIN DE MOUTARDE.

Me voici.

BOTTOM.

Donnez-moi une poignée de main, monsieur Grain de Moutarde. De grâce, pas de cérémonie, mon bon monsieur.

GRAIN DE MOUTARDE.

Que m'ordonnez-vous ?

BOTTOM.

Rien, mon bon monsieur, si ce n'est d'aider le cavallero Toile d'Araignée à me gratter. Il faut que j'aille chez le barbier, monsieur, car m'est avis que je suis merveilleusement poilu autour du visage ; et je suis un âne si délicat que, pour peu qu'un poil me démange, il faut que je me gratte.

TITANIA.

— Voyons, veux-tu entendre de la musique, mon doux amour ? —

BOTTOM.

J'ai l'oreille passablement bonne en musique ; qu'on nous donne la clef et les pincettes.

TITANIA.

— Dis-moi, doux amour, ce que tu désires manger. —

BOTTOM.

Ma foi, un picotin. Je mâcherais bien de votre bonne avoine bien sèche. M'est avis que j'aurais grande envie d'une botte de foin : du bon foin, du foin qui embaume, rien n'est égal à ça.

TITANIA.

— J'ai une fée aventureuse qui ira fouiller — le magasin d'un écureuil et t'apportera des noix nouvelles. —

BOTTOM.

J'aimerais mieux une poignée ou deux de pois secs. Mais, je vous en prie, empêchez vos gens de me déranger; je sens venir à moi un accès de sommeil.

TITANIA.

— Dors, et je vais t'enlacer de mes bras. — Partez, fées, et explorez tous les chemins.

Les fées sortent.

— Ainsi le chèvrefeuille, le chèvrefeuille embaumé — s'enlace doucement, ainsi le lierre femelle — s'enroule aux doigts d'écorce de l'orme. — Oh! comme je t'aime ! comme je raffole de toi ! —

Ils s'endorment.

Obéron s'avance. Entre Puck.

OBÉRON.

— Bienvenu, cher Robin. Vois-tu ce charmant spectacle ? — Je commence maintenant à prendre en pitié sa folie. — Tout à l'heure, l'ayant rencontrée, en arrière du bois, — qui cherchait de suaves présents pour cet affreux imbécile, — je lui ai fait honte et me suis querellé avec elle. — Déjà, en effet, elle avait ceint les tempes velues du drôle — d'une couronne de fleurs fraîches et parfumées; — et la rosée, qui sur leurs boutons — étalait naguère ses rondes perles d'Orient, — cachait alors dans le calice de ces jolies fleurettes — les larmes que lui arrachait leur disgrâce. — Quand je l'ai eu tancée tout à mon aise, — elle a imploré mon pardon dans les termes les plus doux. — Je lui ai demandé alors son petit favori; — elle me l'a accordé sur-le-champ, et a dépêché une de ses

SCÈNE V.

fées — pour l'amener à mon bosquet dans le pays féerique. — Et maintenant que j'ai l'enfant, je vais mettre un terme — à l'odieuse erreur de ses yeux. — Toi, gentil Puck, enlève ce crâne emprunté — de la tête de ce rustre Athénien; — afin que, s'éveillant avec les autres, — il s'en retourne comme eux à Athènes, — ne se rappelant les accidents de cette nuit — que comme les tribulations d'un mauvais rêve. — Mais d'abord je vais délivrer la reine des fées. —

Il touche les yeux de Titania avec une herbe.

Sois comme tu as coutume d'être;
Vois comme tu as coutume de voir;
La fleur de Diane a sur la fleur de Cupidon
Cette influence et ce bienheureux pouvoir.

— Allons, ma Titania; éveillez-vous, ma douce reine.

TITANIA, *s'éveillant.*

— Mon Obéron! quelles visions j'ai vues! — il m'a semblé que j'étais amoureuse d'un âne.

OBÉRON.

— Voilà votre amant, par terre.

TITANIA.

Comment ces choses sont-elles arrivées? — Oh! combien son visage est répulsif à mes yeux maintenant!

OBÉRON.

— Silence, un moment. Robin, enlève cette tête. — Titania, appelez votre musique; et qu'elle frappe d'une léthargie, plus profonde — qu'un sommeil vulgaire, les sens de ces cinq êtres.

TITANIA.

— La musique! holà! une musique à enchanter le sommeil!

PUCK, *enlevant la tête d'âne de Bottom.*

— Quand tu t'éveilleras, vois avec tes yeux d'imbécile.

OBÉRON.

— Résonnez, musique!

Une musique calme se fait entendre.

A Titania.

Viens, ma reine, donne-moi la main, — et remuons sous nos pas le berceau de ces dormeurs. — Toi et moi, maintenant, nous sommes de nouveaux amis; — demain, à minuit, nous exécuterons solennellement — des danses triomphales dans la maison du duc Thésée, — et par nos bénédictions nous y appellerons la plus belle postérité. — Là, ces deux couples d'amants fidèles seront — unis en même temps que Thésée, pour la joie de tous.

PUCK.

Roi des fées, attention, écoute.
J'entends l'alouette matinale.

OBÉRON.

Allons, ma reine, dans un grave silence,
Courons après l'ombre de la nuit.
Nous pouvons faire le tour du globe
Plus vite que la lune errante.

TITANIA.

Allons, mon seigneur. Dans notre vol,
Vous me direz comment, cette nuit,
J'ai pu me trouver ici endormie
Avec ces mortels, sur la terre.

Ils sortent.

L'aube naît. On entend le son du cor.

Entrent Thésée, Hippolyte, Égée, *et leur suite.*

THÉSÉE.

— Qu'un de vous aille chercher le garde-chasse; — car maintenant notre célébration est accomplie; — et, puisque nous avons à nous la matinée, — ma bien-aimée entendra la musique de mes limiers. — Découplez-les dans la vallée occidentale, allez : — dépêchez-vous, vous dis-je, et amenez le garde. — Nous, belle reine, nous irons au haut de la montagne — entendre le concert confus — de la meute et de l'écho.

HIPPOLYTE.

— J'étais avec Hercule et Cadmus un jour — qu'ils chassaient l'ours dans un bois de Crète — avec des limiers de Sparte. Je n'ai jamais entendu — de fracas aussi vaillant : car, non-seulement les halliers, — mais les cieux, les sources, toute la contrée avoisinante — semblaient se confondre en un cri. Je n'ai jamais entendu — un désaccord aussi musical, un si harmonieux tonnerre.

THÉSÉE.

— Mes chiens sont de la race spartiate (13) : comme elle, — ils ont les larges babines, le poil tacheté, les oreilles — pendantes qui balaient la rosée du matin, — les jarrets tors, le fanon comme les taureaux de Thessalie. — Ils sont lents à la poursuite ; mais leurs voix réglées comme un carillon — se dégradent en gamme sonore. Jamais cri plus musical — ne fut provoqué, ne fut encouragé par le cor, — en Crète, à Sparte, ou en Thessalie. — Vous en jugerez en l'entendant. — Mais, doucement ! quelles sont ces nymphes ?

ÉGÉE.

— Monseigneur, c'est ma fille, endormie ici ! — Et voici Lysandre ; voici Démétrius ; — voici Héléna, l'Héléna du vieux Nédar. — Je suis émerveillé de les voir ici ensemble.

THÉSÉE.

— Sans doute, ils se sont levés de bonne heure pour célébrer — la fête de mai ; et, sachant nos intentions, — ils sont venus ici honorer notre cérémonie. — Mais, dites-moi, Égée : n'est-ce pas aujourd'hui — qu'Hermia

doit donner sa réponse sur le choix qu'elle fait ?
ÉGÉE.
— Oui, monseigneur.
THÉSÉE.
— Allez, dites aux chasseurs de les éveiller au son du cor.

Son du cor. Clameur derrière le théâtre. Démétrius, Lysandre, Hermia et Héléna s'éveillent et se lèvent.
THÉSÉE.
— Bonjour, mes amis. La Saint-Valentin est passée. — Les oiseaux de ces bois ne commencent-ils à s'accoupler que d'aujourd'hui ?
LYSANDRE.
— Pardon, monseigneur.

Tous se prosternent devant Thésée.
THÉSÉE.
Levez-vous tous, je vous prie. — Je sais que, vous deux, vous êtes rivaux et ennemis : — d'où vient ce charmant accord — qui fait que la haine, éloignée de toute jalousie, — dort à côté de la haine, sans craindre d'inimitié ?
LYSANDRE.
— Monseigneur, je répondrai en homme ahuri, — à moitié endormi, à moitié éveillé. Mais je vous jure — que je ne pourrais pas dire vraiment comment je suis venu ici. — Pourtant, à ce que je crois... car je voudrais dire la vérité, — oui, maintenant, je me le rappelle, — je suis venu ici avec Hermia : notre projet — était de quitter Athènes pour ne plus être — sous le coup de la loi athénienne.
ÉGÉE.
— Assez, assez !

A Thésée.

Monseigneur, vous en savez assez. — Je réclame la loi, la loi sur sa tête.

SCÈNE V.

A Démétrius.

— Ils voulaient se sauver; ils voulaient, Démétrius, — nous frustrer tous deux, — vous, de votre femme, moi, dans ma décision — qu'elle serait votre femme.

DÉMÉTRIUS.

— Monseigneur, la belle Héléna m'a révélé leur évasion, — le dessein qui les amenait dans ce bois; — et par fureur je les y ai suivis, — la belle Héléna me suivant par amour. — Mais, mon bon seigneur, je ne sais par quel pouvoir, — (un pouvoir supérieur, à coup sûr,) mon amour pour Hermia — s'est fondu comme la neige. Ce n'est plus pour moi maintenant — que le souvenir d'un vain hochet — dont je raffolais dans mon enfance; — et maintenant toute ma foi, toute la vertu de mon cœur, — l'unique objet, l'unique joie de mes yeux, — c'est Héléna. C'est à elle, seigneur, — que j'étais fiancé avant de voir Hermia. — Elle me répugnait comme la nourriture à un malade : — mais, avec la santé, j'ai repris mon goût naturel. — Maintenant je la désire, je l'aime, j'aspire à elle, — et je lui serai fidèle à jamais.

THÉSÉE.

— Beaux amants, voilà une heureuse rencontre. — Nous entendrons tout à l'heure la suite de cette histoire. — Égée, je prévaudrai sur votre volonté; — car j'entends que, dans le temple, en même temps que nous, — ces deux couples soient unis pour l'éternité. — Et, comme la matinée est maintenant un peu avancée, — nous mettrons de côté notre projet de chasse. — En route, tous, pour Athènes. Trois maris, trois femmes ! — Nous aurons une fête solennelle. — Venez, Hippolyte.

Sortent Thésée, Hippolyte, Égée et leur suite.

DÉMÉTRIUS.

— Ces aventures me paraissent minimes et imperceptibles — comme les montagnes lointaines qui se confondent avec les nuages.

HERMIA.

— Il me semble que mes regards divergent — et que je vois double.

HÉLÉNA.

Et moi aussi : — Démétrius me fait l'effet d'un bijou trouvé, — qui est à moi, et pas à moi.

DÉMÉTRIUS.

Êtes-vous sûrs — que nous sommes éveillés? Il me semble, à moi, — que nous dormons, que nous rêvons encore. Ne pensez-vous pas — que le duc était ici et nous a dit de le suivre?

HERMIA.

— Oui ; et mon père aussi.

HÉLÉNA.

Et Hippolyte.

LYSANDRE.

— Et il nous a dit de le suivre au temple.

DÉMÉTRIUS.

— Vous voyez donc que nous sommes éveillés : suivons-le ; — et, chemin faisant, nous nous raconterons nos rêves. —

Ils sortent.
Au moment où ils sortent, Bottom s'éveille.

BOTTOM.

Quand ma réplique viendra, appelez-moi, et je répondrai ; ma prochaine est à *très-beau Pyrame.* Holà! hé!... Pierre Lecoing! Flûte, le racommodeur de soufflets! Groin, le chaudronnier! Meurt de Faim! Dieu me garde! ils ont tous décampé en me laissant ici endormi! J'ai eu une vision extraordinaire. J'ai fait un songe : c'est au-dessus de l'esprit de l'homme de dire ce qu'était ce songe. L'homme, qui entreprendra d'expliquer ce songe, n'est qu'un âne... Il me semblait que j'étais, nul homme au monde ne pourrait me dire quoi. Il me semblait que j'étais... et il me semblait que j'avais... Il faudrait être un fou à marotte pour essayer de dire ce qu'il me semblait que j'avais. L'œil de l'homme n'a jamais ouï, l'oreille de l'homme n'a jamais vu rien de pareil; la main de l'homme ne serait pas capable de goûter, sa langue de concevoir, son cœur de rapporter ce qu'était mon rêve. Je ferai composer par Pierre Lecoing une ballade sur ce songe ! elle s'appellera le Rêve de Bottom, parce que ce rêve-là est sans nom; et je la chanterai à la fin de la pièce, devant le duc. Et peut-être même, pour lui donner plus de grâce, la chanterai-je après la mort.

Il sort.

SCÈNE VI

[Athènes. Chez Lecoing].

Entrent LECOING, FLUTE, GROIN et MEURT DE FAIM.

LECOING.

Avez-vous envoyé chez Bottom? Est-il rentré chez lui?

MEURT DE FAIM.

On ne sait ce qu'il est devenu. Sans nul doute, il est enlevé.

FLUTE.

S'il ne vient pas, la représentation est dérangée. Elle ne peut plus marcher, pas vrai?

LECOING.

Impossible. Vous n'avez que lui, dans tout Athènes, capable de jouer Pyrame.

FLUTE.

Non; c'est lui qui a tout simplement le plus d'esprit de tous les artisans d'Athènes.

LECOING.

Oui, et puis c'est le vrai personnage du rôle : un parfait galant pour la douceur de la voix.

FLUTE.

Un parfait talent, vous devriez dire! Un parfait galant, Dieu merci! est un propre à rien.

Entre ÉTRIQUÉ.

ÉTRIQUÉ.

Mes maîtres, le duc revient du temple, et il y a deux ou trois couples de seigneurs et de dames, mariés par-dessus le marché : si nous avions pu donner notre divertissement, notre fortune à tous était faite.

FLUTE.

Où es-tu, Bottom, mon doux rodomont? Tu as perdu un revenu de douze sous par jour ta vie durant; tu ne pouvais pas échapper à douze sous par jour; le duc t'aurait donné douze sous par jour pour avoir joué Pyrame, ou je veux être pendu! Tu l'aurais bien mérité : douze sous par jour, pour Pyrame, c'était rien!

Entre BOTTOM.

BOTTOM.

Où sont-ils, ces enfants? où sont-ils, ces chers cœurs?

LECOING.

Bottom! O le jour courageux! ô l'heure fortunée!

BOTTOM.

Mes maîtres, je suis un homme à vous raconter des merveilles; mais ne me demandez pas ce que c'est : car, si je parle, je passerai pour le plus faux des Athéniens. Je vais vous dire exactement tout ce qui est arrivé.

LECOING.

Nous t'écoutons, mon doux Bottom.

BOTTOM.

Pas un mot de moi. Tout ce que je vous dirai, c'est que le duc a dîné : mettez vite votre costume, de bons cordons à vos barbes, des rubans neufs à vos escarpins. Rendons-nous immédiatement au palais ; que chacun repasse son rôle ; car, pour tout dire en un mot, notre pièce est agréée. En tout cas, que Thisbé ait du linge propre, et que celui qui joue le lion ne rogne pas ses ongles, car ils doivent s'allonger comme des griffes de lion. Maintenant, mes très-chers acteurs, ne mangez ni oignon ni ail, car nous avons à dire de suaves paroles, et je veux que notre auditoire ait notre comédie en bonne odeur. Assez causé ; partons, partons !

Ils sortent.

SCÈNE VII

[Athènes. Le palais de Thésée.]

Entrent Thésée, Hippolyte, Philostrate, Seigneurs, suite.

HIPPOLYTE.

— C'est bien étrange, mon Thésée, ce que racontent ces amants.

THÉSÉE.

— Plus étrange que vrai. Je ne pourrai jamais croire — à ces vieilles fables, à ces contes de fée. — Les amoureux et les fous ont des cerveaux bouillants, — des fantaisies visionnaires qui perçoivent — ce que la froide raison ne pourra jamais comprendre. — Le fou, l'amoureux et le poëte — sont tous faits d'imagination. — L'un voit plus de démons que le vaste enfer n'en peut contenir, — c'est le fou ; l'amoureux, tout aussi frénétique, — voit la beauté d'Hélène sur un front égyptien ; — le regard du poëte, animé d'un beau délire, — se porte du ciel à la terre et de la terre au ciel ; — et, comme son imagination donne un corps — aux choses inconnues, la plume du poëte — leur prête une forme et assigne au néant aérien — une demeure locale et un nom. — Tels sont les caprices d'une imagination forte : — pour peu qu'elle conçoive une joie, — elle suppose un messager qui l'apporte. — La nuit, avec l'imagination de la peur, — comme on prend aisément un buisson pour un ours !

HIPPOLYTE.

— Oui, mais tout le récit qu'il nous ont fait de cette nuit, — de la transfiguration simultanée de toutes leurs âmes, — est plus convaincant que de fantastiques visions ; — il a le caractère d'une grande consistance, — tout étrange et tout merveilleux qu'il est.

Entrent Lysandre, Démétrius, Hermia *et* Héléna.

THÉSÉE.

— Voici venir nos amoureux pleins de joie et de gaieté. — Soyez joyeux, doux amis ! Que la joie et un amour toujours frais — fassent cortége à vos cœurs !

LYSANDRE.

— Qu'ils soient plus fidèles encore — à vos royales promenades, à votre table, à votre lit !

THÉSÉE.

— Voyons, maintenant. Quelles mascarades, quelles danses aurons-nous — pour passer ce long siècle de trois heures — qui doit s'écouler entre l'après-souper et le coucher ? — Où est l'intendant ordinaire de nos plaisirs ? — Quelles fêtes nous prépare-t-on ? N'a-t-on pas une comédie — pour soulager les angoisses d'une heure de torture ? — Appelez Philostrate.

PHILOSTRATE, s'avançant.

Me voici, puissant Thésée.

THÉSÉE.

— Dites-moi, quel amusement aurons-nous ce soir ? — quelle mascarade ? quelle musique ? Comment tromperons-nous — le temps paresseux, si ce n'est par quelque distraction ?

PHILOSTRATE.

— Voici le programme des divertissements déjà mûrs ; — que votre altesse choisisse celui qu'elle veut voir le premier.

Il donne un papier à Thésée.

THÉSÉE, lisant.

Le combat contre les Centaures, chanté
Sur la harpe par un eunuque athénien.

— Nous ne voulons pas de ça ; j'en ai fait le récit à ma bien-aimée, — à la gloire de mon parent Hercule.

L'orgie des Bacchantes ivres,
Déchirant dans leur rage le chantre de la Thrace.

— C'est un vieux sujet ; il a été joué — la dernière fois que je suis revenu vainqueur de Thèbes.

Les neuf Muses pleurant la mort
De la science, récemment décédée dans la misère.

— C'est quelque satire de critique mordante — qui ne convient pas à une cérémonie nuptiale.

Courte scène fastidieuse du jeune Pyrame
Et de son amante Thisbé ; farce très-tragique.

— Farce et tragique ! fastidieuse et courte ! — comme qui dirait de la glace chaude, de la neige la plus étrange. — Comment trouver l'accord de ce désaccord ?

PHILOSTRATE.

— C'est une pièce longue d'une dizaine de mots, monseigneur. — Je n'en connais pas de plus courte. — Pourtant, monseigneur, elle est trop longue de dix mots ; — ce qui la rend fastidieuse ; car dans toute la pièce — il n'y a pas un mot juste ni un acteur capable. — Et puis, elle est tragique, mon noble seigneur ; — car Pyrame s'y tue. — Ce qui, à la répétition, je dois le confesser, — m'a fait venir les larmes aux yeux, des larmes plus gaies — que n'en a jamais versées le rire le plus bruyant.

THÉSÉE.

— Qui sont ceux qui la jouent ?

PHILOSTRATE.

— Des hommes à la main rude, des ouvriers d'Athènes, — qui jusqu'ici n'avaient jamais travaillé par l'esprit. — Ils ont chargé leur mémoire balbutiante — de cette pièce-là pour le jour de vos noces.

THÉSÉE.

— Nous allons l'entendre.

PHILOSTRATE.

Non, mon noble seigneur, — elle n'est pas digne de vous ; je l'ai entendue d'un bout à l'autre, — et il n'y a rien là, rien du tout ; — à moins que vous ne vous amusiez de leurs efforts — extrêmement laborieux et des peines cruelles qu'ils se donnent — pour votre service.

THÉSÉE.

Je veux entendre cette pièce : — car il n'y a jamais rien de déplacé — dans ce que la simplicité et le zèle nous offrent. — Allez, introduisez-les. Et prenez vos places, mesdames.

Sort Philostrate.

HIPPOLYTE.

— Je n'aime pas à voir l'impuissance se surmener, — et le zèle succomber à la tâche.

THÉSÉE.

— Mais, ma charmante, vous ne verrez rien de pareil.

HIPPOLYTE.

— Il dit qu'ils ne peuvent rien faire en ce genre.

THÉSÉE.

— Nous n'en aurons que plus de grâce à les remercier de rien. — Nous nous ferons un plaisir de bien prendre leurs méprises : — là où un zèle malheureux est impuissant, — une noble bienveillance considère l'effort et non le talent. — Quand je suis revenu, de grands savants ont voulu — me saluer par des compliments prémédités : — alors, je les ai vus frisonner et pâlir, — s'interrompre au milieu des phrases, — laisser bâillonner par la crainte leur bouche exercée, — et, pour conclusion, s'arrêter court — sans m'avoir fait leur compliment. Croyez-moi, ma charmante, — ce compliment, je l'ai recueilli de leur silence même. — Et la modestie du zèle épouvanté — m'en dit tout autant que la langue bavarde — d'une éloquence impudente et effrontée. — Donc l'affection et la simplicité muettes — sont celles qui, avec le moins de mots, parlent le plus à mon cœur.

Entre PHILOSTRATE.

PHILOSTRATE.

— S'il plaît à votre altesse, le prologue est tout prêt.

THÉSÉE.

— Qu'il approche !

Fanfare de trompettes.

Entre LE PROLOGUE.

LE PROLOGUE.

Si nous déplaisons, c'est avec intention...
De vous persuader... que nous venons, non pour déplaire,
Mais bien avec intention... de montrer notre simple savoir-faire,
Voilà le vrai commencement de notre fin.
Considérez donc que nous ne venons qu'avec appréhension.
Et sans nulle idée de vous satisfaire...
Nous ferons tous nos efforts... Pour vous charmer
Nous ne sommes pas ici... Pour vous donner des regrets
Les acteurs sont tout prêts ; et par leur jeu
Vous apprendrez ce que vous devez apprendre.

THÉSÉE.

Ce gaillard-là ne s'arrête pas à la ponctuation.

LYSANDRE.

Il a monté son prologue comme un poulain sauvage, sans savoir l'arrêter. Bonne leçon, monseigneur! Il ne suffit pas de parler, il faut bien parler.

HIPPOLYTE.

Oui, vraiment, il a joué de son prologue comme un enfant du flageolet. Des sons, mais pas de mesure.

THÉSÉE.

Son speech a été comme une chaîne embrouillée : rien n'y manquait, mais tout était en désordre. Qu'avons-nous ensuite ?

Entrent PYRAME et THISBÉ, LE MUR, LE CLAIR DE LUNE et LE LION, comme dans une pantomime.

LE PROLOGUE.

Gentils auditeurs, peut-être êtes-vous étonnés de ce spectacle ;
Restez-le donc jusqu'à ce que la vérité vienne tout expliquer.
Cet homme est Pyrame, si vous voulez le savoir.

Cette belle dame est Thisbé : c'est évident.
Cet homme, avec son plâtre et sa chaux, représente
Un mur, cet ignoble mur qui séparait nos amants :
C'est à travers ses fentes que ces pauvres âmes sont réduites
A chuchoter. Que nul ne s'en étonne.
Cet homme, avec sa lanterne, son chien et son fagot d'épines,
Représente le Clair de Lune : car, si vous voulez le savoir,
Devant le clair de lune, nos amants ne se font pas scrupule
De se rencontrer à la tombe de Ninus pour s'y... pour s'y faire la cour.
Cette affreuse bête qui a nom lion,
Une nuit que la confiante Thisbé arrivait la première,
La fit fuir de peur, ou plutôt d'épouvante.
Comme elle se sauvait, Thisbé laissa tomber sa mante
Que cet infâme lion souilla de sa dent sanglante.
Bientôt arrive Pyrame, charmant jouvenceau, très-grand;
Il trouve le cadavre de la mante de sa belle.
Sur quoi, de sa lame, de sa sanglante et coupable lame,
Il embroche bravement son sein d'où le sang bouillonne.
Alors, Thisbé, qui s'était attardée à l'ombre d'un mûrier,
Prend la dague, et se tue. Pour tout le reste,
Le Lion, le Clair de Lune, le Mur et les deux amants
Vous le raconteront tout au long quand ils seront en scène.

Sortent le Prologue, Thisbé, le Lion et le Clair de Lune.

THÉSÉE.

Je me demande si le lion doit parler.

DÉMÉTRIUS.

Rien d'étonnant à cela, monseigneur ; un lion peut bien parler, quand il y a tant d'ânes qui parlent.

LE MUR.

Dans cet intermède, il arrive
Que moi, dont le nom est Groin, je représente un mur,
Mais un mur, je vous prie de le croire,
Percé de lézardes ou de fentes,
A travers lesquelles les amants, Pyrame et Thisbé,
Se sont parlé bas souvent très-intimement.
Cette chaux, ce plâtras et ce moellon vous montrent
Que je suis bien un mur. C'est la vérité.

Et c'est à travers ce trou-ci qu'à droite et à gauche
Nos amants timides doivent se parler bas.

THÉSÉE.

Peut-on désirer que de la chaux barbue parle mieux que ça?

DÉMÉTRIUS.

C'est la cloison la plus spirituelle que j'aie jamais ouïe discourir, monseigneur.

THÉSÉE.

Voilà Pyrame qui s'approche du Mur. Silence!

Entre PYRAME.

PYRAME.

O nuit horrible! ô nuit aux couleurs si noires!
O nuit qui es partout où le jour n'est pas!
O nuit! ô nuit! hélas! hélas! hélas!
Je crains que ma Thisbé n'ait oublié sa promesse!
Et toi, ô Mur, ô doux, ô aimable Mur,
Qui te dresses entre le terrain de son père et le mien,
Mur, ô Mur, ô doux et aimable Mur,
Montre-moi ta fente que je hasarde un œil à travers.

Le mur étend la main.

Merci, Mur courtois! Que Jupiter te protége!
Mais que vois-je? je ne vois pas Thisbé.
O méchant Mur, à travers lequel je ne vois pas mon bonheur,
Maudites soient tes pierres de m'avoir ainsi déçu!

THÉSÉE.

Maintenant, ce me semble, c'est au Mur, puisqu'il est doué de raison, à riposter par des malédictions.

PYRAME, *s'avançant vers Thésée.*

Non, vraiment, monsieur; ce n'est pas au tour du Mur. Après ces mots : *m'avoir ainsi déçu*, vient la réplique de Thisbé; c'est elle qui doit paraître, et je dois l'épier à

SCÈNE VII.

travers le Mur. Vous allez voir, ça va se passer exactement comme je vous ai dit..... La voilà qui arrive.

Entre THISBÉ.

THISBÉ.

O Mur, que de fois tu m'as entendu gémir
De ce que tu me séparais de mon beau Pyrame !
Que de fois mes lèvres cerises ont baisé tes pierres,
Tes pierres cimentées de chaux et de poils !

PYRAME.

J'aperçois une voix; allons maintenant à la crevasse,
Pour voir si je n'entendrai pas la face de ma Thisbé !
Thisbé !

THISBÉ.

Mon amour ! c'est toi, je crois, mon amour ?

PYRAME.

Crois ce que tu voudras ; je suis sa grâce ton amoureux :
Toujours fidèle comme Liandre.

THISBÉ.

Et moi comme Hélène, jusqu'à ce que le destin me tue !

PYRAME.

Shaphale ne fut pas si fidèle à Procrus !

THISBÉ.

Autant Shaphale le fut à Procrus, autant je te le suis.

PYRAME, collant ses lèvres aux doigts du mur.

Oh ! baise-moi à travers le trou de ce vil Mur !

THISBÉ, collant ses lèvres de l'autre côté.

C'est le trou du Mur que je baise, et non vos lèvres.

PYRAME.

Veux-tu me rejoindre immédiatement à la tombe de Nigaud ?

THISBÉ.

Morte ou vive, j'y vais sans délai.

LE MUR, baissant le bras.

Ainsi, j'ai rempli mon rôle, moi, le Mur :
Et, cela fait, le Mur s'en va.

Sortent le Mur, Pyrame et Thisbé.

THÉSÉE.

Maintenant, le mur qui séparait les deux amants est à bas.

DÉMÉTRIUS.

Pas de remède à ça, monseigneur, quand les murs ont des oreilles.

HIPPOLYTE.

Voilà le plus stupide galimatias que j'aie jamais entendu.

THÉSÉE.

La meilleure œuvre de ce genre est faite d'illusions ; et la pire n'est pas pire quand l'imagination y supplée.

HIPPOLYTE.

Alors ce n'est plus l'imagination de l'auteur, c'est la vôtre.

THÉSÉE.

Si nous ne pensons pas plus de mal de ces gens-là qu'ils n'en pensent eux-mêmes, ils pourront passer pour excellents. Mais voici deux nobles bêtes, une lune et un lion.

Entrent LE LION et LE CLAIR DE LUNE.

LE LION.

Mesdames, vous dont le gentil cœur s'effraie
De la souris la plus monstrueusement petite qui trotte sur le parquet,
Vous pourriez bien ici frissonner et trembler
En entendant un lion féroce rugir avec la rage la plus farouche.

Sachez donc que je suis Étriqué le Menuisier,
Un lion terrible, non, pas plus qu'une lionne ;
Car, si je venais comme lion chercher querelle
En ce lieu, ce serait au péril de ma vie.

THÉSÉE.

Une bien gentille bête et une bonne âme !

DÉMÉTRIUS.

La meilleure âme de bête que j'aie jamais vue, monseigneur.

LYSANDRE.

Ce lion est un vrai renard pour la valeur.

THÉSÉE.

Oui, et une oie pour la prudence.

DÉMÉTRIUS.

Non pas, monseigneur ; car sa valeur ne peut emporter sa prudence, et un renard peut emporter une oie.

THÉSÉE.

Sa prudence, j'en suis sûr, ne peut pas emporter sa valeur ; car l'oie n'emporte pas le renard. C'est bien. Laissez-le à sa prudence et écoutons la lune.

LA LUNE.

Cette lanterne vous représente la lune et ses cornes...

DÉMÉTRIUS, l'interrompant.

Il aurait dû porter les cornes sur sa tête.

THÉSÉE.

Ce n'est pas un croissant, c'est une pleine lune où les cornes sont invisibles.

LA LUNE, reprenant.

Cette lanterne vous représente la lune et ses cornes,
Et moi-même je suis censé l'homme qu'on voit dans la lune (14).

THÉSÉE.

Voilà la plus grande de toutes les bévues. L'homme

aurait dû se mettre dans la lanterne. Sans cela, comment peut-il être l'homme qu'on voit dans la lune?

DÉMÉTRIUS.

Il n'ose pas s'y mettre à cause du lumignon ; tenez, voyez-vous, le voilà déjà qui prend feu.

HIPPOLYTE.

Cette lune-là m'ennuie. Je demande un changement de lune.

THÉSÉE.

A en juger par son peu de lumière, elle est sur son déclin. Pourtant, par courtoisie, et en toute équité, laissons-lui prendre son temps.

LYSANDRE.

Continue, Lune!

LA LUNE, s'avançant vers les spectateurs.

Tout ce que j'ai à vous dire, c'est pour vous déclarer que cette lanterne est la lune; que moi, je suis l'homme dans la lune; que ce fagot d'épines est mon fagot d'épines; et que ce chien est mon chien.

DÉMÉTRIUS.

Eh bien, tout ça devrait être dans la lanterne, puisque tout ça est dans la lune. Mais silence, voici venir Thisbé.

Entre Thisbé.

THISBÉ.

Voici la tombe du vieux Nigaud; où est mon amour?

LE LION, rugissant.

Ho!

Thisbé se sauve en laissant tomber son manteau.

DÉMÉTRIUS.

Bien rugi, lion!

SCÈNE VII.

THÉSÉE.

Bien couru, Thisbé !

HIPPOLYTE.

Bien lui, Lune... Vraiment, la lune luit de fort bonne grâce.

Le Lion déchire le manteau de Thisbé.

THÉSÉE.

Bien griffé, lion !

Le Lion sort.

DÉMÉTRIUS.

Et, sur ce, voici Pyrame qui vient.

LYSANDRE.

Et la lune qui s'éclipse.

Entre PYRAME.

PYRAME.

Douce lune, merci de tes rayons solaires.
Merci, lune, de briller maintenant avec tant d'éclat,
Car, à la clarté dorée de tes torrents lumineux,
J'espère savourer la vue de la très-fidèle Thisbé.
    Mais, arrêtons ! — O douleur !
    Mais, regardons ! Pauvre chevalier,
      Quel malheur affreux !
    Yeux, voyez-vous ?
    Est-il possible ?
    O poule mignonne ! ô chère !
    Eh quoi ! ton manteau, le meilleur !
    Teint de sang ?
    Approchez, furies cruelles !
    O Parques, venez ! venez !
    Tranchez le gros fil de mes jours !
    Frappez, écrasez, achevez, massacrez-moi !

THÉSÉE.

Cette émotion causée par la mort d'une amie chère pourrait presque donner l'air triste à un homme.

HIPPOLYTE.

Maudit soit mon cœur, si je ne le plains pas !

PYRAME.

O nature ! pourquoi créas-tu des lions ?
Puisqu'un lion infâme a défloré ici ma bien-aimée,
Laquelle est, non, non ! laquelle était la plus belle dame
Qui ait vécu, aimé d'amour et d'amitié, et porté visage
   Venez, larmes, consumez-moi !
   Dehors épée, et blesse
   Le téton de Pyrame :
   Oui, ce téton gauche,
   Où le cœur gambade.
   Ainsi je meurs, ainsi, ainsi, ainsi !
   Maintenant me voilà mort,
   Maintenant me voilà parti.
   Mon âme est dans le ciel,
   Langue, perds ta lumière !
   Lune, prends la fuite !
   Et maintenant vous voyez un décédé !

Pyrame tombe en mourant. — Le Clair de Lune sort.

DÉMÉTRIUS.

Je vois le décès, mais je ne vois pas le dé. En tout cas, c'est un as qui retourne, car il est tout seul.

LYSANDRE.

Alors, c'est un as à sein ; car il se l'est percé.

THÉSÉE.

Un chirurgien qui le guérirait n'en ferait pas un as saillant.

HIPPOLYTE.

Comment se fait-il que la lune soit partie avant que Thisbé soit venue et ait retrouvé son amant ?

THÉSÉE.

Elle le retrouvera à la clarté des étoiles. La voici ; et sa douleur va terminer la pièce.

SCÈNE VII.

Entre Thisbé.

HIPPOLYTE.

A mon avis, elle ne doit pas avoir une longue douleur pour un pareil Pyrame. J'espère qu'elle sera brève.

DÉMÉTRIUS.

Qui vaut le mieux de Pyrame ou de Thisbé? Un fétu ferait pencher la balance.

LYSANDRE.

Elle l'a déjà aperçu avec ces beaux yeux-là.

DÉMÉTRIUS.

Et voici qu'elle va gémir; écoutez!

THISBÉ, se penchant sur Pyrame.

Endormi, mon amour?
Quoi, mort, mon tourtereau?
O Pyrame, lève-toi!
Parle, parle. Tout à fait muet?
Mort! mort! Une tombe
Devra recouvrir tes yeux charmants.
Ces lèvres de lis,
Ce nez cerise,
Ces joues jaunes comme la primevère,
Tout cela n'est plus, n'est plus!
Amants, gémissez!
Ses yeux étaient verts comme des poireaux!
O vous, les trois sœurs,
Venez, venez à moi,
Avec vos mains pâles comme le lait.
Trempez-les dans le sang,
Puisque vous avez tondu
De vos ciseaux son fil de soie.
Plus un mot, ma langue!
Viens, fidèle épée;
Viens, lame, plonge-toi dans mon sein;
Et adieu, amis.

Ainsi Thisbé finit.
Adieu, adieu, adieu !

Elle se frappe et meurt.

THÉSÉE.

Le Clair de Lune et le Lion sont restés pour enterrer les morts.

DÉMÉTRIUS.

Oui, et le Mur aussi.

BOTTOM, se relevant.

Non, je vous assure; le Mur qui séparait leur père est à bas. Voulez-vous voir l'épilogue, ou aimez-vous mieux entendre une danse bergamasque, dansée par deux comédiens de notre troupe?

THÉSÉE.

Pas d'épilogue, je vous prie; car votre pièce n'a pas besoin d'apologie. Vous n'avez rien à excuser; car, quand tous les acteurs sont morts, il n'y a personne à blâmer. Morbleu, si celui qui a écrit cette pièce avait joué Pyrame et s'était pendu à la jarretière de Thisbé, cela aurait fait une belle tragédie; telle qu'elle est, c'en est une fort belle, et jouée très-remarquablement. Mais, voyons votre bergamasque, et laissez là votre épilogue.

Ici une danse de clowns.

— La langue de fer de minuit a compté douze. — Amants, au lit ! voici presque l'heure des fées. — Je crains bien que, la matinée prochaine, notre sommeil ne se prolonge — autant que, cette nuit, se sont prolongées nos veilles. — Cette grosse farce nous a bien trompés — sur la marche lente de la nuit. Doux amis, au lit ! — Célébrons pendant quinze jours cette solennité — au milieu des fêtes nocturnes et de plaisirs toujours nouveaux.

Tous sortent.

SCÈNE VIII

[Le vestibule du palais.]

Entre Puck.

PUCK.

Voici l'heure où le lion rugit,
Où le loup hurle à la lune,
Tandis que le lourd laboureur ronfle,
Accablé de sa pénible tâche.
Voici l'heure où les torches pétillent en s'éteignant,
Tandis que la chouette, par sa huée éclatante,
Rappelle au misérable, sur son lit de douleur,
Le souvenir du linceul.
Voici l'heure de la nuit
Où les tombes, toutes larges béantes,
Laissent chacune échapper leur spectre,
Pour qu'il erre par les chemins de l'Église.
Et nous, fées, qui courons
Avec le char de la triple Hécate,
Fuyant la présence du soleil
Et suivant l'ombre comme un rêve,
Nous voici en liesse. Pas une souris
Ne troublera cette maison sacrée.
Je suis envoyé en avant, avec un balai,
Pour en chasser la poussière derrière la porte.

Entrent Obéron et Titania, avec leur cortége de fées.

OBÉRON.

Faites en cette maison rayonner la lumière
Du foyer mort ou assoupi;
Que tous les elfes et les esprits féeriques
Gambadent aussi légers que l'oiseau sur l'épine,
Et chantent avec moi une ariette,
En dansant légèrement.

TITANIA.

Redites d'abord la chanson par cœur.
Sur chaque parole nous fredonnerons une note
En nous tenant par la main avec la grâce féerique,
Et nous bénirons ces lieux.

CHANSON ET DANSE.

OBÉRON.

Maintenant, jusqu'à la pointe du jour,
Que chaque fée erre dans le palais de Thésée.
Nous irons, nous, au plus beau lit nuptial,
Et nous le bénirons,
Et la famille engendrée là
Sera toujours heureuse.
Désormais ces trois couples
S'aimeront toujours fidèlement;
Et les stigmates de la nature
Ne s'attacheront pas à leur famille.
Ni verrue, ni bec de lièvre, ni cicatrice,
Nulle de ces marques néfastes qui
Flétrissent la nativité,
Ne sera sur leurs enfants.
Fées, répandez partout
La rosée sacrée des champs;
Et bénissez chaque chambre,
En remplissant ce palais de la paix la plus douce.
Que la sécurité y règne à jamais
Et que le maître en soit béni (15) !
Filons;
Ne nous arrêtons pas;
Et retrouvons-nous à la pointe du jour.

Sortent Titania et Obéron, avec leur cortége.

PUCK, aux spectateurs.

Ombres que nous sommes, si nous avons déplu, — figurez-vous seulement (et tout sera réparé) — que vous n'avez fait qu'un somme, — pendant que ces visions vous apparaissaient. — Ce thème faible et vain, qui ne contient pas plus qu'un songe, — gentils spectateurs, ne le condamnez pas; — nous ferons mieux, si vous pardonnez. — Oui, foi d'honnête Puck, — si nous avons la chance imméritée — d'échapper aujourd'hui au sifflet du serpent, — nous ferons mieux avant longtemps, — ou tenez Puck pour un menteur. — Sur ce, bonsoir, vous tous. — Donnez-moi toutes vos mains, si nous sommes amis, — et Robin prouvera sa reconnaissance.

Sort Puck.

FIN DU SONGE D'UNE NUIT D'ÉTÉ.

LA TEMPÊTE [16]

PERSONNAGES :

ALONSO, roi de Naples.
SÉBASTIEN, son frère.
PROSPERO, duc légitime de Milan.
ANTONIO, son frère, duc usurpateur de Milan.
FERDINAND, fils du roi de Naples.
GONZALO, vieux conseiller honnête.
ADRIEN, \
FRANCISCO, } seigneurs.
CALIBAN, esclave sauvage et difforme.
TRINCULO, clown.
STEPHANO, sommelier ivrogne.
UN CAPITAINE DE NAVIRE.
UN BOSSEMAN.
DES MATELOTS.

MIRANDA, fille de Prospero.
ARIEL, esprit de l'air.
IRIS,
CÉRÈS,
JUNON, } esprits.
NYMPHES,
MOISSONNEURS,
AUTRES ESPRITS AUX ORDRES DE PROSPERO *.

La scène se passe à bord d'un navire, puis dans une île déserte.

* Cette liste est traduite de l'in-folio de 1623.

SCÈNE I

[Sur un navire en mer. — Une tempête avec éclairs et tonnerre.]

Entrent un CAPITAINE DE NAVIRE et un BOSSEMAN.

LE CAPITAINE.

Bosseman !

LE BOSSEMAN.

Voici, capitaine. Quel ordre ?

LE CAPITAINE.

Eh bien, parlez aux matelots ; mettez-vous-y lestement, ou nous courons sur terre : alerte ! alerte !

Il sort.

Entrent des MATELOTS.

LE BOSSEMAN.

Hohé ! mes petits cœurs ! Courage, courage, mes petits cœurs ! Lestement, lestement ! Amenez la voile de hunier ! Attention au sifflet du maître !... Maintenant, vent, souffle jusqu'à crever, si tu as prise sur nous !

Entrent ALONSO, SÉBASTIEN, ANTONIO, FERDINAND, GONZALO et autres.

ALONSO.

Bon bosseman, prenez bien garde. Où est le capitaine ? Comportez-vous en hommes !

LE BOSSEMAN.
Je vous en prie maintenant, restez en bas!
ALONSO.
Où est le capitaine, bosseman?
LE BOSSEMAN.
Ne l'entendez-vous pas? Vous gâtez notre ouvrage! Restez dans vos cabines; vraiment, vous assistez la tempête.
GONZALO.
Allons, c'est bon, ayez de la patience.
LE BOSSEMAN.
Oui, quand la mer en aura!... Hors d'ici! Qu'importe à ces rugisseurs le nom d'un roi?..... A la cabine! silence! ne nous troublez pas.
GONZALO.
Soit; pourtant rappelle-toi qui tu as à bord.
LE BOSSEMAN.
Il n'est personne que j'aime plus que moi-même. Vous êtes conseiller : si vous pouvez commander le silence à ces éléments et rétablir la paix ici, nous ne toucherons plus à une seule corde; usez de votre autorité. Si vous ne pouvez rien, soyez reconnaissant d'avoir vécu si longtemps, et préparez-vous dans votre cabine à la mauvaise chance, si elle arrive.
Aux Matelots.
Courage, mes petits cœurs!
A Gonzalo.
Hors de notre chemin, vous dis-je!

Il sort.
GONZALO.
Ce garçon-là me rassure grandement : il me semble qu'il n'a pas les symptômes de la noyade; il a la mine d'un pendu parfait. Tiens ferme, bonne Fortune, à sa pendaison! Fais de la corde qui lui est destinée un câble

qui nous sauve, car celui que nous avons là ne sert pas à grand'chose. Si cet homme n'est pas né pour être pendu, notre cas est misérable.

Ils sortent.

Rentre le Bosseman.

LE BOSSEMAN.

Descendez le mât de hune! lestement! plus bas, plus bas! Essayons de mettre à la cape avec la grande voile!

Cris dans l'intérieur.

Peste soit de ces hurlements! Ils font plus de bruit que la tempête et que notre manœuvre.

Rentrent Sébastien, Antonio *et* Gonzalo.

LE BOSSEMAN, *continuant.*

Encore! que faites-vous ici? Faut-il tout lâcher et nous noyer? Avez-vous envie de couler bas?

SÉBASTIEN.

La peste de votre gosier, aboyeur de blasphèmes, impitoyable chien!

LE BOSSEMAN.

Faites la besogne alors!

ANTONIO.

A la potence, mâtin! à la potence! fils de putain, insolent tapageur, nous avons moins peur d'être noyés que toi.

GONZALO.

Je lui garantis qu'il ne sera pas noyé, quand le navire ne serait pas plus fort qu'une coquille de noix et ferait eau autant qu'une fille en rut.

LE BOSSEMAN.

Virons de bord! présentez les deux basses voiles! au large! au large!

Entrent des Matelots tout mouillés.

LES MATELOTS.

Tout est perdu ! En prière ! en prière ! Tout est perdu !

Ils sortent.

LE BOSSEMAN.

Quoi ! nos bouches doivent-elles déjà se glacer ?

GONZALO.

— Le roi et le prince en prières ! joignons-nous à eux, — car notre cas est comme le leur.

SÉBASTIEN.

Ma patience est à bout.

ANTONIO.

— Ces ivrognes-là nous ont simplement escamoté la vie ! — Misérable braillard ! puisses-tu n'être plus qu'un noyé, — lavé par dix marées !

GONZALO.

Non ! il sera pendu, — quand chaque goutte d'eau jurerait le contraire — et s'entr'ouvrirait toute grande pour l'engloutir !

CRIS CONFUS DANS L'INTÉRIEUR.

Miséricorde !... — Nous nous brisons ! nous nous brisons !... Adieu, ma femme, mes enfants !... — Adieu, frère !... Nous nous brisons ! nous nous brisons ! nous nous brisons !

Le Bosseman sort.

ANTONIO.

— Abîmons-nous tous avec le roi.

Il sort.

SÉBASTIEN.

Prenons congé de lui.

Il sort.

GONZALO.

Je donnerais maintenant mille stades de mer pour un

acre de terre stérile : une longue lande, une bruyère rousse, n'importe quoi! Que les volontés d'en haut soient faites! Mais je voudrais bien mourir de mort sèche.

Il sort.

SCÈNE II

[L'île. — Devant la grotte de Prospero.]

Entrent Prospero et Miranda.

MIRANDA.

— Si c'est vous, mon père bien-aimé, qui par votre art — faites rugir ainsi les eaux furieuses, apaisez-les. — Il semble que le ciel verserait de la poix embrasée, — si la mer, montant à la joue du firmament, — n'en balayait la flamme. Oh! que j'ai souffert — avec ceux que j'ai vus souffrir! Un brave vaisseau, — qui sans doute portait de nobles créatures, — brisé en mille pièces! Oh! leur cri heurtait — jusqu'à mon cœur. Pauvres êtres! ils ont péri. — Si j'avais été un dieu puissant, j'aurais — enfoui l'Océan sous terre avant — qu'il eût ainsi englouti ce bon navire et — son chargement d'âmes.

PROSPERO.

Calmez-vous. — Plus d'alarmes! Dites à votre cœur compâtissant — qu'il n'est arrivé aucun malheur.

MIRANDA.

Oh! jour déplorable!

PROSPERO.

Aucun malheur. — Je n'ai rien fait que par amour pour toi, — pour toi, ma chérie, toi, ma fille, qui — ignores qui tu es, toi qui ne sais pas — d'où je suis et qui ne vois en moi — que Prospero, maître d'une misérable grotte, — ton père, et rien de plus.

MIRANDA.

En savoir davantage — n'est jamais entré dans ma pensée.

PROSPERO.

Il est temps — que je t'en apprenne plus long. Prête-moi ta main, — et ôte-moi mon magique vêtement... C'est cela.

Il met de côté son manteau que Miranda l'aide à ôter.

— Repose là, mon art!... Essuie tes yeux; console-toi. — Ce naufrage effrayant, dont le spectacle a ému — en toi la pure vertu de la pitié, — a été, grâce aux précautions de mon art, — si sûrement ordonné qu'aucune âme n'a péri. — Non, nul n'a perdu un cheveu, — de tous ces gens du navire que tu as entendus — crier, que tu as vus sombrer! Assieds-toi, — car il faut que tu en saches plus long.

MIRANDA.

Vous avez souvent — commencé à me dire ce que je suis; mais vous vous êtes arrêté, — et m'avez abandonnée à une inutile curiosité, — en finissant par me dire : Attends, pas encore!

PROSPERO.

L'heure est maintenant venue. — Voici le moment même qui t'invite à ouvrir l'oreille. — Obéis et sois attentive... Peux-tu te souvenir — du temps avant lequel nous sommes venus dans cette grotte? — Je ne le pense pas; car alors tu n'avais pas — trois ans.

MIRANDA.

Certainement, monsieur, je le puis.

PROSPERO.

— De quoi te souviens-tu? D'une autre maison, ou

d'une autre personne? — Fais-moi le portrait de quelque chose qui soit — resté dans ta mémoire.

MIRANDA.

C'est bien vague : — et plutôt comme un songe que comme une certitude — que ma mémoire garantisse. N'avais-je pas — autrefois quatre ou cinq femmes qui me servaient?

PROSPERO.

— Oui, Miranda, et plus même ; mais comment se fait-il — que tout cela vive encore dans ton esprit? Que vois-tu encore — dans le sombre fond et dans l'abîme du temps? — Si tu te souviens de quelque chose avant ta venue dans cette île, — tu peux te rappeler comment tu y vins.

MIRANDA.

Mais c'est ce que je ne peux pas.

PROSPERO.

— Il y a douze ans, Miranda, il y a douze ans, — ton père était le duc de Milan et — un prince puissant!

MIRANDA.

Monsieur, n'êtes-vous pas mon père?

PROSPERO.

— Ta mère était un modèle de vertu et — elle disait que tu étais ma fille. Ton père — était duc de Milan, et son unique héritière — était une princesse, rien de moins!

MIRANDA.

O cieux! — Quelle trahison nous a fait partir de là-bas? — ou quelle bénédiction?

PROSPERO.

L'une et l'autre, ma fille. — Une trahison, comme tu dis, nous a enlevés de là-bas, — mais une bénédiction nous a portés jusqu'ici.

MIRANDA.

Oh! mon cœur saigne, — quand je songe à ces douleurs, disparues de mon souvenir, — vers lesquelles je vous ai tourné! De grâce, continuez.

PROSPERO.

— Mon frère... ton oncle... il s'appelait Antonio... — Suis-moi bien, je te prie... Oh! qu'un frère ait — été si perfide! Lui qu'après toi-même — j'aimais le plus au monde! Lui à qui j'avais confié — le soin de mes États!... A cette époque, — de toutes les seigneuries la mienne était la plus haute, — et Prospero était le premier des ducs. Ainsi réputé le premier — en noblesse, je passais, dans les arts libéraux, — pour être sans égal. Ceux-ci étant toute mon occupation, — je rejetai le gouvernement sur mon frère, — et devins étranger à mes États, transporté, — enfoui que j'étais dans des études secrètes. Ton oncle, le traître!... — Me suis-tu?

MIRANDA.

Monsieur, avec toute mon attention.

PROSPERO.

— Ton oncle, une fois maître dans l'art d'accorder les faveurs — et de les refuser, sachant bien qui pousser et qui — élaguer, recréa toutes — les créatures qui étaient miennes : je veux dire qu'il les changea — ou les transforma. Ayant à la fois la clef — de l'employé et de l'emploi, il mit tous les cœurs — au ton qui plaisait à son oreille, si bien qu'il était désormais — le lierre qui cachait mon tronc princier — et qui suçait ma séve. Tu ne suis plus.

MIRANDA.

— Oh! si, mon bon seigneur.

PROSPERO.

— Je t'en prie, écoute-moi. Négligeant ainsi les fins mondaines pour me vouer — à la retraite et perfectionner mon esprit — dans cette science qui, si elle était moins abstruse, — serait plus appréciée que tous les biens populaires, j'éveillai dans mon déloyal frère — un mauvais instinct. Ma confiance, — trop bonne mère, enfanta de lui — une perfidie, aussi grande par contraste — que l'était ma confiance même, confiance illimitée, — foi sans bornes... Disposant ainsi — non-seulement de ce que mon revenu rapportait, — mais de ce que mon autorité pouvait exiger, il devint — comme quelqu'un qui, à force d'affirmer une fable, — a rendu sa mémoire pécheresse au point — de croire à son propre mensonge : il se persuada — qu'il était le duc, par droit de substitution, — et que, visible image de la royauté, — il en avait toutes les prérogatives. Par là son ambition — croissant... Tu entends?

MIRANDA.

Votre récit, monsieur, guérirait la surdité.

PROSPERO.

— Pour qu'il n'y ait plus de distinction entre le rôle qu'il joue — et le personnage même dont il joue le rôle, il faut qu'Antonio soit — maître absolu de Milan. Pour moi, pauvre homme, ma bibliothèque — est un duché assez vaste. A l'en croire, je ne suis pas fait — pour les royautés de ce monde. Il se ligue — (tant il est altéré de pouvoir!) avec le roi de Naples, — il consent à lui payer un tribut annuel, à lui faire hommage! — Il soumet son diadème à cette couronne, et abaisse — le duché inflexible jusque-là (hélas! pauvre Milan!) — à la plus ignoble révérence!

MIRANDA.

O ciel!

PROSPERO.

— Remarque les conditions de cette ligue et le résultat, et dis-moi — si ce pouvait être un frère.

MIRANDA.

Je pécherais — si je n'avais une noble opinion de ma

grand'mère : — de nobles matrices ont porté de mauvais fils.

PROSPERO.

Venons aux conditions : — Le roi de Naples, étant mon ennemi — invétéré, écoute la requête de mon frère ; — on convient qu'en retour des concessions susdites, — de l'hommage et de je ne sais quel tribut, — le roi m'extirpera immédiatement du duché, — moi et les miens, et conférera la belle Milan, — avec tous les honneurs, à mon frère. Sur ce, — une armée levée pour la trahison, au milieu d'une nuit — fixée pour le projet, ouvre à Antonio — les portes de Milan ; et, au milieu des ténèbres sépulcrales, — les exécuteurs désignés m'enlèvent — avec toi, toute en larmes !

MIRANDA.

O douleur ! — Moi qui ne me souviens pas combien je pleurais alors, — je me sens prête à pleurer de nouveau. Je ne sais quelle pression — tord mes yeux.

PROSPERO.

Écoute encore un peu, — et je vais t'amener à l'affaire — qui nous occupe aujourd'hui : sans quoi, mon récit — manquerait de conclusion.

MIRANDA.

Pourquoi ne nous firent-ils pas — périr sur l'heure ?

PROSPERO.

Bien demandé, fillette. — Mon récit provoque cette question. Chère, ils n'osèrent pas, — si tendre était l'amour que mon peuple me portait ! Ils — ne mirent pas de taches de sang sur l'affaire, mais — ils peignirent leur noir projet de plus belles couleurs. — Bref, on nous jeta à bord d'une barque ; — on nous transporta à quelques lieues en mer. Là on amena — la carcasse pourrie d'un bateau, sans agrès, — sans cordages, sans voiles, sans mât, que les rats eux-mêmes — avaient quittée instinctivement. Puis, on nous y hissa, — pour jeter nos cris à la mer qui rugissait sur nous et nos soupirs — aux vents dont les soupirs de pitié ne nous renvoyaient — qu'une funeste plainte.

MIRANDA.

Hélas! quel tourment — je fus alors pour vous!

PROSPERO.

Oh! tu fus le chérubin — qui me sauva! Tu souriais, — inspirée d'une fortitude céleste, — quand, couvrant la mer de mes larmes salées, — je gémissais sous mon fardeau. Et ton sourire me rendit — l'énergique patience de supporter — tout ce qui pouvait advenir.

MIRANDA.

Comment arrivâmes-nous au rivage?

PROSPERO.

— Grâce à la Providence divine! — Nous avions quelques vivres et un peu d'eau fraîche — qu'un noble Napolitain, Gonzalo, — ému de charité, (c'était celui qui était chargé — d'exécuter le projet,) nous avait donnés; ainsi que — de riches vêtements, du linge, des étoffes, des objets nécessaires, — qui, depuis, nous ont bien servi. Par générosité encore, — sachant combien j'aimais mes livres, il me fournit, — de ma propre bibliothèque, des volumes que — je prise plus que mon duché.

MIRANDA.

Puissé-je — un jour voir cet homme!

PROSPERO.

Maintenant, je me lève; — toi, reste assise, et écoute la fin de notre détresse maritime. — C'est ici, dans cette île, que nous arrivâmes. Ici, — moi, ton maître d'école, je t'ai donné de plus profitables leçons — que n'en peuvent recevoir d'autres princesses, ayant plus de temps — à donner à des frivolités et de moins vigilants précepteurs.

MIRANDA.

— Que le ciel vous en remercie! Et maintenant, de

grâce, seigneur, — (car j'en ai encore l'esprit frappé), votre motif — pour élever cette tempête?
PROSPERO.
Tu vas le savoir. — Par un accident fort étrange, la bienveillante fortune, — devenue ma chère protectrice, a conduit mes ennemis — sur ce rivage; et, grâce à ma prescience, — j'ai découvert que mon zénith relève d'un astre propice dont je dois invoquer — l'influence, sous peine de voir mes destins — décliner à jamais... Cesse ici tes questions. — Tu as envie de dormir. C'est un assoupissement salutaire; — laisse-le te gagner; tu n'es pas, je le sais, libre de le vaincre.

Miranda s'endort.

— Accours, serviteur, accours, me voici prêt. — Approche, mon Ariel, viens.

Entre [ARIEL.

ARIEL.
— Salut, grand maître! grave seigneur, salut! je viens — pour satisfaire ton meilleur désir : qu'il s'agisse de voler, — de nager, de plonger dans le feu, de chevaucher — sur les nuages frisés! A ton service impérieux emploie — Ariel et toute sa bande.

PROSPERO.
Esprit, as-tu — exécuté minutieusement la tempête que je t'ai commandée?

ARIEL.
De point en point. — J'ai abordé le vaisseau du roi : tantôt sur l'avant, — tantôt au centre, sur le pont, dans chaque cabine, — j'ai fait flamboyer l'épouvante. Parfois je me divisais — et je brûlais en différentes places : au mât de hune, — aux vergues, au beaupré, je me partageais en flammes distinctes, — puis me réunissais en une

seule. Les éclairs de Jupiter, précurseurs — des effrayants coups de tonnerre, ne sont pas plus rapides, — ni plus brusquement évanouis : le feu et le fracas — des rugissements sulfureux semblaient assiéger — le très-puissant Neptune et, en faisant trembler ses vagues hardies, — ébranler même son trident redouté.

PROSPERO.

Mon brave esprit! — y a-t-il eu quelqu'un d'assez ferme, d'assez vaillant pour que ce vacarme — n'altérât pas sa raison?

ARIEL.

Pas une âme — qui n'ait ressenti la fièvre de la folie et fait — des grimaces de désespoir. Tous, hormis les matelots, — ont plongé dans l'écume salée et quitté le vaisseau, — devenu tout flamme avec moi : le fils du roi, Ferdinand, — les cheveux dressés (plutôt comme des roseaux que comme des cheveux) — a sauté le premier en criant : *L'enfer est vide — et tous les diables sont ici!*

PROSPERO.

Ah! je reconnais là mon esprit! — Mais n'était-ce pas près de la côte?

ARIEL.

Tout près, maître.

PROSPERO.

— Mais, Ariel, sont-ils tous sains et saufs?

ARIEL.

Pas un cheveu n'a péri. — Leurs vêtements, qui les soutenaient, n'ont pas une tache — et n'en sont que plus frais... Ensuite, ainsi que tu me l'as dit, — je les ai dispersés en troupes dans l'île. — Quant au fils du roi, je l'ai débarqué seul; — je l'ai laissé refroidissant l'air de soupirs — dans un coin sauvage de l'île, et assis — les bras tristement croisés.

PROSPERO.

Du vaisseau du roi, — des marins, dis-moi, qu'as-tu fait, — ainsi que du reste de la flotte?

ARIEL.

En sûreté, dans un havre, — est le vaisseau du roi. Tu sais cette crique profonde où une fois — tu m'évoquas à minuit pour t'aller chercher de la rosée — des Bermudes aux éternelles tourmentes : il est caché là. — Les marins sont tous entassés sous les écoutilles; — et, par un charme joint à leur fatigue, — je les ai laissés endormis. Pour le reste des navires — que j'avais dispersés, ils se sont ralliés — et voguent sur le flot méditerranéen, — retournant tristement à Naples, — avec l'idée qu'ils ont vu naufrager le vaisseau du roi — et périr sa personne auguste.

PROSPERO.

Ariel, ta mission — est exactement remplie; mais il y a de la besogne encore. — A quel moment sommes-nous?

ARIEL.

Le milieu du jour est passé, — de deux sabliers au moins.

PROSPERO.

Le temps qui reste jusqu'au sixième — doit être précieusement employé par nous deux.

ARIEL.

— Encore du travail! Puisque tu me donnes tant de peine, — laisse-moi te rappeler la promesse — que tu n'as pas encore accomplie.

PROSPERO.

Eh bien! de l'humeur? — Que peux-tu demander?

ARIEL.

Ma liberté.

PROSPERO.

— Avant que le temps soit fini? Assez!

ARIEL.

Je t'en prie, — souviens-toi comme je t'ai dignement servi. — Je ne t'ai pas dit de mensonges ni fait de bévues; je t'ai obéi — sans rancune, sans murmure. Tu m'as promis — de me rabattre une année entière.

PROSPERO.

Oublies-tu — de quelle torture je t'ai délivré?

ARIEL.

Non.

PROSPERO.

— Si fait, car tu comptes — pour beaucoup de fouler le limon des profondeurs salées, — de courir sur le vent aigu du Nord, — et de faire mes commissions dans les veines de la terre, — quand elle est cuite par la gelée.

ARIEL.

Non, monsieur.

PROSPERO.

— Tu mens, être malin. As-tu oublié — la hideuse sorcière Sycorax, que l'envie et l'âge — courbaient en cerceau? L'as-tu oubliée?

ARIEL.

— Non, monsieur.

PROSPERO.

Si fait... Où est-elle née? Parle! dis-moi.

ARIEL.

— Monsieur, à Alger.

PROSPERO.

Oui-dà? Je suis forcé, — une fois par mois, de te raconter ce que tu étais : — tu l'oublies toujours. Cette damnée sorcière Sycorax, — pour nombre de méfaits, pour des sorcelleries terribles — à l'oreille humaine, fut, tu le sais, — bannie d'Alger : quelque chose qu'elle fit

— empêcha qu'on ne lui ôtât la vie. N'est-ce pas vrai?

ARIEL.

— Oui, monsieur.

PROSPERO.

Cette stryge à l'œil bleu fut amenée ici grosse — et laissée par les matelots. Toi, mon esclave, — ainsi que tu l'affirmes, tu étais alors son serviteur; — mais, comme tu étais un esprit trop délicat — pour accomplir ses ordres terrestres et abhorrés, — tu résistas à ses hautes volontés. Alors, — aidée de ministres plus puissants, — et animée de la plus implacable rage, — elle t'enferma dans le creux d'un pin. Ce fut dans cette crevasse — que, prisonnier, tu passas douloureusement — douze années. Pendant ce temps, elle mourut — et te laissa là, jetant au vent des gémissements — aussi répétés que les tours de roue d'un moulin. Alors, — excepté le fils qu'elle y avait mis bas, — un petit avorton tout roussi, cette île n'avait été honorée — d'aucune forme humaine.

ARIEL.

Si! Caliban! son fils!

PROSPERO.

— Être stupide, c'est ce que je dis : oui, ce Caliban — que je tiens maintenant à mon service... Tu sais très-bien — dans quels tourments je te trouvai : tes gémissements — faisaient hurler les loups et perçaient le cœur — des ours à jamais furieux; c'était un supplice — de damné, que Sycorax — ne pouvait plus terminer : ce fut mon art, — dès que je t'entendis après mon arrivée, qui fit bâiller — le pin et te délivra.

ARIEL.

Merci, maître.

PROSPERO.

— Si tu murmures encore, je fendrai un chêne — et

je te chevillerai à ses entrailles noueuses, jusqu'à ce que — tu aies hurlé douze hivers.

ARIEL.

Pardon, maître ! — Je serai prêt à tout commandement, — et je ferai gentiment mon métier d'esprit.

PROSPERO.

Fais-le, et dans deux jours — je t'affranchis.

ARIEL.

Voilà bien mon noble maître ! — Que dois-je faire ? Dites quoi. Que dois-je faire ?

PROSPERO.

— Va, change-toi en nymphe de la mer. Sujet — seulement à ton regard et au mien, sois invisible — à toute autre prunelle. Va, prends cette forme — et reviens ainsi. Pars, sois diligent.

Ariel sort.

PROSPERO, continuant, à Miranda.

— Éveille-toi, cher cœur, éveille-toi ! Tu as bien dormi. — Éveille-toi !

MIRANDA, s'éveillant.

L'étrangeté de votre histoire a mis — l'accablement en moi.

PROSPERO.

Secoue-le. Viens, — nous irons voir Caliban, mon esclave, qui jamais — ne nous accorde une réponse aimable.

MIRANDA.

Monsieur, c'est un vilain, — que je n'aime pas regarder.

PROSPERO.

Mais, tel qu'il est, — nous ne pouvons nous passer de lui : il fait notre feu, — va chercher notre bois et nous rend des services — utiles... Holà ! esclave ! Caliban ! — tas de terre ! parle donc, toi !

CALIBAN, dans l'intérieur.

Il y a assez de bois au logis.

PROSPERO.

— Avance, te dis-je! Tu as autre chose à faire. — Avance, tortue! viendras-tu?

Rentre ARIEL, semblable à une nymphe de la mer.

PROSPERO.

— Belle apparition! mon svelte Ariel, — un mot à ton oreille.

Il lui parle bas.

ARIEL.

Monseigneur, ce sera fait.

Il sort.

PROSPERO.

— Toi, esclave venimeux, enfant fait par le diable même (17) — à ta méchante mère, avance!

Entre CALIBAN.

CALIBAN.

— Qu'une rosée malfaisante comme celle que ma mère balayait — d'un marais malsain avec une plume de corbeau, — tombe sur vous deux! Qu'un vent du sud-ouest souffle sur vous — et vous couvre de tumeurs!

PROSPERO.

— Pour ceci, sois sûr que cette nuit tu auras des crampes, — des points de côté qui te couperont le souffle. Les hérissons, — pendant tout le temps de la nuit où ils peuvent travailler, — s'exerceront tous sur toi : tu seras criblé de piqûres — comme un rayon de miel, et chacune sera plus aiguë — que celle d'une abeille.

CALIBAN.

Il faut bien que je mange mon dîner. — Cette île est

à moi par Sycorax ma mère ; — tu me l'as prise... Lors de ton arrivée ici, — tu me caressais et me gâtais ; tu me donnais — de l'eau, avec des baies dedans ; et tu m'apprenais — à nommer la grosse et la petite lumière — qui brûlent le jour et la nuit ; et alors je t'aimai, — je te montrai toutes les ressources de l'île, — les ruisseaux d'eau douce, les bassins de saumure, les endroits arides et les fertiles. — Maudit sois-je de l'avoir fait !... Que tous les charmes — de Sycorax, crapauds, escarbots, chauves-souris fondent sur vous ! — Car je suis tous vos sujets, — moi qui étais mon propre roi, et vous me donnez pour souille — ce roc dur, tandis que vous m'enlevez — le reste de mon île.

PROSPERO.

Misérable menteur ! — sensible aux coups, non aux bienfaits ! je t'ai traité, — carogne que tu es, avec un soin humain, et je t'ai logé — dans ma propre grotte, jusqu'au jour où tu as essayé de violer — l'honneur de mon enfant.

CALIBAN.

Oho ! oho ! que n'ai-je réussi ! — Tu m'as empêché. Autrement, j'aurais peuplé — cette île de Calibans (18) !

PROSPERO.

Esclave abhorré — qui ne peux garder aucune empreinte de bonté, — étant capable de tout mal ! j'ai eu pitié de toi. — J'ai pris la peine de te faire parler, en t'enseignant à toute heure — une chose ou l'autre. Quand tu ne savais pas, sauvage, — ce que toi-même tu voulais dire, quand tu balbutiais — comme une brute, je donnais à tes pensés — les mots qui les faisaient connaître. Mais ta vile nature, — quoi que tu apprisses, était telle que de bonnes créatures — ne pouvaient en admettre le contact. Aussi as-tu été — justement confiné dans ce rocher, — toi qui aurais mérité plus qu'une prison !

CALIBAN.

— Vous m'avez appris votre langage : et le profit que j'en ai — est de savoir maudire. Que la peste rouge vous emporte, — pour m'avoir appris votre langue !

PROSPERO.

Graine de sorcière, hors d'ici ! — va nous chercher du combustible ; et dépêche-toi, tu feras bien, — pour venir prendre d'autres ordres... Tu hausses les épaules, coquin ? — Si tu négliges ou si tu fais de mauvaise grâce — ce que je commande, je te disloquerai avec de vieilles crampes, — je remplirai tous tes os de douleurs ; je te ferai hurler — au point que les bêtes trembleront à tes cris.

CALIBAN.

Non ! je t'en prie !

A part.

— Il faut obéir. Son art est si puissant — qu'il pourrait soumettre le dieu de ma mère, Setebos (19), — et en faire un vassal.

PROSPERO.

Allons, hors d'ici, esclave !

Caliban sort.

Rentre ARIEL, invisible, jouant de la musique et chantant.
FERDINAND le suit.

ARIEL, chantant.

Venez sur ces sables jaunes,
Et puis prenez-vous les mains.
Quand vous vous serez salués et baisés
Dans le silence des vagues sauvages,
Gambadez lestement çà et là ;
Et, doux esprits, entonnez le refrain.
Chut ! chut !

SCÈNE II.

VOIX ÉPARSES, chantant le refrain.

Ouh! ouh!

ARIEL.

C'est l'aboiement des chiens de garde.

LES MÊMES VOIX.

Ouh! ouh!

ARIEL.

Chut! chut! j'entends
La voix du coq qui se rengorge
En criant : *Cocorico!*

FERDINAND.

— Où cette musique peut-elle être? Dans l'air ou sur la terre? — Elle se tait. Sûrement, elle accompagne — quelque dieu de l'île. J'étais assis sur une plage, — pleurant encore le naufrage du roi mon père, — quand cette musique a glissé sur les eaux jusqu'à moi, — calmant et leur furie et ma douleur — par ses doux sons. C'est de là que je l'ai suivie — ou plutôt qu'elle m'a entraîné. Mais elle a cessé... — Non! elle recommence.

ARIEL, chantant.

Sous cinq brassées ton père gît :
Ses os se sont changés en corail.
Perles sont devenus ses yeux.
Tout ce qui de lui peut s'évanouir
A pris la forme marine
De quelque riche et étrange chose.
Des naïades sonnent son glas d'heure en heure.
Chut! je les entends.

VOIX, chantant le refrain.

Ding dong! vole!

FERDINAND.

— Cette ariette me rappelle mon père noyé. — Ce

n'est point là une œuvre humaine; pas un son — qui appartienne à la terre. Je l'entends maintenant au-dessus de moi.

PROSPERO, montrant Ferdinand à Miranda.

— Relève les rideaux frangés de tes yeux, — et dis ce que tu vois là-bas.

MIRANDA.

Qu'est-ce? un esprit? — Seigneur, comme il regarde autour de lui! croyez-moi, monsieur, — il porte une superbe forme. Mais c'est un esprit.

PROSPERO.

— Non, fillette : il mange, et dort, et a des sens — comme les nôtres. Ce galant que tu vois — était dans le naufrage. S'il n'était pas un peu flétri — par la douleur, ce cancer de la beauté, tu pourrais le nommer — une belle créature. Il a perdu ses compagnons, — et il erre en tous sens pour les trouver.

MIRANDA.

Je pourrais l'appeler — un être divin; car dans la nature — je n'ai jamais rien vu de si noble.

PROSPERO, à part.

La chose marche, je le vois, — suivant l'inspiration de mon cœur. Esprit, bel esprit, je t'affranchirai — dans deux jours pour cela.

FERDINAND, apercevant Miranda.

Bien sûr, voilà la déesse — qu'accompagnent ces chants!.. Daignez faire savoir — à ma prière si vous restez sur cette île, — et m'indiquer par quelque charitable instruction — comment je dois vivre ici. Ma requête première, — je vous l'adresse la dernière : O merveille, — êtes-vous, ou non, une vierge mortelle?

MIRANDA.

Merveille, non, — mais vierge, oui certes.

FERDINAND.

Ma langue! ciel! — Je serais le premier de ceux qui la parlent — si j'étais là où elle est parlée.

PROSPERO.

Comment! le premier? — Que serais-tu, si le roi de Naples t'entendait?

FERDINAND.

— Un simple mortel, comme je le suis en ce moment, tout étonné — de t'entendre parler de Naples. Le roi m'entend, — et voilà pourquoi je pleure. C'est moi qui suis le souverain de Naples, — puisque mes yeux, qui n'ont pas encore eu de reflux, ont vu — naufrager le roi mon père.

MIRANDA.

Hélas! miséricorde!

FERDINAND.

— Oui, vraiment, et avec lui tous ses nobles. Le duc de Milan — et son noble fils ont aussi disparu.

PROSPERO.

Le duc de Milan — et sa fille plus noble encore pourraient te contredire — au besoin.

A part.

Dès la première vue — ils ont échangé des regards.... Délicat Ariel, — je t'affranchirai pour ça.

Haut, à Ferdinand.

Un mot, mon bon monsieur. — Je crains que vous ne vous soyez un peu compromis. Un mot!

MIRANDA.

— Pourquoi mon père parle-t-il si durement? C'est — le troisième homme que j'aie jamais vu, le premier — pour qui j'aie jamais soupiré. Puisse la pitié émouvoir mon père — dans le sens de mon inclination!

FERDINAND.

Oh! si vous êtes une vierge, — et si votre affection n'a pas déjà pris son essor, je vous ferai — reine de Naples.

PROSPERO.

Doucement, monsieur. Un mot encore.

A part.

— Les voilà au pouvoir l'un de l'autre; mais rendons malaisée — cette rapide affaire, de peur qu'une lutte trop légère — ne fasse le prix trop léger.

Haut, à Ferdinand.

Un mot encore : je te somme — de m'obéir : tu usurpes ici — un nom qui n'est pas à toi. Tu t'es introduit — dans cette île, comme un espion, pour me la prendre, — à moi qui en suis le seigneur.

FERDINAND.

Non, aussi vrai que je suis homme.

MIRANDA.

— Rien de mal ne peut habiter dans un tel temple. — Si le mauvais esprit avait une si belle demeure, — les bonnes choses tâcheraient de s'y loger avec lui.

PROSPERO, à Ferdinand.

— Suis-moi.

A Miranda.

Ne me parle pas pour lui : c'est un traître.

A Ferdinand.

Viens. — Je vais river ensemble ton cou et tes pieds. — Tu boiras de l'eau de mer. Tu auras pour nourriture — les moules des ruisseaux, les racines desséchées, et les cosses — où les glands ont été bercés... Suis-moi.

FERDINAND.

Non. — Je résisterai à un tel traitement, jusqu'à ce que — mon ennemi ait prouvé un pouvoir supérieur.

Il tire son épée.

MIRANDA.

O cher père, — ne le soumettez pas à un trop rude défi, car - il est noble et n'a pas peur.

PROSPERO.

Quoi! mon talon — serait mon chef!... Relève ton épée. — Tu fais mine de frapper, mais tu n'oses pas, tant ta conscience — est obsédée de remords! Ne reste pas en garde, — car je puis te désarmer avec ce bâton-ci, — et faire tomber ton arme.

MIRANDA.

Je vous supplie, mon père!

PROSPERO.

— Arrière! ne te pends pas à mes vêtements.

MIRANDA.

Monsieur, ayez pitié! — Je serai sa caution!

PROSPERO.

Silence! un mot de plus — t'attire ma colère, sinon ma haine. Quoi! — ce plaidoyer pour un imposteur! Chut! — Tu crois qu'il n'y a plus d'êtres faits comme lui, — n'ayant vu que lui et Caliban. Folle fille! — C'est un Caliban près de la plupart des hommes, — et près de lui ce sont des anges!

MIRANDA.

Mes affections — sont alors des plus humbles. Je n'ai pas l'ambition — de voir un homme plus beau.

PROSPERO, à Ferdinand.

Allons, obéis! — tes nerfs sont redevenus ceux de l'enfance — et n'ont plus de vigueur.

FERDINAND.

C'est vrai! — Mes esprits sont tous enchaînés comme dans un rêve. — La perte de mon père, la faiblesse que je ressens, — le naufrage de tous mes amis, les menaces de cet homme, — à qui je suis asservi, seraient pour moi chose légère, — si je pouvais seulement, une fois par jour, de ma prison, — contempler cette vierge. Que la liberté dispose alors — de tous les autres coins de la terre! J'aurais assez de place, moi, — dans ma prison.

PROSPERO.

L'œuvre marche.
    A Ferdinand.
Viens.
    A part à Ariel.
— Tu as bien travaillé, bel Ariel !
    Haut, à Ferdinand et à Miranda.
Suivez-moi.
    A part, à Ariel.
— Écoute ce que tu vas me faire encore.

MIRANDA, bas à Ferdinand.

Rassurez-vous, — mon père est de meilleure nature, monsieur, — qu'il ne le semble en paroles. Ces procédés-là — ne lui sont pas habituels.

PROSPERO, à Ariel.

Tu seras aussi libre — que les vents de la montagne. Mais exécute — mon commandement de point en point.

ARIEL.

A la lettre.

PROSPERO, à Ferdinand.

— Viens, suis-moi.
    A Miranda.
Ne me parle plus pour lui.

                                    Ils sortent.

SCÈNE III

[Une autre partie de l'île.]

Entrent ALONSO, SÉBASTIEN, ANTONIO, GONZALO, ADRIEN, FRANCISCO, et autres.

GONZALO, à Alonso.

— Je vous en supplie, seigneur, soyez gai : vous avez, — comme nous, sujet d'être joyeux ; car notre perte — est peu de chose auprès de notre salut. Notre sujet de tristesse

SCÈNE III.

— se voit communément : chaque jour, la femme d'un marin, — le patron d'un navire marchand, le marchand lui-même — ont juste notre thème de douleur. Mais quant au miracle — de notre préservation, bien peu sur des millions — pourraient raconter le pareil. Donc, bon seigneur, mettons sagement — la consolation en balance avec le chagrin.

ALONSO.

Paix, je te prie !

SÉBASTIEN.

Il accueille la consolation comme un potage froid.

ANTONIO.

Le consolateur ne l'en lâchera pas plus vite.

SÉBASTIEN.

Regardez, il monte l'horloge de son esprit : dans un instant, elle va sonner.

GONZALO.

Seigneur...

SÉBASTIEN.

Un coup !

GONZALO, à Alonso.

— Quand tout chagrin qui se présente est ainsi entretenu, — savez-vous ce qu'on en recueille ?

SÉBASTIEN.

Des dollars !

GONZALO.

Des douleurs !

A Sébastien.

Vous avez dit plus vrai que vous ne pensiez.

SÉBASTIEN.

Vous avez relevé la chose plus adroitement que je ne voulais.

GONZALO, à Alonso.

Ainsi, monseigneur...

ANTONIO.

Fi! qu'il est prodigue de sa langue!

ALONSO, à Gonzalo.

De grâce, épargne-moi.

GONZALO.

Soit! j'ai fini, mais pourtant...

SÉBASTIEN, bas à Antonio.

Il va encore parler.

ANTONIO, bas à Sébastien.

Un bon pari à faire! Qui de lui ou d'Adrien chantera le premier?

SÉBASTIEN.

Ce sera le vieux coq.

ANTONIO.

Ce sera le jeune coq.

SÉBASTIEN.

Allons! que parions-nous?

ANTONIO.

Un éclat de rire.

SÉBASTIEN.

Je tiens.

ADRIEN, à Alonso.

Quoique cette île semble déserte...

SÉBASTIEN, riant.

Ha! ha! ha!

ANTONIO, à Sébastien.

C'est bien, vous avez payé.

ADRIEN, à Alonso.

Inhabitable et presque inaccessible...

SÉBASTIEN, devançant Adrien.

Pourtant...

ADRIEN, à Alonso.

Pourtant...

SCÈNE III. 215

ANTONIO.

Il ne pouvait manquer le mot.

ADRIEN, à Alonso.

Le climat doit y être tempéré, subtil et délicat.

ANTONIO.

La délicatesse va bien avec la tempérance.

SÉBASTIEN.

Oui, et la subtilité, comme il l'a déclaré fort savamment.

ADRIEN, à Alonso.

L'air nous caresse ici du souffle le plus suave.

SÉBASTIEN.

Comme s'il avait les poumons pourris.

ANTONIO.

Ou comme s'il était parfumé par un marais.

GONZALO, à Alonso.

Ici se trouve toute chose favorable à la vie.

ANTONIO.

C'est vrai, hormis les moyens de vivre.

SÉBASTIEN.

Il n'y en a pas ou il n'y en a guère.

GONZALO, à Alonso.

Comme l'herbe paraît vivace et luxuriante! comme elle est verte!

ANTONIO.

C'est vrai, la terre est jaune.

SÉBASTIEN.

Avec un œil de vert.

ANTONIO.

Il ne se trompe pas de beaucoup.

SÉBASTIEN.

Non, il ne se trompe que totalement.

GONZALO, à Alonso.

Mais la merveille de tout ceci, celle qui est presque incroyable...

SÉBASTIEN.

Comme beaucoup de merveilles garanties.

GONZALO.

C'est que nos vêtements, après avoir été trempés dans la mer, gardent néanmoins leur fraîcheur et leur éclat, et sont plutôt teints à neuf que tachés par l'eau salée.

ANTONIO.

Si seulement une de ses poches pouvait parler, ne dirait-elle pas qu'il ment?

SÉBASTIEN.

Oui, à moins qu'elle n'empochât le mensonge.

GONZALO, à Alonso.

Nos vêtements sont aussi frais, ce me semble, que quand nous les mîmes pour la première fois en Afrique au mariage de la fille du roi, la belle Claribel, avec le roi de Tunis.

SÉBASTIEN.

Ç'a été un mariage bien agréable et nous avons beaucoup de chance au retour!

ADRIEN, à Alonso.

Jamais Tunis ne fut honorée d'une reine aussi accomplie.

GONZALO.

Non, depuis le temps de la veuve Didon.

ANTONIO, s'emportant.

La veuve? que la vérole l'étouffe! D'où donc sort cette veuve-là? La veuve Didon!

SÉBASTIEN, à Antonio.

Eh bien, quand il aurait dit qu'Énée aussi était veuf? Comme vous prenez cela, bon Dieu!

ADRIEN, à Gonzalo.

Veuve Didon, dites-vous? Vous m'y faites songer : elle était de Carthage et non de Tunis.

GONZALO, à Adrien.

Cette Tunis-là, monsieur, était jadis Carthage.

ADRIEN.

Carthage?

GONZALO.

Carthage, je vous assure.

ANTONIO, à Sébastien.

Sa parole est plus puissante que la harpe miraculeuse (20).

SÉBASTIEN, à Antonio.

Elle a élevé non-seulement les murailles, mais les maisons.

ANTONIO.

Quelle est la chose impossible qu'il va improviser maintenant?

SÉBASTIEN.

Je crois qu'il va emporter l'île chez lui, dans sa poche, et la donner à son fils comme une pomme.

ANTONIO.

Dont il sèmera les pépins dans la mer et fera pousser d'autres îles.

GONZALO, à Antonio.

Plaît-il?

ANTONIO.

A la bonne heure.

GONZALO, à Alonso.

Seigneur, nous disions donc que nos vêtements semblent maintenant aussi frais que quand nous étions à Tunis, au mariage de votre fille qui est maintenant reine.

ANTONIO, à Sébastien.

Et la plus accomplie qui soit jamais allée là.

SÉBASTIEN.

Exceptez, je vous en supplie, la veuve Didon.

ANTONIO.

Ah! la veuve Didon? oui, la veuve Didon!

GONZALO, à Alonso.

Seigneur, mon pourpoint n'est-il pas aussi frais que la première fois où je le portai? je veux dire, en quelque sorte.

ANTONIO, à Sébastien.

Cette sorte-là a été bien pêchée.

GONZALO.

Vous savez, quand je le portai aux noces de votre fille...

ALONSO.

— Vous me bourrez les oreilles de paroles qui sont indigestes — à ma pensée. Plût au ciel que je n'eusse jamais — marié ma fille dans ce pays! Car c'est en en revenant — que j'ai perdu mon fils; et elle, j'en suis sûr, — reléguée comme elle l'est loin de l'Italie, — je ne la reverrai non plus jamais... O toi, mon héritier — de Naples et de Milan, de quel étrange poisson — as-tu fait le repas?

FRANCISCO.

Seigneur, il se peut qu'il vive. — Je l'ai vu fouetter les lames sous lui — et chevaucher sur leur croupe. Il avançait sur l'eau — dont il refoulait les fureurs, opposant sa poitrine — aux plus grosses vagues qu'il rencon-contrait; il gardait — sa tête hardie au-dessus des flots ennemis, et, de ses bras forts, — ramait lui-même à coups vigoureux — vers le rivage qui, penché sur sa base battue de houle, — semblait s'incliner pour le se-

SCÈNE III.

courir. Je ne doute pas — qu'il ne soit arrivé vivant à terre.

ALONSO.

Non, non, il n'est plus.

SÉBASTIEN, à Alonso.

— Seigneur, vous pouvez vous remercier vous-même de cette grande perte. — Plutôt que de faire de votre fille les délices de notre Europe, — vous avez préféré la perdre aux bras d'un Africain — et la bannir ainsi, tout au moins, de vos yeux — qui n'ont que trop sujet d'en pleurer.

ALONSO.

Paix, je t'en prie.

SÉBASTIEN.

— Tous, nous nous sommes mis à vos genoux, nous vous avons importuné — de toutes manières. Elle-même, cette belle âme, — mettant en balance son aversion et son obéissance, ne savait — de quel côté du fléau pencher. Nous avons perdu votre fils, — je le crains, pour toujours. Milan et Naples ont — plus de veuves par suite de cette affaire — que nous ne ramenons d'hommes pour les consoler. — La faute en est à vous.

ALONSO.

A moi aussi la plus cruelle perte !

GONZALO.

Monseigneur Sébastien, — votre franc parler manque un peu de douceur — et d'à-propos. Vous frottez la plaie, — quand vous devriez y mettre un emplâtre.

SÉBASTIEN.

Ceci est fort bien dit !

ANTONIO.

— Et très-chirurgical.

GONZALO, à Alonso.

— Il fait bien vilain temps pour nous tous, bon seigneur, — quand vous êtes nébuleux.

SÉBASTIEN, à Antonio.

Vilain temps!

ANTONIO.

Très-vilain.

GONZALO, à Alonso.

— Si j'avais la colonisation de cette île, mon seigneur...

ANTONIO, à Sébastien.

— Il y sèmerait des orties.

SÉBASTIEN.

Des bardanes ou des mauves.

GONZALO, à Alonso.

— Et, si j'en étais le roi, savez-vous ce que je ferais?

SÉBASTIEN, à Antonio.

— Il esquiverait l'ivresse, faute de vin.

GONZALO, à Alonso.

— Dans ma république, je ferais au rebours — toute chose : aucune espèce de trafic — ne serait permise par moi. Nul nom de magistrat, — nulle connaissance des lettres, ni richesse, ni pauvreté, — nul usage de service; nul contrat, nulle succession; — pas de bornes, pas d'enclos, pas de champ labouré, pas de vignobles. — Nul usage de métal, de blé, de vin, ni d'huile. — Nulle occupation : tous les hommes désœuvrés, tous! — Et les femmes aussi! mais elles, innocentes et pures! — Point de souveraineté (21)...

SÉBASTIEN, à Antonio.

Et cependant il en serait le roi. —

ANTONIO.

La conclusion de sa république en oublie le préambule.

GONZALO.

— Tout en commun! la nature produirait — sans sueur ni effort. Je n'aurais ni trahison, ni félonie, — ni épée, ni pique, ni couteau, ni mousquet, ni besoin d'aucun engin. — Mais ce serait la nature qui produirait — par sa propre fécondité tout à foison, tout en abondance — pour nourrir mon peuple innocent.

SÉBASTIEN, à Antonio.

Pas de mariage parmi ses sujets?

ANTONIO.

— Non, mon cher. Tous fainéants! putains et chenapans!

GONZALO, à Alonso.

— Je gouvernerais avec une telle perfection, seigneur, — que l'âge d'or serait dépassé.

SÉBASTIEN.

Dieu garde sa majesté!

ANTONIO.

— Vive Gonzalo!

GONZALO, à Alonso.

Et... me suivez-vous, seigneur? —

ALONSO.

Je t'en prie, assez! tu ne me parles que de riens.

GONZALO.

Je crois volontiers votre altesse, et je voulais seulement prouver à ces messieurs, qui ont les poumons si sensibles et si agiles, qu'ils sont toujours prêts à rire de rien.

ANTONIO.

C'est de vous que nous avons ri.

GONZALO.

En fait de bouffonnerie, près de vous que suis-je? rien. Vous pouvez donc continuer, c'est toujours de rien que vous rirez.

ANTONIO.

Quel coup il a donné là!

SÉBASTIEN.

C'est dommage qu'il soit tombé à plat.

GONZALO, à Antonio et à Sébastien.

Vous êtes des gentilshommes d'intrépide humeur. Vous enlèveriez la lune de sa sphère, si elle y restait cinq semaines sans changer.

Entre ARIEL, *invisible. Musique solennelle.*

SÉBASTIEN.

Oui certes, et puis nous irions à la chasse aux chauves-souris.

ANTONIO, à Gonzalo.

Là, mon bon seigneur, ne vous fâchez pas.

GONZALO.

Non, je vous le garantis. Je ne compromets pas si futilement ma gravité; vous pouvez rire de moi jusqu'à m'endormir; car je me sens déjà tout appesanti.

ANTONIO.

Allons, dormez en nous écoutant.

Tous s'endorment, excepté Alonso, Sébastien et Antonio.

ALONSO.

— Quoi! tous si vite endormis! Puissent mes yeux — ne pas se clore sans clore mes pensées! Je les sens — disposés à se fermer.

SÉBASTIEN.

De grâce, seigneur, — ne repoussez pas l'accablement du sommeil. — Il visite rarement la douleur; quand il le fait, — c'est pour la consoler.

ANTONIO.

Nous deux, monseigneur, — nous garderons votre personne, tandis que vous prendrez du repos, — et nous veillerons à votre sûreté.

ALONSO.
Merci. Quel accablement étrange!

Alonso s'endort, Ariel sort.

SÉBASTIEN.
— Quelle singulière léthargie les possède!

ANTONIO.
— C'est l'influence du climat.

SÉBASTIEN.
Pourquoi — ne ferme-t-elle pas aussi nos paupières? Je ne me sens pas — disposé à dormir.

ANTONIO.
Ni moi. Mon esprit est allègre. — Ils sont tous tombés comme d'un commun accord. — Ils ont été comme abattus d'un coup de foudre... Quelle chance, — digne Sébastien! Oh! quelle chance!... Assez! — Et pourtant, ce me semble, je vois sur ta face — ce que tu devrais être. L'occasion te parle, et — ma forte imagination voit une couronne — se poser sur ta tête.

SÉBASTIEN.
Voyons, es-tu éveillé?

ANTONIO.
— Est-ce que tu ne m'entends pas parler?

SÉBASTIEN.
Si fait; mais à coup sûr — c'est le langage du rêve que tu parles — tout éveillé. Qu'est-ce que tu as dit? — Étrange repos de dormir ainsi — les yeux tout grands ouverts! Être debout, parler, remuer, — et pourtant dormir si profondément!

ANTONIO.
Noble Sébastien, tu laisses — ta fortune dormir ou plutôt mourir! Tu fermes les yeux, — toi, tout éveillé.

SÉBASTIEN.
Toi, tu ronfles distinctement; — tes ronflements ont un sens.

ANTONIO.

— Je suis plus sérieux que d'habitude. Tu — dois l'être aussi, si tu m'écoutes; fais-le, — et tu triples ta grandeur.

SÉBASTIEN.

Bien! je suis une eau stagnante.

ANTONIO.

— Je ferai monter ton flot.

SÉBASTIEN.

Fais-le, car ma paresse — héréditaire le dispose à reculer.

ANTONIO.

Oh! — si vous saviez combien vous caressez mon projet — par votre raillerie même! combien, en le déshabillant, — vous le parez! Les hommes qui reculent — sont bien souvent entraînés au fond de l'abîme — par leur crainte ou par leur paresse.

SÉBASTIEN.

Je t'en prie, poursuis. — La contraction de tes yeux et de tes joues annonce — que quelque chose va sortir de toi; mais, en vérité, — l'accouchement t'est fort pénible.

ANTONIO.

Voici, monsieur.

Montrant Gonzalo.

— Quoique ce seigneur au faible souvenir — (sa mémoire sera moins bien conservée encore, — quand il sera enterré,) ait tout à l'heure, — (car c'est un esprit persuasif par état,) — presque persuadé au roi que son fils est vivant, il est impossible — que le prince ne soit pas noyé, comme il est impossible — que cet homme, endormi là, nage.

SÉBASTIEN.

Je n'ai pas l'espoir — qu'il n'est pas noyé.

ANTONIO.

Oh! quel immense espoir — est pour vous ce défaut d'espoir! Il y a dans ce désespoir — un espoir si élevé que l'ambition — elle-même ne peut pas le dépasser du regard — et doute même de l'atteindre... M'accordez-vous — que Ferdinand est noyé?

SÉBASTIEN.

Il n'est plus.

ANTONIO.

Alors, dites-moi — quel est le plus proche héritier de Naples?

SÉBASTIEN.

Claribel.

ANTONIO.

— Elle qui est reine de Tunis! elle qui habite — dix lieues par delà une vie d'homme! elle qui, — à moins d'avoir le soleil pour courrier, — (car l'homme de la lune est trop lent,) ne peut avoir — de nouvelles de Naples avant qu'un menton nouveau-né — soit assez rude pour le rasoir! Elle que nous n'avons quittée — que pour être tous engloutis par la mer,... sauf quelques échappés, — destinés à figurer dans un acte — dont le prologue est ce qui s'est passé et dont le dénoûment futur — dépend de vous et de moi!

SÉBASTIEN.

Que signifie ce fatras? Que voulez-vous dire? — Il est vrai que la fille de mon frère est reine de Tunis, — qu'elle est aussi l'héritière de Naples, et qu'entre ces deux pays — il y a une certaine distance.

ANTONIO.

Une distance dont chaque coudée — semble crier: Comment cette Claribel nous franchira-t-elle — pour retourner à Naples? Qu'elle reste à Tunis, — et que Sébastien s'éveille!... Supposez que ce fût la mort — qui les

eût saisis; eh bien, ils n'en seraient pas plus mal —
qu'ils ne sont.

Montrant Alonso.

Il y aurait quelqu'un pour gouverner Naples — aussi
bien que ce dormeur; et des seigneurs pour jaser —
aussi abondamment et aussi inutilement — que ce Gonzalo : je pourrais moi-même faire — une pie aussi profondément bavarde... Oh! si vous portiez — une âme
comme la mienne! comme ce sommeil servirait — à
votre avancement!... Me comprenez-vous?

SÉBASTIEN.

— Oui, il me semble.

ANTONIO.

Et avec quelle satisfaction — accueillez-vous votre
bonne fortune?

SÉBASTIEN.

Je me souviens — que vous avez supplanté votre frère
Prospero.

ANTONIO.

C'est vrai. — Aussi voyez comme mes vêtements me
vont bien! — beaucoup plus élégants qu'auparavant!
Les sujets de mon frère — étaient mes égaux alors; ce
sont mes gens à présent.

SÉBASTIEN.

— Mais votre conscience?

ANTONIO.

Bah! monsieur, où placez-vous ça? Si c'était une engelure, — elle me retiendrait dans mes pantoufles; mais
je ne sens pas — cette divinité-là dans mon cœur. Y eût-il vingt consciences — de glace interposées entre Milan et
moi, — elles fondraient avant de me gêner... Ici gît
votre frère; — il ne vaudrait pas mieux que la terre où
il repose, — s'il était en réalité ce qu'il est en apparence.
Je puis, — avec trois pouces seulement de cet acier

SCÈNE III.

obéissant, — le mettre au lit pour toujours; tandis que, faisant de même,

Montrant Gonzalo.

Vous pourriez fermer à jamais les yeux — de ce vieux débris, de ce sire Prudence, qui alors — ne nous reprocherait pas notre procédé... Quant à tous les autres, — ils accepteront notre inspiration, comme un chat boit du lait; — ils marqueront la minute à toute affaire — dont nous déclarerons l'heure venue.

SÉBASTIEN.

Ton exemple, cher ami, — me servira de précédent : comme tu as obtenu Milan, — je gagnerai Naples. Tire ton épée : un coup — t'affranchira du tribut que tu payes, — et moi, le roi, je t'aimerai.

ANTONIO.

Dégaînons ensemble. — Et, quand je lèverai le bras, vous, faites de même, — et tombez sur Gonzalo.

SÉBASTIEN.

Oh! un mot encore.

Ils se parlent à l'écart.

Musique. Rentre ARIEL invisible.

ARIEL.

— Mon maître a prévu par son art le danger — qui menace ici ses amis, et il m'envoie — (autrement son projet périrait) pour leur sauver la vie.

Il chante à l'oreille de Gonzalo.

Tandis que vous gisez ici ronflant,
La conspiration a l'œil ouvert
Et choisit son moment.
Si de la vie vous avez souci,
Secouez ce sommeil et prenez garde.
Éveillez-vous! Éveillez-vous!

ANTONIO.

Alors, dépêchons-nous tous deux!

GONZALO.

Bons anges, sauvez le roi!

Tous s'éveillent.

ALONSO.

— Eh bien! qu'y a-t-il? holà! Éveillez-vous! Pourquoi ces épées nues? — Pourquoi cette mine spectrale?

GONZALO.

De quoi s'agit-il?

SÉBASTIEN.

— Tandis que nous nous tenions ici, veillant sur votre repos, — nous venons d'entendre comme une explosion sourde de cris — de taureaux ou plutôt de lions. Est-ce que ce bruit ne vous a pas réveillés? — Il a frappé mon oreille épouvantablement.

ALONSO.

Je n'ai rien entendu.

ANTONIO.

— Oh! c'était un vacarme à effrayer l'oreille d'un monstre, — à faire un tremblement de terre! Pour sûr, c'étaient les rugissements — de tout un troupeau de lions.

ALONSO.

Avez-vous entendu, Gonzalo?

GONZALO.

— Sur mon honneur, seigneur, j'ai entendu un bourdonnement, — et très-étrange encore, qui m'a réveillé. — Je vous ai secoué et j'ai crié... Comme mes yeux s'ouvraient, — j'ai vu leurs épées tirées... Il y avait du bruit, — c'est la vérité. Le mieux est de nous tenir sur nos gardes — ou de quitter cette place. Tirons nos épées.

ALONSO.

— Ouvre la marche, et faisons de nouvelles recherches — pour trouver mon pauvre fils.

GONZALO.

Le ciel le préserve de ces bêtes féroces! — Car, pour sûr, il est dans l'île.

ALONSO.

Marche!

ARIEL, à part.

— Prospero, mon maître, saura ce que j'ai fait. — Allons! roi, va, sain et sauf, à la recherche de ton fils.

Ils sortent.

SCÈNE IV

(Une autre partie de l'île).

Bruit de tonnerre.

Entre CALIBAN *avec une charge de bois.*

CALIBAN.

— Que tous les miasmes que le soleil aspire — des fondrières, des marais, des bas-fonds, tombent sur Prospero et fassent de lui — une plaie épaisse d'un pouce!... Ses esprits m'écoutent, — et pourtant il faut que je le maudisse. Eux ne voudraient pas me pincer, — m'effrayer de leurs mines de hérissons, me plonger dans la mare, — ni m'égarer par des feux follets dans les ténèbres, — sans que Prospero le leur ordonnât; mais, — pour la moindre vétille, il les lance sur moi, — tantôt sous forme de singes qui me font la grimace en grinçant — et me mordent ensuite, tantôt sous forme de porcs-épics — se roulant sur la route où je vais pieds nus, et dressant — leurs pointes sous mes pas. D'autres fois, je suis — tout étreint par des serpents qui, avec leurs langues fourchues, — me sifflent à me rendre fou... Tenez! justement! Là!

Entre TRINCULO.

— Voici un de ses esprits ! Il vient me tourmenter — pour avoir apporté mon bois si lentement. Jetons-nous à plat ventre ; — peut-être ne me remarquera-t-il pas. —

TRINCULO.

Il n'y a ici ni buisson ni arbrisseau pour se mettre à l'abri. Et voici un nouvel orage qui se brasse là-haut ; je l'entends chanter dans le vent. Ce nuage noir, ce gros là-bas, ressemble à une sale barrique qui va répandre sa liqueur. S'il tonnait encore comme tantôt, je ne sais pas où je cacherais ma tête : ce nuage ne peut manquer de tomber à plein seau.

Il heurte Caliban.

Qu'avons-nous là ? Un homme ou un poisson ? mort ou vif ?... C'est un poisson : il sent le poisson ; une odeur rance de vieux poisson. C'est une espèce de cabillaud qui n'est pas des plus frais. Un étrange poisson ! Si je retournais en Angleterre (j'y suis allé une fois) et que j'eusse ce poisson, ne fût-ce qu'en peinture, il n'y aurait pas de badaud de la foire qui ne me donnât sa pièce d'argent. Dans ce pays-là, ce monstre ferait un homme riche. Toute bête étrange y fait un homme riche. Ces gens-là ne donneraient pas un denier pour secourir un mendiant boiteux, et ils en donneraient dix pour voir un Indien mort... Il a des jambes comme un homme ! Et il a des nageoires comme des bras !... Chaud, ma parole !... Je renonce maintenant à mon opinion, je la lâche. Ce n'est pas un poisson, mais un insulaire que tantôt le tonnerre aura frappé.

Il tonne.

Hélas ! Voilà l'orage qui revient. Ce que j'ai de mieux à faire est de me fourrer sous sa souquenille : il n'y a pas d'autre abri aux alentours.

Il se fourre sous la casaque de Caliban.

SCÈNE IV. 231

Le malheur donne à un homme d'étranges compagnons de lit. Je vais m'ensevelir ici jusqu'à ce que l'orage ait jeté sa lie.

Entre STEPHANO, *chantant, une bouteille à la main.*

STEPHANO.

Je n'irai plus en mer, en mer !
Je veux mourir ici, à terre.

C'est un air fort graveleux à chanter aux funérailles d'un homme ; mais voici qui me réconforte.

Il boit.

Le patron, le balayeur, le bosseman et moi,
Le canonnier et son aide,
Nous aimions Mall, Meg, Marianne et Margery,
Mais aucun de nous ne se souciait de Kate.
Car elle avait la langue pointue ;
Elle criait aux matelots : Va te faire pendre !
Elle n'aimait pas la saveur du goudron ni de la poix.
Mais un tailleur pouvait la gratter où ça la démangeait.
Allons ! en mer, enfants !
Et qu'elle aille se faire pendre !

C'est un air graveleux, décidément. Mais voici qui me réconforte.

Il boit.

CALIBAN.

— Ne me tourmente pas. Holà ! —

STEPHANO.

Qu'y a-t-il ? Avons-nous des diables ici ? Est-ce qu'on nous joue des farces avec des sauvages et des hommes d'Inde ? Ha ! je n'ai pas esquivé la noyade pour m'effrayer maintenant de vos quatre pattes. Car il a été dit : *L'homme le plus convenable qui ait jamais marché à quatre pattes ne le fera pas reculer*. Et on le dira encore tant que Stephano respirera par les narines.

CALIBAN.

— L'esprit me tourmente. Holà ! —

STEPHANO.

C'est quelque monstre à quatre pattes de l'île, qui aura, je suppose, attrapé une fièvre..... Où diable a-t-il appris notre langue? Je vais lui donner quelques secours, ne fût-ce que pour ceci : si je puis le rétablir, l'apprivoiser et l'emmener avec moi à Naples, ce sera un présent digne du plus grand empereur qui ait jamais foulé du cuir de veau.

CALIBAN, à Trinculo.

— Ne me tourmente pas, je te prie. — J'apporterai mon bois plus vite. —

STEPHANO.

Il a une attaque, à présent; il n'est pas des plus sensés dans ce qu'il dit. Il tâtera de ma bouteille : s'il n'a jamais bu de vin jusqu'ici, ça contribuera à lui faire passer son attaque. Si je puis le rétablir et l'apprivoiser, je ne le vendrai jamais trop cher : il remboursera celui qui le prendra, et largement.

CALIBAN, à Trinculo.

— Tu ne me fais encore que peu de mal, mais tu m'en feras — tout à l'heure; je le sens à ton tremblement. — Voilà Prospero qui agit sur toi. —

STEPHANO, à Caliban.

Avancez; ouvrez la bouche : voilà qui va vous délier la langue, mon chat ! Ouvrez la bouche. Ça va secouer vos secousses, je puis vous le dire, et rudement encore. Vous ne connaissez pas l'ami qui vous arrive : rouvrez donc les mâchoires.

TRINCULO.

Je crois reconnaître cette voix. Si c'était... Mais non, il est noyé, et ce sont des diables. Holà ! au secours !

SCÈNE IV.

STEPHANO.

Quatre pattes et deux voix! un monstre tout à fait délicat!... Sa voix de devant lui sert à dire du bien de son ami; sa voix de derrière à lâcher de sales mots et à injurier... Quand tout le vin de ma bouteille serait nécessaire à son rétablissement, je guérirai sa fièvre. Approche... Amen!... Je vais en verser dans ton autre bouche.

TRINCULO, reconnaissant Stephano.

Stephano!

STEPHANO.

Comment, ton autre bouche m'appelle! Miséricorde! miséricorde! c'est un diable, et non un monstre. Je vais le laisser là. Je n'ai pas une longue cuiller, moi (22)!

TRINCULO.

Stephano! Si tu es Stephano, touche-moi et parle-moi. Je suis Trinculo; n'aie pas peur; ton bon ami Trinculo!

STEPHANO.

Si tu es Trinculo, sors de là... Je vais te tirer par les jambes les moins grosses : s'il y a ici les jambes de Trinculo, ce sont celles-là... Tu es Trinculo même, sur ma parole. Comment te trouves-tu être le siége de ce veau de la lune (23)? Est-ce qu'il vente des Trinculos?

TRINCULO.

Je l'ai cru tué par un coup de tonnerre... Mais tu n'es donc pas noyé, Stephano? J'espère bien, à présent, que tu n'es pas noyé!... L'orage est-il passé? Je me suis caché sous la souquenille de ce monstre mort, par peur de l'orage. Tu es donc en vie, Stephano? O Stephano! deux Napolitains sauvés!

STEPHANO.

Je t'en prie, ne tourne pas autour de moi : mon estomac n'est pas très-ferme.

CALIBAN.

— Ce sont des êtres bien beaux, si ce ne sont pas des esprits. — Voilà un brave dieu qui porte une liqueur céleste ; — je vais me mettre à genoux devant lui. —

STEPHANO, à Trinculo.

Comment as-tu échappé? Comment es-tu venu ici? Jure-moi sur cette bouteille de me dire comment tu es venu ici. Moi, je me suis sauvé sur une barrique de vin de Canarie, que les matelots avaient jetée par-dessus le bord. J'en jure par cette bouteille, que j'ai faite de mes propres mains avec des écorces d'arbre, depuis que j'ai été jeté à la côte.

CALIBAN.

— Je veux jurer par cette bouteille d'être ton — fidèle sujet; car cette liqueur n'est point terrestre. —

STEPHANO, à Caliban.

Tiens, jure!

A Trinculo.

Maintenant, comment t'es-tu sauvé?

TRINCULO.

Mon brave, j'ai nagé jusqu'à terre comme un canard. Je sais nager comme un canard. J'en jurerai.

STEPHANO, lui présentant la bouteille.

Tiens! baise le saint livre... Quoique tu saches nager comme un canard, tu es fait comme une oie.

TRINCULO.

O Stephano! en as-tu encore?

STEPHANO.

Toute la barrique, mon cher. Mon cellier est au bord de la mer, dans un rocher où est caché mon vin... Eh bien, veau de la lune? comment va ta fièvre?

CALIBAN.

— Est-ce que tu n'es pas tombé du ciel? —

SCÈNE IV.

STEPHANO.

De la lune, je t'assure. J'étais, dans le temps, l'homme de la lune.

CALIBAN.

— Je t'y ai vu et je t'adore. — Ma maîtresse t'a montré à moi, toi, ton chien et ton fagot. —

STEPHANO, lui présentant la bouteille.

Allons, jure-moi ça. Baise le livre... Je vais y faire tout à l'heure de nouvelles additions. Jure!

TRINCULO.

Par cette bonne lumière, voilà un monstre bien naïf. Moi, effrayé de lui! Un monstre si imbécile!... L'homme de la lune!! Pauvre monstre crédule!... Bien avalé, monstre, en vérité!

CALIBAN, à Stephano.

— Je veux te montrer toutes les parties fertiles de l'île, — et te baiser les pieds. Je t'en prie, sois mon dieu! —

TRINCULO.

Par le jour, c'est le plus perfide et le plus ivrogne des monstres! quand son dieu dormira, il lui volera sa bouteille.

CALIBAN, à Stephano.

— Je veux te baiser les pieds et jurer d'être ton sujet. —

STEPHANO.

Avance alors. A terre! et jure!

TRINCULO.

Je rirai jusqu'à mourir de ce monstre à tête de roquet. Oh! le vilain monstre! J'aurais presque envie de le battre.

STEPHANO, à Caliban.

Tiens, baise.

TRINCULO.

Mais que ce pauvre monstre est ivre! L'abominable monstre!

CALIBAN.

— Je veux te montrer les bonnes sources, te cueillir des baies, — aller à la pêche pour toi, et te procurer tout le bois nécessaire. — Peste soit du tyran que je sers! — Je ne lui porterai plus de fagots. C'est toi que je suivrai, — toi, homme merveilleux! —

TRINCULO.

Oh! le risible monstre! faire une merveille d'un pauvre ivrogne!

CALIBAN.

— Je t'en prie, laisse-moi te mener où croissent les pommes sauvages. — Je veux de mes ongles longs te déterrer des truffes, — te montrer un nid de geais, t'apprendre à — attraper le leste marmouset. Je veux te mener — aux bouquets de noisettes, et t'apporter parfois — de jeunes mouettes du rocher. Veux-tu venir avec moi? —

STEPHANO.

Je t'en prie, ouvre la marche, sans ajouter un mot... Trinculo, le roi et tout notre monde étant noyés, c'est nous qui héritons ici.

A Caliban.

Tiens, porte ma bouteille... Camarade Trinculo, tout à l'heure nous la remplirons de nouveau.

CALIBAN, chantant d'une voix avinée.

Adieu! mon maître! adieu! adieu!

TRINCULO.

Que ce monstre hurle! qu'il est ivre!

CALIBAN.

Je n'aurai plus à faire de viviers pour le poisson,
A chercher du bois pour le feu

SCÈNE V.

Au premier commandement,
A essuyer les assiettes, à laver les plats !
Ban ! Ban ! Ca ! Caliban
A un nouveau maître.
Que Prospero trouve un autre homme !
Liberté ! Gai ! Gai ! Liberté !
Liberté ! ô Gai ! Liberté !

STEPHANO.

Oh ! le brave monstre ! Marche en avant.

Ils sortent.

SCÈNE V

[Devant la grotte de Prospero.]

Entre FERDINAND portant une bûche.

FERDINAND.

— Il y a des jeux fatigants, mais la fatigue — en rehausse le charme ; certains genres d'humiliations — peuvent noblement se subir ; et les plus pauvres moyens — mènent à des fins magnifiques. L'humble tâche que je remplis serait — pour moi aussi lourde qu'odieuse, si — la maîtresse, que je sers, ranimant ce qui est mortifié, — ne changeait mes peines en plaisirs. Oh ! elle est — dix fois plus charmante que son père n'est bourru ; — et il est la dureté même. Je dois transporter — des milliers de ces bûches et les mettre en pile, — d'après son ordre cruel. Ma douce maîtresse pleure, — quand elle me voit travailler, et dit que si vile besogne — n'eut jamais pareil exécuteur... Je m'oublie, — mais ces douces pensées rafraîchissent mes fatigues — et me rendent heureux de mon labeur.

Entre MIRANDA. PROSPERO paraît et se tient à distance.

MIRANDA.

Hélas! je vous en prie, — ne travaillez pas si dur. Je voudrais qu'un éclair eût — brûlé ces bûches qu'il vous est enjoint d'empiler. — De grâce, déposez celle-ci, et reposez-vous; quand elle brûlera, — elle pleurera de vous avoir lassé. Mon père — est tout à ses études; de grâce, reposez-vous! — Il est en lieu sûr pour trois heures.

FERDINAND.

O maîtresse chérie, — le soleil se couchera avant que j'aie terminé — la tâche que j'ai à faire.

MIRANDA.

Si vous voulez vous asseoir, — je porterai vos bûches pendant ce temps-là. De grâce, donnez-moi celle-ci. — Je vais la mettre sur la pile.

FERDINAND.

Non, précieuse créature. — J'aimerais mieux me rompre les nerfs, me briser les reins, — que de vous voir subir un tel déshonneur, — quand je serais paresseusement assis.

MIRANDA.

Cette besogne me conviendrait — aussi bien qu'à vous, et je la ferais — plus aisément : car j'y mettrais autant de bon vouloir — que vous y mettez de répugnance...

PROSPERO, à part.

Pauvre couleuvre! te voilà empoisonnée. — Cette entrevue en est la preuve.

MIRANDA, à Ferdinand.

Vous semblez las.

FERDINAND.

— Non, noble maîtresse : c'est pour moi une fraîche

matinée — que le soir où vous êtes près de moi. Je vous en supplie, — surtout afin que je le mette dans mes prières, — dites-moi votre nom!

MIRANDA.

Miranda... O mon père, — je viens, en le disant, de vous désobéir.

FERDINAND.

Admirable Miranda! — Idéal, en effet, de l'admiration! égale — à ce que le monde a de plus précieux!... J'ai regardé — bien des dames de l'œil le plus doux, et souvent — l'harmonie de leur voix a subjugué — ma trop complaisante oreille. Pour des qualités diverses — j'ai aimé diverses femmes, mais jamais — de toute mon âme; car toujours quelque défaut — se querellait en elles avec les plus nobles grâces, — et leur portait un coup fatal... Mais vous! ô vous! — si parfaite! si incomparable! vous êtes créée — avec ce que chaque créature a de meilleur.

MIRANDA.

Je ne connais personne — de mon sexe. Pas de visage de femme que je me rappelle, — sauf le mien dans mon miroir; et je n'ai vu, — à qui je puisse donner le nom d'homme, que vous, doux ami, — et mon cher père : comment sont faits les autres, — je ne sais guère. Mais par ma pureté, — ce joyau de ma dot, je ne désirerais pas — d'autre compagnon au monde que vous. — Mon imagination ne peut créer une forme — plus digne que la vôtre d'être aimée. Mais je bavarde — un peu trop follement, et j'oublie ainsi — les préceptes de mon père.

FERDINAND.

Par ma condition je suis — prince, Miranda. Je crois même que je suis roi, — hélas!... et je n'ai pas plus de goût pour subir — cette servitude silvestre que pour laisser — une mouche à viande m'enfler la lèvre... Écoutez parler mon âme : — Dès l'instant où je vous ai vue, — mon cœur a volé à votre service. Il fallait cela — pour faire de moi un esclave, et c'est pour l'amour de vous — que je suis un si patient bûcheron.

MIRANDA.

M'aimez-vous?

FERDINAND.

— O ciel! ô terre! soyez témoins de ces accents, — et couronnez mes aveux d'une conclusion favorable, — si je dis vrai. Si mes paroles sont creuses, changez — en malheur tout le bonheur qui m'est destiné... Oui, — plus que tout au monde,—je vous aime, je vous estime, je vous honore.

MIRANDA.

Niaise que je suis — de pleurer de ce qui fait ma joie!

PROSPERO, à part.

Noble rencontre — des deux affections les plus rares! que la grâce divine — pleuve sur les germes de cette union!

FERDINAND.

De quoi pleurez-vous?

MIRANDA.

— De la nullité de mon mérite, qui n'ose offrir — ce que je désire donner, et ose encore moins prendre — ce dont je mourrais d'être privée... Mais c'est un enfantillage; — plus mon amour cherche à se cacher, — plus il montre sa grandeur... Arrière, timide subterfuge! — inspire-moi, franche et sainte innocence! — Je suis votre femme, si vous voulez m'épouser; — sinon, je mourrai votre servante. Pour compagne — vous pouvez me refuser; mais je serai votre esclave; — que vous le veuilliez ou non.

FERDINAND.

Vous serez ma maîtresse, très-chère; — et moi, toujours ainsi, à vos genoux.

MIRANDA.

Vous m'épouserez alors?

FERDINAND.

— Oui certes, aussi volontiers — que la servitude épouse la liberté. Voici ma main.

MIRANDA.

— Et voici la mienne, avec mon cœur dedans. Et maintenant adieu... — pour une demi-heure.

FERDINAND.

Mille! mille baisers!

Ils sortent.

PROSPERO.

— Je ne puis être aussi joyeux qu'eux — pour qui tout est surprise; mais ceci me rend — aussi heureux que possible. Je retourne à mon livre, — car, avant l'heure du souper, il me reste à faire — bien des choses urgentes.

Il sort.

SCÈNE VI

[Une autre partie de l'île.]

Entrent STEPHANO et TRINCULO. CALIBAN les suit avec une bouteille.

STEPHANO.

Plus un mot... Quand la barrique sera vide, nous boirons de l'eau; jusque-là pas une goutte! Ainsi, ferme et à l'abordage! Valet-monstre, bois à moi.

TRINCULO.

Valet-monstre!... que cette île est folle! on dit que

nous ne sommes que cinq habitants; en voici trois. Si les deux autres sont aussi écervelés que nous, l'État est bien chancelant.

STEPHANO.

Bois, valet-monstre, quand je te le dis. Tu as les yeux presque enchâssés dans la tête.

TRINCULO.

A quel autre endroit pourrait-il les avoir? Ce serait un joli monstre, pour le coup, s'il les avait à la queue.

STEPHANO.

Mon homme-monstre a noyé sa langue dans le vin. Quant à moi, la mer même ne peut pas me noyer : avant de pouvoir rattraper la côte, j'ai nagé trente-cinq lieues en louvoyant, j'en jure par le jour! Tu seras mon lieutenant, monstre, ou mon enseigne.

TRINCULO.

Votre lieutenant, si vous voulez. Car il ferait une vilaine enseigne.

STEPHANO.

Nous n'allons pas courir, monsieur le monstre.

TRINCULO.

Ni même marcher, mais vous allez vous coucher comme des chiens, et vous ne direz rien ni l'un ni l'autre.

STEPHANO.

Veau de la lune, parle une fois dans ta vie, es-tu un bon veau de la lune?

CALIBAN.

Comment va ta seigneurie? Laisse-moi lécher ton soulier... Je ne veux pas le servir, lui; il n'est pas vaillant.

TRINCULO.

Tu mens, monstre ignorant; je suis en état de rosser un constable. Dis-moi, toi, poisson de débauche, y a-t-il jamais eu un homme lâche qui ait bu autant de vin que moi? Soutiendras-tu ce monstrueux mensonge, être à moitié poisson et à moitié monstre?

CALIBAN.

Là, comme il se moque de moi!...

A Stephano.

Le laisseras-tu faire, mon seigneur?

TRINCULO.

Seigneur, dit-il? Faut-il qu'un monstre soit à ce point naïf!

CALIBAN.

Là! là! encore!... Mords-le à mort, je t'en prie.

STEPHANO.

Trinculo, soyez bonne langue : si vous faites le mutin, le premier arbre... Ce pauvre monstre est mon sujet, et je ne veux pas qu'il subisse d'insulte.

CALIBAN.

Je remercie mon noble seigneur. Daigneras-tu écouter encore une fois la requête que je t'ai faite?

STEPHANO.

Oui, morbleu! mets-toi à genoux et répète-la. Je me tiendrai debout, ainsi que Trinculo.

Entre ARIEL, invisible.

CALIBAN.

— Comme je te l'ai dit — déjà, je suis soumis à un tyran, — un sorcier qui par artifice m'a — volé cette île.

ARIEL.

Tu mens.

CALIBAN, à Trinculo.

— C'est toi qui mens, singe moqueur, c'est toi! — Je voudrais que mon vaillant maître te détruisît. — Je ne mens pas. —

STEPHANO.

Trinculo, si vous l'interrompez encore dans son histoire, par ce poignet! je vous extirpe quelques dents.

TRINCULO.

Eh! je n'ai rien dit.

STEPHANO.

Chut donc! plus un mot.
A Caliban.
Continue.

CALIBAN.

— Je dis que c'est par sorcellerie qu'il a pris cette île, — et que c'est à moi qu'il l'a prise. Si ta grandeur veut — l'en punir, car je sais que tu as de l'audace, — tandis que cet être n'en a pas... —

STEPHANO.

Cela est très-certain.

CALIBAN.

— Tu seras seigneur de cette île, et je te servirai. —

STEPHANO.

Maintenant, comment exécuter la chose? Peux-tu me conduire à l'ennemi?

CALIBAN.

— Oui, oui, monseigneur. Je te le livrerai endormi — et tu pourras lui enfoncer un clou dans la tête.

ARIEL.

— Tu mens... Tu ne le pourras pas.

CALIBAN.

— Que nous veut ce nigaud bariolé? C'est encore toi, mauvais paillasse!
A Stephano.
— J'en supplie ta grandeur, donne-lui des coups. — Et ôte-lui sa bouteille : quand il ne l'aura plus, — il ne boira que de l'eau saumâtre, car je ne lui montrerai pas — où sont les sources d'eau douce. —

STEPHANO.

Trinculo, ne te jette pas dans un plus grand danger. Si tu interromps le monstre d'un mot encore, par ce poing! je mets ma miséricorde à la porte, et je fais de toi un stockfiche.

TRINCULO.

Comment! qu'est-ce que j'ai fait? Je n'ai rien fait... Je m'en vais plus loin.

STEPHANO.

N'as-tu pas dit qu'il mentait?

ARIEL.

Tu mens.

STEPHANO.

Je mens? tiens, attrape ça.

Il frappe Trinculo.

Si tu aimes ça, donne-moi encore un démenti.

TRINCULO.

Je ne t'ai pas donné de démenti... Vous avez donc perdu l'esprit et l'ouïe? Peste soit de votre bouteille! Voilà l'effet du canarie et de la boisson. Que le farcin tombe sur votre monstre, et que le diable vous emporte les doigts.

CALIBAN.

Ha! ha! ha!

STEPHANO, à Caliban.

Maintenant, continue ton histoire.

A Trinculo.

Je t'en prie, tiens-toi plus loin.

CALIBAN.

— Bats-le comme il faut : dans un instant, — je le battrai à mon tour. —

STEPHANO, à Trinculo.

Tiens-toi plus loin.

A Caliban.

Continue.

CALIBAN.

— Eh bien, comme je te l'ai dit, c'est une coutume chez lui — de dormir dans l'après-midi : tu peux alors lui faire sauter la cervelle, — après t'être emparé de ses livres, ou bien avec une bûche — lui briser le crâne, ou bien l'éventrer avec un pieu, — ou lui couper le sifflet avec ton couteau. N'oublie pas, — avant tout, de prendre ses livres ; car sans eux, — il ne serait qu'un sot comme moi, et il n'aurait pas — un esprit à ses ordres : tous le haïssent — aussi radicalement que moi. Ne brûle que ses livres. — Il a d'excellents ustensiles, (comme il les appelle), — dont il doit garnir sa maison, quand il en aura une. — Mais, ce qui est le plus à considérer, c'est — la beauté de sa fille : lui-même — la trouve sans pareille ; je n'ai jamais vu de femme — que Sycorax ma mère et elle ; — mais elle l'emporte sur Sycorax autant — que le plus grand sur le plus petit. —

STEPHANO.

C'est donc une fille magnifique ?

CALIBAN.

— Oui, seigneur. Elle sera digne de ton lit, je t'assure, — et elle te donnera une superbe couvée. —

STEPHANO.

Monstre, je tuerai cet homme ; sa fille et moi, nous serons le roi et la reine. Dieu garde nos majestés !... Trinculo et toi, vous serez vice-rois... Comment trouves-tu le complot, Trinculo ?

TRINCULO.

Excellent !

STEPHANO.

Donne-moi ta main : je suis fâché de t'avoir battu ; mais, tant que tu vivras, sois bonne langue.

CALIBAN.

— Dans une demi-heure, il sera endormi : — veux-tu le détruire alors ? —

STEPHANO.

Oui, sur mon honneur.

ARIEL, à part.

— Je vais dire ça à mon maître.

CALIBAN.

— Tu me rends joyeux : je suis plein d'allégresse. — Soyons hilares!... Voulez-vous me roucouler le refrain — que vous m'appreniez il n'y a qu'un instant? —

STEPHANO.

Monstre, je ferai raison, en toute raison, à ta requête. Allons, Trinculo, chantons.

Il chante.

Bafouons-les, épions-les! Épions-les, bafouons-les!
La pensée est libre...

CALIBAN.

— Ce n'est pas l'air. —

Ariel joue l'air avec un tambourin et une flûte.

STEPHANO.

Qu'entends-je?

TRINCULO.

C'est l'air de notre chanson, joué par le spectre de Personne.

STEPHANO.

Si tu es un homme, montre-toi sous ta vraie figure ; si tu es un diable, prends celle que tu voudras.

TRINCULO.

Oh! pardonnez-moi mes péchés!

STEPHANO.

Celui qui meurt paie toutes ses dettes : je te défie!... Merci de nous !

CALIBAN.

— As-tu peur? —

STEPHANO.

Non, monstre, fi donc!

CALIBAN.

— N'aie pas peur : cette île est pleine de bruits, — de sons et de doux airs qui charment sans blesser. — Tantôt ce seront mille instruments stridents — qui me bourdonneront aux oreilles, et tantôt des voix — qui, si je viens de m'éveiller après un long sommeil, — me feront dormir encore ; et alors je rêverai — que les nuages s'entr'ouvrent et me montrent des richesses — prêtes à pleuvoir sur moi ; si bien qu'à peine éveillé, — je pleurerai pour rêver encore.

STEPHANO.

Ce sera pour moi un splendide royaume, où j'aurai ma musique pour rien.

CALIBAN.

— Quand Prospero sera détruit. —

STEPHANO.

Il va l'être : je n'oublie rien de ton récit.

TRINCULO.

Le son s'éloigne : suivons-le, et ensuite à l'œuvre !

STEPHANO.

Guide-nous, monstre, nous te suivrons... Je voudrais voir ce tambourineur. Il exécute puissamment.

A Trinculo.

Viens-tu ?

TRINCULO.

Je te suis, Stephano.

Ils ortent.

SCÈNE VII

[Une autre partie de l'île.]

Entrent Alonso, Sébastien, Antonio, Gonzalo, Adrien, Francisco et autres.

GONZALO, à Alonso.

— Par Notre-Dame! je ne puis aller plus loin, seigneur. — Mes vieux os me font mal. Nous avons parcouru un vrai labyrinthe — à travers tant d'avenues et de détours. Avec votre permission, — j'ai besoin de me reposer.

ALONSO.

Vieux seigneur, je ne puis te blâmer, — me sentant moi-même atteint par la fatigue — qui m'engourdit l'esprit; assieds-toi et repose-toi. — Ici même je veux chasser mon espérance et me garder — désormais de cette flatteuse. Il est noyé, — celui que nous cherchons ainsi à l'aventure, et la mer se moque — de nos inutiles perquisitions sur terre... Allons! qu'il aille en paix!

ANTONIO, bas à Sébastien.

— Je suis très-heureux de le voir ainsi sans espoir. — N'allez pas, pour un échec, abandonner le projet — que vous avez résolu d'exécuter.

SÉBASTIEN, bas à Antonio.

La prochaine occasion, — nous la saisissons d'emblée.

ANTONIO.

Que ce soit cette nuit même! — Car, épuisés comme ils le sont par la marche, ils — n'auront pas et ne pourront pas avoir autant de vigilance — que lorsqu'ils sont dispos.

SÉBASTIEN.

Oui, cette nuit : plus un mot !

Solennelle et étrange musique.

Prospero *entre et reste au-dessus de la scène, invisible.*

Entrent des figures bizarres qui apportent une table servie; elles dansent autour en faisant des saluts gracieux, invitent le roi et sa suite à manger, puis disparaissent.

ALONSO.

— Quelle est cette harmonie? Mes bons amis, écoutez!

GONZALO.

— Une musique merveilleusement suave.

ALONSO.

— Donnez-nous de tutélaires gardiens, ô cieux! Qu'était-ce que ces êtres?

SÉBASTIEN.

— Des marionnettes vivantes! Je suis prêt maintenant à croire — qu'il y a des licornes, qu'en Arabie il est — un arbre qui sert de trône au phénix, et qu'un phénix — y règne à cette heure.

ANTONIO.

Je croirai l'un et l'autre. — Qu'on avance devant moi la chose la plus contestée, — et je jurerai qu'elle est vraie. Les voyageurs n'ont jamais menti, — quoique tant de niais dans leur pays les condamnent.

GONZALO.

Une fois à Naples, — si je racontais ce que j'ai vu ici, me croirait-on? — si je disais que j'ai vu de pareils insulaires, — car certes c'est la population de l'île, — et que, malgré leur forme monstrueuse, ils ont, — notez bien, des manières plus affables — que bien des hommes, oui, que presque tous les hommes — de notre génération?

PROSPERO, à part.

Honnête seigneur, — tu as dit vrai : car il en est ici parmi vous — qui sont pires que des démons.

ALONSO.

Je ne saurais trop admirer — leurs formes, leurs gestes, ces accents qui, — bien que la parole leur manque, expriment — si bien une sorte de langage muet.

PROSPERO, à part.

Garde tes éloges pour la fin.

FRANCISCO.

— Ils se sont évanouis étrangement.

SÉBASTIEN.

Qu'importe, puisqu'ils — ont laissé là leurs mets! Nous avons de l'appétit. — Vous plaira-t-il de goûter de ceci?

ALONSO.

Non certes.

GONZALO.

— Sur ma foi, seigneur, vous n'avez rien à craindre. Dans notre enfance, — qui de nous aurait cru qu'il y a des montagnards — ayant des fanons comme des taureaux, dont le gosier pend — comme un sac de chair? qu'il y a des hommes — ayant la tête dans la poitrine (24)? Pourtant, nous le voyons, — il n'est pas de voyageur assuré à cinq pour un (25) qui — ne nous confirme ces récits.

ALONSO.

Je vais prendre place à ce repas, — dût-il être le dernier pour moi! Qu'importe, puisque — le meilleur est passé!... Mon frère, seigneur duc, — prenez place et faites comme nous.

Tonnerre et éclairs.

ARIEL *paraît sous la forme d'une harpie et bat des ailes sur la table. Par un tour habile, les mets s'évanouissent.*

ARIEL.

— Vous êtes trois malfaiteurs. La destinée, — qui a pour instrument ce bas-monde — et ce qu'il contient, vous a fait vomir — par la mer insatiable sur cette île — où l'homme n'habite pas, parce que parmi les hommes — vous n'étiez plus dignes de vivre... Je vous rends furieux!

Alonso, Sébastien, Antonio, etc., mettent l'épée à la main.

— C'est avec ce courage-là que les hommes se pendent — et se noient! Insensés! moi et mes camarades, — nous sommes les ministres du destin. Les éléments, — dont ces épées sont forgées, pourraient aussi bien — blesser les vents aigus, ou, par des coups dérisoires, — pourfendre les eaux incessamment reformées, que faire tomber — une seule plume de mon aile. Mes compagnons-ministres — sont aussi invulnérables. Si vous pouviez nous blesser, — vos épées seraient trop massives pour vos forces — et ne se laisseraient plus soulever. Mais, souvenez-vous, — c'est ce que j'ai à vous dire, que, vous trois, — vous avez arraché de Milan le bon Prospero! — vous l'avez exposé à la mer, qui vous en a punis, — lui et son innocente enfant! Pour cette action noire, — les puissances, qui ajournent, mais n'oublient pas, ont — exaspéré les mers et les plages, oui, toutes les créatures, — contre votre repos... Toi, Alonso, — elles t'ont privé de ton fils... Elles vous préviennent tous par ma voix — qu'une perdition lente, bien pire qu'une mort — immédiate, vous suivra pas à pas — dans vos chemins. Pour vous garder de leur fureur, — qui autrement, dans cette île désolée, tomberait — sur vos têtes, il ne vous reste rien que le repentir — et une vie désormais pure.

Ariel s'évanouit dans un coup de tonnerre. Alors, au son d'une musique douce, entrent les mêmes apparitions que tout à l'heure. Elles dansent en faisant des contorsions et des grimaces, et emportent la table.

PROSPERO, à part.

— Ce rôle de harpie, tu l'as parfaitement — joué, mon Ariel. Il avait une grâce! dévorante! — Tu n'as rien omis de ma leçon — dans ce que tu as dit; de même, c'est avec une parfaite animation — et une étrange exactitude que mes ministres subalternes — ont fait chacun leur partie... Mes charmes suprêmes agissent, — et voici tous mes ennemis empêtrés — dans leur délire : ils sont désormais en mon pouvoir. — Je les laisse à leurs transports, pour aller visiter — le jeune Ferdinand qu'ils croient noyé, — et sa bien-aimée, ma bien-aimée!

Prospero sort.

GONZALO, à Alonso.

— Par ce qu'il y a de plus sacré, pourquoi restez-vous, seigneur, — dans cette étrange extase?

ALONSO.

Oh! c'est monstrueux! monstrueux! — Il m'a semblé que les vagues avaient une voix et me parlaient de cela! — Les vents aussi me chantaient cela! Le tonnerre, — cet orgue profond et terrible, prononçait le nom — de Prospero et murmurait ma faute sur sa basse!... — Ainsi, mon fils a pour lit le limon des mers, et — j'irai le chercher plus bas que la sonde, — et je m'ensevelirai avec lui dans la vase!

Il sort.

SÉBASTIEN.

Un seul démon à la fois, — et je bats toutes leurs légions!

ANTONIO.

Je serai ton second.

Sébastien et Antonio sortent.

GONZALO.

— Les voilà tous trois désespérés. Leur grande faute, — comme un poison qui n'opère qu'après un long délai, — commence maintenant à mordre leur âme... Je vous supplie, — vous qui avez des membres plus souples, suivez-les vite, — et gardez-les des actes auxquels ce délire — peut maintenant les provoquer.

ADRIEN.

Suivez-moi, je vous prie. —

Tous sortent.

SCÈNE VIII

[Devant la grotte de Prospero.]

Entrent Prospero, Ferdinand et Miranda.

PROSPERO.

— Si je t'ai trop austèrement puni, — cette compensation te dédommage, car je — viens de te donner le fil de ma propre vie, en te donnant — celle pour qui je vis. Une fois encore — je la remets à ta main... Je ne t'ai imposé tant — de vexations que pour éprouver ton amour, et tu — as étonnamment soutenu l'épreuve... Ici, à la face du ciel, — je ratifie ce don splendide... O Ferdinand, — ne souris pas de moi, si je la vante : — car, tu le verras toi-même, elle dépasse toutes les louanges — et les laisse boîter derrière elle.

FERDINAND.

Je croirais cela — contre un oracle.

SCÈNE VIII.

PROSPERO.

— Ainsi, comme un don que je te fais, et comme une acquisition — que tu as dignement achetée, prends ma fille! Mais, — si tu romps le nœud de sa virginité avant — que toutes les cérémonies saintes soient — accomplies dans toutes les règles du rite sacré, — le ciel ne laissera pas tomber de douce rosée — pour faire germer cette union; mais la haine stérile, — le dédain à l'œil amer et la discorde sèmeront — votre lit nuptial d'une si odieuse zizanie — qu'il vous fera horreur à tous deux. Ainsi, attendez — que les lampes d'Hymen vous éclairent.

FERDINAND.

Comme j'espère — des jours tranquilles, une belle lignée et une longue vie — d'un tel amour, l'antre le plus obscur, — la place la plus propice, les plus fortes suggestions — de notre plus mauvais génie, ne réussiront pas à fondre — mon honneur en luxure ni à émousser — l'aiguillon de la célébration nuptiale, — quand je croirais que les coursiers de Phébus se sont abattus en route — ou que la nuit est tenue enchaînée sous l'horizon!

PROSPERO.

Bien dit. — Assieds-toi donc et cause avec elle. Elle est à toi. — Allons, Ariel! mon industrieux serviteur Ariel!

Entre ARIEL.

ARIEL.

— Que veut mon puissant maître? me voici.

PROSPERO.

— Toi et ta troupe subalterne, vous avez dignement rempli — votre dernière tâche; et il faut que je vous emploie — à un tour du même genre. Va, ramène la bande, — sur laquelle je t'ai donné pouvoir, ici, à cette place; — excite-la à un rapide élan, car il faut — que je mette sous les yeux de ce jeune couple — quelque illusion de mon art : c'est une promesse — dont ils attendent de moi l'exécution.

ARIEL.

Tout de suite?

PROSPERO.

— Oui, en un clin d'œil.

ARIEL.

— Avant que vous ayez dit : Va et viens! — et respiré deux fois et crié : *Oui, oui!* — tous, glissant sur la pointe du pied, — nous serons ici avec une moue et une grimace. — M'aimez-vous, maître? Non?

PROSPERO.

— Tendrement, mon délicat Ariel... N'approche pas — avant que je t'appelle.

ARIEL.

Bien. Je comprends.

Ariel sort.

PROSPERO, à Ferdinand.

— Songe à ta parole. A tes tendresses ne lâche pas — trop les rênes. Les serments les plus forts sont de la paille — pour le feu des sens : sois plus réservé, — ou autrement bonsoir votre promesse!

FERDINAND.

Rassurez-vous, monsieur! — La froide neige virginale que je presse sur mon cœur — abat l'ardeur de mon sang.

PROSPERO.

Bien. — Viens maintenant, mon Ariel; renforce ta troupe d'esprits, — que nous n'en soyons pas à court. Parais, et prestement!

SCÈNE VIII.

A Ferdinand et à Miranda.
— Plus de langue! tout yeux! silence!
On entend une douce musique.

UNE MASCARADE.

Entre IRIS.

IRIS.

Cérès, très-bienfaisante dame, quitte tes riches champs
De blé, de seigle, d'orge, de vesce, d'avoine et de pois,
Tes montagnes, dont les moutons vont broutant le gazon,
Et tes plaines couvertes de foin où ils sont parqués ;
Quitte tes rives bordées de pivoines ou de lis,
Que garnit à ton ordre le spongieux Avril pour faire
Aux froides nymphes de chastes couronnes, tes bosquets de genêts,
Dont l'ombre est aimée du bachelier éconduit
Et resté sans maîtresse, tes vignes enlacées aux échalas,
Et la plage stérile et rocheuse
Où tu vas toi-même prendre l'air. La reine du ciel,
Dont je suis l'arche humide et la messagère,
Te commande de laisser tout pour venir folâtrer
Ici, sur cette pelouse, à cette place même,
Avec sa majesté. Ses paons volent à tire d'aile.
Approche, riche Cérès, pour la recevoir.

Entre CÉRÈS.

CÉRÈS.

Salut, messagère diaprée qui jamais
N'as désobéi à l'épouse de Jupiter,
Qui, de tes ailes safranées, sur mes fleurs
Secoues en gouttes de miel de rafraîchissantes ondées,
Qui, de chaque bout de ton arc bleu, couronnes
Mes champs coupés de haies et mes dunes déboisées !
Riche écharpe de ta terre superbe ! Pourquoi ta reine
Me convie-t-elle ainsi sur cette pelouse court-tondue ?

IRIS.

Pour célébrer une union d'amour pur

Et pour doter généreusement
Des amants bénis.

CÉRÈS.

Dis-moi, arc céleste,
Sais-tu si Vénus ou son fils
Accompagne la reine? Depuis le complot
Par lequel ils ont livré ma fille au crépusculaire Pluton,
J'ai renié à jamais la société scandaleuse de cette déesse
Et de son aveugle fils.

IRIS.

De sa présence
N'ayez aucune peur. J'ai rencontré Sa Déité
Fendant les nuages vers Paphos; et son fils était
Avec elle traîné par les colombes. Ils avaient voulu jeter
Quelque charme libertin sur cet homme et sur cette fille
Qui ont juré de ne pas payer la dette du lit nuptial
Avant qu'Hymen ait allumé sa torche; mais ce fut en vain.
La chaude mignonne de Mars est repartie;
Son fils, furieux comme un frêlon, a brisé ses flèches;
Il jure qu'il n'en lancera plus, mais qu'il jouera avec les moineaux
Et ne sera plus qu'un enfant!

CÉRÈS.

La plus haute reine du monde,
La grande Junon arrive : je la reconnais à sa démarche.

Entre JUNON.

JUNON.

Comment va ma bonne sœur? Venez avec moi
Pour bénir ces deux amants, afin qu'ils soient prospères
Et honorés dans leur lignée.

CHANSON.

JUNON.

A vous honneur! richesses! conjugale félicité!
Longue vie et longue postérité!

Et joies de toutes les heures!
Ainsi Junon vous chante ses bénédictions.

CÉRÈS.

A vous les fruits de la terre, les récoltes à foison,
Les granges et les greniers toujours pleins,
Les vignes toujours chargées de grappes,
Les plantes courbées sous un poids magnifique!
Que le printemps vous revienne au plus tard
A la fin même de la moisson!
Que la disette et le besoin s'écartent de vous!
Ainsi Cérès vous bénit.

FERDINAND.

— Quelle majestueuse vision! et — quelle charmante harmonie! Oserai-je — croire que ce sont des esprits?

PROSPERO.

Des esprits que par mon art — j'ai appelés de leur retraite pour exécuter — mes fantaisies urgentes.

FERDINAND.

Puissé-je vivre ici toujours! — Un père, une femme, si rares, si merveilleux, — font de ce lieu le paradis.

Junon et Cérès se parlent à voix basse et envoient Iris exécuter un ordre.

PROSPÉRO.

Doucement maintenant! Silence! — Junon et Cérès chuchotent gravement. — Il reste autre chose à voir. Chut! Soyez muets, — ou autrement notre charme est rompu.

IRIS.

Vous qu'on appelle naïades, nymphes des ruisseaux errants,
Aux couronnes de glaïeul, aux regards toujours innocents,
Quittez vos canaux ondés, et sur cette terre verte
Paraissez à mon appel. Junon vous le commande :
Venez, chastes nymphes, aider à célébrer
Une union d'amour pur. Ne tardez pas.

Entrent PLUSIEURS NYMPHES.

Vous, faucheurs brûlés du soleil et fatigués d'août,
Venez ici de vos sillons et soyez gais.
Que ce soit pour vous jour de fête. Mettez vos chapeaux de paille,
Et ces fraîches nymphes iront à votre rencontre
Dans un pas champêtre.

Entrent PLUSIEURS MOISSONNEURS en costume complet; ils se joignent aux nymphes dans une danse gracieuse, vers la fin de laquelle Prospero tressaille tout à coup et dit quelques mots. Sur quoi, tous disparaissent tristement dans un bruit étrange, à la fois sourd et confus.

PROSPERO, à part.

— J'avais oublié cette horrible conspiration — de la brute Caliban et de ses complices — contre ma vie. Le moment de leur complot — est presque arrivé.

Aux esprits.

C'est bien. Retirez-vous. Assez!

FERDINAND, à Miranda.

— C'est étrange. Votre père a quelque émotion — qui le travaille fortement.

MIRANDA.

Jamais, jusqu'à ce jour, — je ne l'avais vu agité par une aussi violente colère.

PROSPERO.

— Mon fils, vous avez l'air ému, — comme si vous étiez alarmé... Rassurez-vous, seigneur. — Nos divertissements sont finis. Nos acteurs, — je vous en ai prévenu, étaient tous des esprits; ils — se sont fondus en air, en air subtil. — Un jour, de même que l'édifice sans base de cette vision, — les tours coiffées de nuées, les magnifiques palais, — les temples solennels, ce globe immense lui-même, — et tout ce qu'il contient, se dis-

SCÈNE VIII.

soudront, — sans laisser plus de vapeur à l'horizon que la fête immatérielle — qui vient de s'évanouir! Nous sommes de l'étoffe — dont sont faits les rêves, et notre petite vie — est enveloppée dans un somme... Monsieur, je suis contrarié... — Passez-moi cette faiblesse... Mon vieux cerveau est troublé... — Ne soyez pas en peine de mon infirmité... — Retirez-vous, s'il vous plaît, dans ma grotte, — et reposez-vous là. Je vais faire un tour ou deux — pour calmer mon âme agitée.

FERDINAND ET MIRANDA.

Nous vous souhaitons le repos.

PROSPERO, à Ariel.

— Viens avec la pensée.

A Ferdinand et à Miranda.

Merci.

Miranda et Ferdinand sortent.

Ariel, viens.

ARIEL.

— Je m'attache à tes pensées : quel est ton bon plaisir?

PROSPERO.

Esprit, — préparons-nous à faire face à Caliban.

ARIEL.

— Oui, mon maître : quand j'introduisais Cérès, — j'ai pensé à t'en parler. Mais j'ai eu peur — de te fâcher.

PROSPERO.

Répète-moi où tu as laissé ces drôles.

ARIEL.

— Je vous l'ai dit, seigneur, ils étaient ivres-rouges : — si pleins de valeur qu'ils frappaient l'air — coupable de leur respirer à la face, et battaient la terre — coupable de leur baiser les pieds; du reste, toujours occupés — de leur projet. Alors j'ai battu mon tambourin. — A ce bruit, tels que des poulains indomptés, ils ont dressé l'oreille, — haussé les paupières et levé le nez, — comme s'ils flairaient la musique ; je les ai si bien charmés — qu'ils ont suivi mon concert comme des veaux, à travers — les ronces mordantes, les genêts pointus, les broussailles piquantes, et les épines — qui entraient dans leurs frêles jarrets; enfin, je les ai laissés — dans la sale mare bourbeuse, derrière ta grotte, — pataugeant jusqu'au menton pour dégager leurs pieds — empuantés par l'affreux lac.

PROSPERO.

Tu as fort bien fait, mon oiseau. — Garde toujours ta forme invisible, — et va me chercher tout ce qu'il y a d'oripeaux chez moi. — J'en ferai une amorce pour attraper ces voleurs.

ARIEL.

J'y vais, j'y vais.

Il sort.

PROSPERO.

— C'est un démon, un démon incarné sur qui — jamais l'éducation ne prendra, et avec qui — toute mon humanité est peine perdue, oui, peine perdue. — Autant son corps enlaidit avec l'âge, — autant son âme se gangrène. Je veux les châtier tous — jusqu'à les faire rugir.

Ariel rentre chargé de défroques éclatantes.

Viens, pends tout à cette corde.

Prospero et Ariel restent en scène, invisibles.

Entrent Caliban, Stephano et Trinculo, tout trempés.

CALIBAN.

— Je vous en prie, marchez doucement, que l'aveugle taupe ne puisse — entendre le bruit d'un pas ! Nous voici près de sa grotte. —

STEPHANO.

Monstre, votre sylphe, que vous nous disiez être un sylphe inoffensif, nous a bernés comme un feu follet.

SCÈNE VIII.

TRINCULO.

Monstre, tout mon être sent le pissat de cheval; ce dont mon nez est en grande indignation.

STEPHANO.

Et le mien aussi, entendez-vous, monstre?... Si je prenais contre vous du déplaisir, voyez-vous...

TRINCULO.

Tu serais tout simplement un monstre perdu.

CALIBAN.

— Mon bon seigneur, continue-moi toujours ta faveur. — Patience! La conquête que je te prépare — mettra un bandeau sur cette mésaventure. Aussi, parle bas. — Tout est encore silencieux comme minuit. —

TRINCULO.

Soit! mais perdre nos bouteilles dans la mare!

STEPHANO.

Ce n'est pas seulement une disgrâce, un déshonneur, monstre, c'est une perte infinie.

TRINCULO.

Beaucoup plus sensible pour moi que l'eau qui me mouille. C'est encore la faute de votre innocent sylphe, monstre!

STEPHANO.

Je vais chercher ma bouteille, dussé-je pour ma peine en avoir par-dessus les oreilles.

CALIBAN.

— De grâce, mon roi, sois tranquille. Tu vois ceci : — c'est la bouche de la grotte. Pas de bruit, et entre. — Commets ce bon méfait qui doit faire de cette île — ton domaine pour toujours, et de moi, Caliban, — ton lèche-pieds à jamais. —

STEPHANO.

Donne-moi ta main : je commence à avoir des pensées sanguinaires.

TRINCULO, apercevant la défroque pendue à la corde.

O roi Stephano! ô preux! ô digne Stephano! regarde, quelle magnifique garde-robe voici pour toi!

CALIBAN.

— Laisse tout cela, imbécile! ce n'est que du clinquant! —

TRINCULO.

Oh! oh! monstre! nous nous connaissons en friperie... O roi Stephano!

STEPHANO.

Lâche cette robe, Trinculo; par ce poing, j'aurai cette robe.

TRINCULO.

Ta majesté l'aura.

CALIBAN.

— Que l'hydropisie noie cet imbécile!... Qu'avez-vous — à vous extasier ainsi devant une pareille défroque? Marchons! en avant! — et faisons le meurtre d'abord... S'il s'éveille, — il couvrira nos peaux de morsures, des pieds au crâne, — et il fera de nous une étrange étoffe. —

STEPHANO.

Taisez-vous, monstre... Madame la corde, je prends à votre ligne ce pourpoint... Voici le pourpoint qui descend la ligne... O pourpoint, tu vas perdre ton poil et devenir un pourpoint chauve.

TRINCULO.

Prenez, prenez; n'en déplaise à votre grâce, c'est un vol fait à la corde et au cordeau.

STEPHANO.

Merci de ce bon mot : voici un vêtement pour ça; l'esprit ne restera jamais sans récompense tant que je serai roi de ce pays... Un vol fait à la corde et au cordeau!... C'est une pointe excellente : voici encore un vêtement pour ça.

SCÈNE VIII.

TRINCULO.

Monstre, arrivez, mettez de la glu à vos doigts et filez avec le reste.

CALIBAN.

— Je ne toucherai à rien de tout ça : nous allons perdre notre temps — et être tous changés en cormorans ou en singes — avec de vilains fronts tout bas. —

STEPHANO.

Monstre, avancez vos doigts : aidez-nous à emporter tout ça à l'endroit où se trouve ma barrique de vin ; sinon, je vous chasse de mon royaume. Allons, portez ceci.

TRINCULO.

Et ceci.

STEPHANO.

Et encore ceci.

On entend un bruit de chasseurs. Entrent divers esprits sous la forme de limiers qui, excités par Prospero et Ariel, donnent la chasse à Caliban, à Stephano et à Trinculo.

PROSPERO.

Holà ! *Montagne !* Holà !

ARIEL.

Argent ! par ici, *Argent !*

PROSPERO.

Furie ! Furie ! ici, *Tyran*, ici !

Caliban, Stephano et Trinculo se sauvent (26).

A Ariel.

Écoute ! écoute ! — Va, ordonne à mes lutins de leur broyer les jointures — avec des convulsions sèches, de leur contracter les muscles — avec de vieilles crampes, et de leur faire, en les mordant, une peau — plus tachetée que celle du léopard ou de la panthère.

ARIEL.

Écoutez-les rugir.

PROSPERO.

— Qu'on les chasse rondement... A cette heure — tous mes ennemis sont à ma merci. — Bientôt tous mes labeurs seront finis, et tu — auras l'air à ta discrétion : quelques moments encore — suis-moi et fais mon service.

Ils sortent.

SCÈNE IX

[Devant la grotte de Prospero.]

Entrent PROSPERO, couvert de sa robe magique, et ARIEL.

PROSPERO.

— Enfin mon projet atteint son but suprême : — mes charmes ne se rompent pas; mes esprits obéissent; et le temps — arrive sans encombre avec son fardeau... Où en est le jour?

ARIEL.

— Vers la sixième heure : le moment, monseigneur, — où vous avez dit que notre travail cesserait.

PROSPERO.

Oui, — alors que j'ai soulevé la tempête... Dis-moi, mon esprit, — comment sont le roi et sa suite?

ARIEL.

Tous enfermés ensemble, — conformément à vos ordres, et juste dans l'état — où vous les avez quittés; tous emprisonnés — dans le bois de citronniers qui ombrage votre grotte; — ils ne peuvent bouger avant que vous les relâchiez. Le roi, — son frère, et le vôtre sont tous trois restés en délire; — et les autres, qui les pleurent déjà, — sont excédés de chagrin et d'épouvante : surtout — celui que vous appeliez, monsieur, *le bon vieux seigneur Gonzalo.* —•Les larmes tombent sur sa barbe, comme les pluies d'hiver — du bord d'un toit de chaume. Vos charmes les travaillent si fort — que, si vous les voyiez maintenant, votre cœur — en serait attendri.

PROSPERO.

Crois-tu, esprit?

ARIEL.

— Le mien le serait, monsieur, si j'étais un humain.

PROSPERO.

Le mien aussi le sera. — Toi qui n'es que de l'air, tu serais touché, ému — de leur affliction, et moi, — qui suis de leur espèce, moi qui ressens aussi vivement — les passions qu'eux, je ressentirais moins de pitié que toi! — Quoiqu'ils m'aient blessé au vif par de hautes offenses, — ma raison est plus élevée encore, et je prends son parti — contre ma fureur. Il y a une plus rare action — dans la vertu que dans la vengeance. Du moment qu'ils se repentent, — j'ai atteint le but de mes projets, et je ne le dépasserai pas — d'un regard sévère de plus... Va, relâche-les, Ariel. — Je vais rompre mes charmes, leur rendre la raison, — et ils redeviendront eux-mêmes.

ARIEL.

Je vais les chercher, seigneur.

Il sort.

PROSPERO.

— Vous, sylphes des collines, des ruisseaux, des étangs et des halliers, — et vous qui, d'un pas sans empreinte, allez sur les plages — chassant Neptune, quand il se retire, et le fuyant, — quand il revient; vous, petits lutins, qui, — au clair de lune, faites dans la verdure ces cercles âcres — où la brebis ne mord pas, vous dont le passetemps — est de produire les champignons de minuit, et qui vous réjouissez — d'entendre le solennel couvre-feu ; vous à l'aide de qui, — tout faibles maîtres que vous êtes, j'ai obscurci — le soleil en plein midi, évoqué les vents mutins, — soulevé entre la verte mer et la voûte azurée — une guerre rugissante, mis le feu — au redoutable tonnerre qui gronde, et brisé le grand chêne de Jupiter — avec sa propre foudre; vous à l'aide de qui j'ai ébranlé — les promontoires aux fortes bases, arraché par les racines — le pin et le cèdre, et impérieusement obligé les tombeaux — à réveiller leurs dormeurs, à s'ouvrir et à les laisser aller, — de par mon art tout-puissant ; soyez témoins! cette orageuse magie, — je l'abjure ici ! Je ne réclame plus de vous, — et c'est mon dernier ordre, qu'une musique céleste, — qui agisse à mon gré sur les sens de ceux — que je soumets à son charme aérien. Et puis je briserai ma baguette, — je l'ensevelirai à plusieurs brassées dans la terre, — et, à une profondeur que la sonde n'a jamais atteinte, — je noierai mon livre (27).

Musique solennelle.

Rentre ARIEL. Derrière lui, marche ALONSO, faisant des gestes frénétiques et accompagné de GONZALO, puis viennent, dans le même état, SÉBASTIEN et ANTONIO, accompagnés par ADRIEN et FRANCISCO. Ils entrent tous successivement dans un cercle qu'a tracé Prospero et s'y arrêtent sous le charme. A mesure qu'ils se présentent, Prospero adresse la parole à chacun d'eux.

PROSPERO, à Alonso.

— Qu'un air solennel, le meilleur cordial — pour une imagination troublée, guérisse ton cerveau — qui, maintenant inutile, bouillonne sous ton crâne. Reste là, — un charme te retient. — Honorable Gonzalo, saint homme, — mes yeux, s'associant à l'expression des tiens, — laissent tomber des larmes amies... Le charme se dissout rapidement. — De même que le matin, empiétant sur la nuit, — en dissout les ténèbres, ainsi la raison qui s'élève — commence à chasser les fumées ignorantes qui couvrent — les clartés de leur jugement. O mon bon Gonzalo, — mon vrai sauveur, loyal supérieur — de celui que tu sers, je veux payer — tes bienfaits de retour, en parole et en action. Tu as été — bien cruel pour moi et pour ma fille, Alonso. — Ton frère a été ton complice dans l'acte : — te voilà puni pour cela, Sébastien.

 A Antonio.

Vous, ma chair et mon sang! — vous, mon frère, qui avez choyé l'ambition, — en repoussant le remords et la nature; vous qui, d'accord avec Sébastien, — que torturent en conséquence les morsures intérieures, — avez voulu tuer votre roi... je te pardonne, si dénaturé que tu sois!... Leur intelligence — commence à se soulever, et la marée montante — va bientôt couvrir les bords de leur raison, — encombrés encore d'une fange hideuse. Jusqu'ici pas un — qui m'ait regardé ou reconnu. Ariel, — va me chercher mon chapeau et ma rapière dans ma grotte.

Ariel sort.

— Je vais quitter ce costume et me présenter — tel qu'était jadis le duc de Milan.

 Appelant Ariel.

Vite, esprit! — avant peu, tu seras libre.

ARIEL revient et aide Prospero à s'habiller.

ARIEL, chantant.

Où suce l'abeille, je suce, moi!
J'ai pour lit la clochette d'une primevère :
Je m'y couche quand les hiboux crient.
Je m'envole sur le dos d'une chauve-souris,
 A la suite de l'été, gaiement.

Gaiement, gaiement, je veux vivre désormais
Sous la fleur qui pend à la branche.

PROSPERO.

— Va, tu es mon charmant Ariel! Tu me manqueras bien, — et pourtant tu auras ta liberté : oui! oui! oui! — Va au vaisseau du roi, invisible comme tu l'es : — tu y trouveras les matelots endormis — sous les écoutilles. Réveille le patron — et le bosseman, et entraîne-les ici, — sur-le-champ, je t'en prie.

ARIEL.

— Je bois l'air devant moi et je reviens — avant que ton pouls ait battu deux fois.

Sort Ariel.

GONZALO.

— Les tourments, les tracas, les miracles, les vertiges —habitent tous ici. Qu'une puissance céleste nous guide —hors de ce terrible pays!

PROSPERO, à Alonso.

Regarde, seigneur roi, — le duc outragé de Milan, Prospero. — Pour te rendre plus sûr que c'est un prince vivant — qui te parle en ce moment, je t'embrasse; — et je vous donne, à toi et à ta suite, — une cordiale bienvenue.

ALONSO.

Es-tu, oui ou non, Prospero? — ou bien quelque apparence enchantée faite pour m'abuser — une fois de plus? Je n'en sais rien. Ton pouls — bat comme celui d'un être de chair et de sang; et, depuis que je t'ai vu, — je sens diminuer cette affliction de l'âme que — la folie, j'en ai peur, entretenait en moi : tout cela, si tout cela existe, — exige une bien étrange explication. — Je te rends ton duché et te supplie — de me pardonner mes torts... Mais comment se fait-il que Prospero — vive et soit ici?

SCÈNE IX.

PROSPERO, à Gonzalo.

Et d'abord, noble ami, — laisse-moi embrasser ta vieillesse, à qui le respect — est dû sans mesure et sans restriction.

GONZALO.

Tout ceci est-il — ou n'est-il pas? Je ne jurerais de rien.

PROSPERO.

Vous vous ressentez encore — de certains mirages de cette île qui vous empêchent — de croire à l'évidence.

Aux seigneurs napolitains.

Soyez tous les bienvenus, mes amis.

A part, à Sébastien et à Antonio.

— Quant à vous, mon couple de seigneurs, si j'en avais la fantaisie, — je pourrais ici attirer sur vous la colère de son altesse — et vous prouver traîtres. Pour le moment — je ne divulguerai rien.

SÉBASTIEN, à part.

C'est le diable qui parle en lui.

PROSPERO.

Non.

A Antonio.

— Quant à vous, le plus méchant de tous, vous, monsieur, que je ne puis nommer frère — sans m'empoisonner la bouche... je te pardonne — ta faute la plus noire ; je te les pardonne toutes, et je réclame — de toi mon duché, que forcément, je le sais, — tu dois me rendre.

ALONSO.

Si tu es Prospero, — dis-nous les détails de ta préservation, — et comment tu nous as retrouvés sur cette côte où, il y a trois heures, — nous avons été jetés, après un naufrage où j'ai perdu — (combien ce souvenir est déchirant!) — Ferdinand, mon fils chéri.

PROSPERO.

J'en suis désolé, seigneur.

ALONSO.

— Irréparable est la perte; et la patience — la déclare irrémédiable.

PROSPERO.

Je crois plutôt — que vous n'avez pas réclamé son secours : sa douce vertu, — pour une perte semblable, me prête une aide souveraine — et me calme par la résignation.

ALONSO.

Vous! une perte semblable!

PROSPERO.

— Aussi grande que la vôtre, aussi récente ; mais, pour rendre supportable — une perte si chère, je n'ai pas de moyens aussi puissants — que vous de me consoler. J'ai — perdu ma fille.

ALONSO.

Une fille! — O ciel!... que ne sont-ils tous deux vivants, à Naples, — lui, roi, elle, reine! Pour qu'ils le fussent, je voudrais — être moi-même embourbé dans le lit de vase — où repose mon fils... Quand avez-vous perdu votre fille?

PROSPERO.

— Dans la dernière tempête... Je vois que ces seigneurs — sont tellement émerveillés de cette rencontre, — qu'ils dévorent leur raison; ils ne croient guère que — leurs yeux soient des organes de vérité, ni que leurs paroles — soient un murmure naturel; mais, de quelque façon — que vous ayez été privés de vos sens, tenez pour certain — que je suis Prospero, ce même duc — qui fut jeté hors de Milan, et qui, par un prodige étrange, — débarqua sur ces plages où vous avez naufragé, — pour en être le seigneur... Assez sur ceci : — c'est une chronique à raconter jour par jour : — ce n'est point un récit de déjeuner qui soit — à sa place dans cette première entrevue. Soyez le bienvenu, seigneur. — Cette grotte est mon palais; ici, j'ai peu de serviteurs, — et au dehors pas de sujets. De grâce, regardez dedans. — Puisque vous m'avez rendu mon duché, — je veux vous offrir en échange une chose aussi précieuse, — ou, du moins, vous montrer une merveille, dont vous serez content, — autant que moi de mon duché.

L'intérieur de la grotte se découvre : on aperçoit Miranda et Ferdinand jouant aux échecs.

MIRANDA, à Ferdinand.

— Mon doux seigneur, vous me trichez.

FERDINAND.

Non, cher amour, — je ne le voudrais pas pour le monde entier.

MIRANDA.

— Oh! vous chicaneriez pour gagner vingt royaumes, — que je trouverais le coup bon.

ALONSO.

Si ceci est encore — une vision de cette île, cher fils unique, — je t'aurai perdu deux fois.

SÉBASTIEN.

Voilà le miracle le plus étonnant.

FERDINAND, apercevant Alonso.

— Les mers ont beau menacer, elles sont clémentes, — et je les ai maudites sans motif.

Il va se jeter aux genoux d'Alonso.

ALONSO.

Que maintenant les bénédictions — d'un père heureux t'environnent de toutes parts! — Lève-toi, et dis-nous comment tu es venu ici.

MIRANDA.

O miracle! — que de superbes créatures il y a ici! — Que

le genre humain est beau! Oh! le splendide nouveau monde — qui contient un tel peuple!

PROSPERO.

Il est nouveau pour toi.

ALONSO, à Ferdinand.

— Quelle est cette fille avec qui tu jouais? — Vos plus vieilles relations n'ont pas trois heures de date. — Serait-elle la déesse qui nous a séparés, — et puis nous a réunis?

FERDINAND.

Seigneur, c'est une mortelle, — mais, de par l'immortelle Providence, elle est à moi. — Je l'ai choisie, quand je ne pouvais consulter — mon père, croyant l'avoir perdu... Elle — est fille de ce fameux duc de Milan, — dont j'avais si souvent entendu parler, — mais que je n'avais pas vu jusqu'ici. C'est de lui que j'ai — reçu une seconde vie, et cette dame me — donne en lui un second père.

ALONSO.

Elle m'a pour père aussi. — Oh! combien cela sonne étrangement, que je sois — obligé de demander pardon à mon enfant!

PROSPERO.

Arrêtez, seigneur, — ne chargeons pas nos souvenirs — du poids du passé.

GONZALO.

Je pleurais intérieurement, — sans quoi j'aurais déjà parlé. Abaissez vos regards, ô dieux, — et faites descendre sur ce couple une couronne bénie! — Car c'est vous qui avez tracé le chemin — qui nous a menés ici.

ALONSO.

Je dis amen, Gonzalo.

GONZALO.

— Milan a donc été chassé de Milan pour que sa lignée — régnât sur Naples? Oh! réjouissez-vous — d'une joie extraordinaire, et inscrivez ceci — en lettres d'or sur des piliers durables : en un voyage unique, — Claribel a trouvé un mari, à Tunis ; — son frère Ferdinand, une femme, là — où il s'était perdu lui-même ; Prospero, son duché, — dans une île misérable ; et nous nous sommes retrouvés tous, — quand nous ne nous possédions plus.

ALONSO, à Ferdinand et à Miranda.

Donnez-moi vos mains. — Que le chagrin et la tristesse serrent à jamais le cœur — de quiconque ne vous souhaite pas la joie !

GONZALO.

Ainsi soit-il ! amen !

ARIEL rentre avec LE PATRON et LE BOSSEMAN qui le suivent tout ébahis.

GONZALO, à Alonso.

— Voyez, seigneur ; voyez, seigneur : voici encore des nôtres.

Montrant le bosseman.

— J'avais prédit que, s'il y avait encore un gibet à terre, — ce gaillard-là ne se noierait pas. Eh bien ! blasphème vivant, — toi qui maudissais le ciel à bord, pas le moindre juron à la côte ? — Tu n'as plus de langue à terre ?... Quelles nouvelles ?

LE BOSSEMAN.

— La meilleure de toutes, c'est que nous avons trouvé sains et saufs — notre roi et sa suite ; la seconde, c'est que notre navire, — qu'il y a trois heures nous croyions en pièces, — est aussi solide, aussi preste, aussi vaillamment gréé que — le premier jour où nous mîmes à la mer.

ARIEL, à part, à Prospero.

Seigneur, tout cela, — je l'ai fait depuis mon départ.

PROSPERO, à part.

Mon habile esprit !

ALONSO.

— Ces événements ne sont pas naturels. Ils deviennent — de plus en plus étranges.

Au bosseman.

Dites-moi, comment êtes-vous venus ici?

LE BOSSEMAN.

— Si je croyais, seigneur, être bien éveillé, — j'essaierais de vous le dire. Nous étions morts de sommeil, — et (comment? nous ne savons) tous entassés sous les écoutilles, — quand, tout à l'heure, un bruit bizarre, où se mêlaient — des rugissements, des cris, des hurlements, des cliquetis de chaînes — et toutes sortes de sons horribles, — nous a réveillés. Soudain, nous étions libres, — et nous contemplions, dans toute la fraîcheur de sa parure, — notre bon et vaillant navire royal; notre maître — bondissait pour le voir. En un clin d'œil, ne vous déplaise, — nous avons été séparés des autres comme dans un rêve, — et amenés ici, malgré nos grimaces.

ARIEL, à part, à Prospero.

Ai-je bien fait les choses?

PROSPERO, à part.

— A merveille! La diligence même! Tu vas être libre.

ALONSO.

— Voilà bien le plus étrange dédale où jamais homme ait mis le pied. — Dans une affaire pareille, la nature — ne saurait servir de guide. Il faut que quelque oracle — dirige notre intelligence.

PROSPERO.

Seigneur, mon suzerain, — ne vous fatiguez pas à rebattre votre esprit — de l'étrangeté de cette affaire. Nous choisirons un moment — bientôt, et je vous expliquerai en particulier, — d'une façon qui vous paraîtra plausible, chacun — des accidents qui sont arrivés... Jusque-là, réjouissez-vous, — et croyez que tout est bien.

SCÈNE IX. 277

A part.

Viens ici, esprit! — Mets Caliban et ses compagnons en liberté. — Dénoue le charme.

Ariel sort.

A Alonso.

Comment va mon gracieux seigneur? — Il vous manque encore, de votre suite, — d'étranges gaillards que vous oubliez. —

Rentre ARIEL, amenant CALIBAN, STEPHANO et TRINCULO, dans les habits qu'ils ont volés.

STEPHANO.

Que chacun s'évertue pour tous les autres, et que nul ne se soucie de soi-même! Car tout n'est que hasard ici-bas... *Coragio*, monstre, *Coragio!*

TRINCULO.

Si les espions que je porte dans ma tête ne me trompent pas, voici un superbe spectacle.

CALIBAN.

— O Setebos, voilà de magnifiques esprits, vraiment! — Comme mon maître est beau! J'ai bien peur — qu'il ne me châtie.

SÉBASTIEN.

Ha! ha! — Quels sont ces êtres, monseigneur Antonio? — Sont-ils à vendre pour argent?

ANTONIO.

Très-probablement. L'un d'eux — est un vrai poisson, bon, à coup sûr, pour le marché.

PROSPERO.

— Regardez les galons de ces hommes, messeigneurs, — et dites-moi s'ils sont honnêtes.

Montrant Caliban.

Ce coquin difforme — est le fils d'une sorcière, une sorcière si puissante — qu'elle pouvait agir sur la lune, faire le flux et le reflux, — et rivaliser avec l'astre, sans en avoir la puissance. — Tous trois m'ont volé ; et ce demi-diable — (car c'est un démon bâtard) avait comploté avec les deux autres — de m'arracher la vie.

<small>Montrant Trinculo et Stephano.</small>

Ces deux-là, — vous devez les reconnaître comme à vous.

<small>Montrant Caliban.</small>

Quant à cet être de ténèbres, — je le reconnais comme mien.

<small>CALIBAN.</small>
Je vais être pincé à mort.

<small>ALONSO.</small>
— Mais n'est-ce pas Stephano, mon sommelier ivrogne?

<small>SÉBASTIEN.</small>
— Il est ivre en ce moment même ; où a-t-il eu du vin?

<small>ALONSO.</small>
— Trinculo est mûr : il chancelle... Où donc ont-ils trouvé — cet élixir grandiose qui les a ainsi dorés?

<small>A Trinculo.</small>

— Qui t'a mis à cette sauce-là ? —

<small>TRINCULO.</small>
Je suis à cette sauce depuis que je vous ai vu. Ah! je crains bien qu'elle ne me sorte plus des os; je n'ai plus peur des piqûres de mouches.

<small>SÉBASTIEN.</small>
— Et toi, comment vas-tu, Stephano?

<small>STEPHANO.</small>
Oh! ne me touchez pas; je ne suis pas Stephano, mais une crampe.

<small>PROSPERO.</small>
— Vous vouliez être roi de cette île, drôle? —

<small>STEPHANO.</small>
J'aurais été un roi bien sensible alors.

SCÈNE IX.

ALONSO, montrant Caliban.

— Voici l'être le plus singulier que j'aie jamais vu.

PROSPERO.

— Il est difforme dans ses goûts — comme dans ses dehors.

A Caliban.

Drôle, allez dans ma grotte, — emmenez avec vous vos compagnons : si vous tenez — à avoir votre pardon, arrangez-la soigneusement.

CALIBAN.

— Oui, je vais le faire ; et je serai bien sage désormais — pour obtenir grâce. Triple âne que — j'étais, de prendre cet ivrogne pour un dieu — et d'adorer cet imbécile !

PROSPERO.

Allez ! hors d'ici !

ALONSO, à Stephano et à Trinculo.

— Détalez, et remettez vos hardes où vous les avez trouvées.

SÉBASTIEN.

— Ou plutôt volées.

Sortent Stephano, Trinculo et Caliban.

PROSPERO, à Alonso.

Seigneur, j'invite votre altesse et sa suite — à entrer dans ma pauvre grotte; vous vous y reposerez — pour cette seule nuit, dont j'emploierai une partie — à des récits qui, je n'en doute pas, la feront — passer vite. Je vous ferai l'histoire de ma vie — et des divers événements qui sont arrivés — depuis ma venue dans cette île. Dès le matin, — je vous conduirai à votre vaisseau, puis droit à Naples, — où j'espère voir célébrer — les noces de nos bien-aimés. — De là, je me retirerai à Milan, où — je donnerai à ma tombe une pensée sur trois.

ALONSO.

Il me tarde — d'entendre l'histoire de votre vie. Elle doit — surprendre merveilleusement l'oreille.

PROSPERO.

Je vous confierai tout. — Je vous promets des mers calmes, des brises favorables, — et des voiles rapides qui emporteront bien vite votre royale flotte.

A part.

Ariel! mon poussin! — charge-toi de cela! Puis, dans les éléments — sois libre! Adieu!

Au roi et aux seigneurs.

Venez, je vous prie.

Ils sortent.

ÉPILOGUE

DIT PAR PROSPERO.

— Maintenant, tous mes charmes sont détruits. — Je suis réduit à ma propre force, — et elle est bien peu de chose... A présent, c'est vrai, — vous êtes maîtres de me confiner ici — ou de m'envoyer à Naples. Oh! — puisque j'ai repris mon duché — et pardonné au traître, ne me laissez pas — demeurer sous le charme dans cette île nue; — mais délivrez-moi de mes liens — à l'aide de vos mains complaisantes. — Il faut que vos murmures favorables — emplissent mes voiles; sinon, adieu mon projet, — qui était de vous plaire. Je n'ai plus maintenant — d'esprit pour dominer, d'art pour enchanter, — et ma fin sera le désespoir, — si je ne suis sauvé par une prière, — assez irrésistible pour prendre d'assaut — la miséricorde même, et amnistier toutes les fautes. — Comme vous souhaitez être pardonnés, — daigne votre indulgence m'absoudre.

FIN DE LA TEMPÊTE.

NOTES

SUR

LE SONGE D'UNE NUIT D'ÉTÉ

ET

LA TEMPÊTE.

---

(1) Le titre que Shakespeare a donné à sa pièce : *Midsummer night's dream*, n'est pas ici exactement traduit, par la raison qu'il ne peut pas l'être. Le mot *Midsummer*, en effet, quoi qu'en disent les dictionnaires, n'a pas d'équivalent véritable en français. *Midsummer* ne signifie pas la mi-été ; ce n'est pas une époque vague de l'année. Midsummer est un jour de fête tout britannique qui est fixé dans le calendrier protestant au 24 juin, c'est-à-dire au commencement de l'été, et qui correspond à la Saint-Jean du calendrier catholique. Dans l'Angleterre shakespearienne, la nuit qui précédait Midsummer était la nuit fantastique par excellence. C'était pendant cette nuit, au moment précis de la naissance de saint Jean, que sortait de terre cette fameuse graine de fougère qui avait la propriété de rendre invisible. Les fées, commandées par leur reine, et les démons, conduits par Satan, se livraient de véritables combats pour s'emparer de cette graine. Les magiciens les plus audacieux avaient coutume de veiller au milieu des solitudes afin de prévenir les esprits et de saisir avant eux la précieuse semence. Mais ils étaient souvent obligés de soutenir une lutte terrible, et, s'ils n'employaient pas pour leur défense des charmes puissants, ils couraient risque de la vie. Heureux alors

ceux qui en étaient quittes pour des coups ! Grose, dans son *Provincial Glossary*, parle d'une personne qui, étant allée à la recherche de la graine, fut traînée à terre par les esprits, frappée à coups redoublés, et laissa son chapeau dans la bagarre. « A la fin, elle crut avoir pris une bonne quantité de graine, qu'elle avait soigneusement serrée dans une boîte, mais, quand elle revint chez elle, elle trouva la boîte vide. » — C'est encore au milieu de cette nuit-là que tout être à jeun, assis sous le porche d'une église, pouvait voir les esprits de ceux qui devaient mourir dans la paroisse pendant l'année traverser le cimetière, précisément dans l'ordre où leurs corps devaient y être portés, puis marcher vers la porte de l'église et y frapper. L'auteur du *Pandémonium* raconte qu'une nuit, l'un de ceux qui veillaient sous le porche s'étant endormi, ses compagnons virent son esprit frapper à la porte de l'église, tandis que son corps restait étendu à côté d'eux. — Si une jeune fille voulait, cette nuit-là, savoir qui elle épouserait, elle devait être à jeun, et faire les préparatifs d'un souper, dans la principale chambre de la maison ; elle n'avait qu'à mettre sur la table une nappe blanche, du pain, du fromage et de l'ale, puis à ouvrir la porte qui donnait sur la rue, et à revenir s'asseoir. A minuit, le spectre de son futur époux entrait, marchait vers la table, y remplissait un verre, buvait à la santé de sa fiancée, saluait et se retirait. — Un autre moyen, que les jeunes Anglaises employaient encore pour faire surgir l'apparition de leur mari à venir, consistait à déterrer un morceau de houille trouvé sous la racine du plantain, et à le placer cette nuit-là sous leur oreiller. Elles étaient sûres en s'endormant de voir en rêve celui qui leur était destiné. Cet usage existait encore à la fin du dix-septième siècle. « L'été dernier, écri-
» vait le chroniqueur Aubrey en 1695, la veille de la Saint-Jean-
» Baptiste, je me promenais accidentellement dans un pâturage der-
» rière Montague-House. Il était midi. Je vis là environ vingt-deux
» ou vingt-trois femmes, la plupart bien vêtues, toutes à genoux,
» comme si elles étaient occupées à sarcler. Je ne pus d'abord ap-
» prendre ce que cela signifiait ; à la fin, un jeune homme me dit
» qu'elles cherchaient un certain charbon sous une racine de plan-
» tain afin de le mettre cette nuit sous leur chevet, et de voir en
» rêve leur mari. » — Les disputes que les fées et les démons avaient cette nuit-là produisaient leur effet dans toutes les cervelles humaines. Tous ceux qui dormaient alors étaient sûrs de faire les rêves les plus bizarres et les plus biscornus. Dans *le Soir des Rois*, Olivia, parlant de l'apparent égarement de Malvolio, dit qu'il est en proie *à la folie de Midsummer*. En appelant sa comédie féerique : *Midsummer*

night's dream, Shakespeare a donc voulu la présenter comme un songe extraordinaire que ferait un homme endormi, la veille de la Saint-Jean. Et il explique lui-même sa pensée lorqu'il fait dire à Puck, dans un épilogue final :

> « If we shadows have offended,
> Think but this (and all is mended),
> That you have but slumber'd here,
> While these visions did appear,
> And this weak and idle theme,
> No more yielding but a dream,
> Gentles, do not reprehend. »

> « Ombres que nous sommes, si nous avons déplu,
> Figurez-vous seulement (et tout est réparé),
> Que vous n'avez fait ici qu'un somme,
> Tandis que ces visions apparaissaient.
> Quant à ce thème faible et vain,
> *Qui ne contient rien qu'un songe,*
> Messieurs, ne le condamnez pas. »

Beaucoup de commentateurs, ne tenant pas compte de cette explication donnée par le poëte, ont pensé que par ce titre : *Midsummer night's dream,* Shakespeare a voulu désigner l'époque où se passait l'intrigue même de sa comédie. La preuve que cette opinion est erronée, c'est que l'auteur a pris soin de nous avertir, par les paroles même d'un de ses personnages, que l'action a lieu au commencement de mai. Quand Thésée découvre dans le bois féerique les quatre amants couchés à terre, il dit à Egée que c'est sans doute *pour observer le rite de mai* qu'ils se sont levés de si bonne heure. Ainsi, ce n'est pas, comme on le croit généralement, dans une nuit d'été que Bottom et Titania se sont aimés, c'est dans une nuit de printemps. Cette rectification est d'autant plus nécessaire que Shakespeare a été accusé d'avoir choisi son titre trop légèrement et de s'être contredit lui-même.

La vérité, c'est qu'il n'y a aucune contradiction. Les événements féeriques, auxquels le spectateur est censé assister dans un rêve, ont lieu pendant la première nuit de mai ; mais le rêve lui-même, le spectateur est censé le faire pendant la nuit du 23 au 24 juin, la veille de Midsummer. Pour traduire par un équivalent le titre anglais, j'aurais pu intituler la pièce traduite : *Le Songe d'une Nuit de la Saint-Jean.* Mais cette traduction n'aurait aucune signification pour le lecteur français, qui n'associe pas à cette nuit solennelle les mêmes superstitions fantastiques que le public anglais. J'ai donc cru pouvoir conserver en tête de la pièce traduite le titre, aujourd'hui consacré, du chef-d'œuvre de Shakespeare : *Le Songe d'une Nuit d'été.*

Le Songe d'une Nuit d'été a été publié deux fois du vivant de son auteur, la première fois par le libraire Fisher, la seconde fois par l'imprimeur James Roberts. Ces deux éditions in-quarto ont paru la même année, en 1600. Elles ne contiennent pas les divisions par actes, qui ont été introduites, après la mort du poëte, dans le texte de la grande édition in-folio de 1623. J'ai donc cru devoir, dans ma traduction, ne tenir aucun compte de ces divisions, bien qu'elles aient été répétées dans toutes les éditions modernes, et j'ai restitué ainsi à l'œuvre de Shakespeare son unité originale.

(2) Ce titre de duc d'Athènes donné à Thésée nous indique tout de suite le personnage que nous avons sous les yeux.

Le Thésée de Shakespeare n'est pas le Thésée de l'antiquité, le vainqueur du Minotaure, le séducteur d'Ariane, l'époux de l'incestueuse Phèdre. C'est un grand seigneur du Moyen Age, qui n'a de classique que le nom. Ce n'est pas un héros, c'est un chevalier. Ce Thésée-là n'offre pas de sacrifices à Apollon ; il fête la Saint-Valentin, et il l'avoue en vers charmants. Non-seulement il est postérieur à Didon, mais il est postérieur à l'invention du blason, dont Hermia fait à Héléna une description si détaillée. Pour donner à ce personnage son vrai costume, il ne faudrait pas, comme le fait aujourd'hui la scène anglaise, nous le montrer vêtu d'une chlamyde, chaussé du cothurne, et coiffé du casque à crête des Grecs; il faudrait nous le faire voir tel qu'évidemment Shakespeare le rêvait, couvert d'une armure de la Renaissance, portant sur sa cuirasse un écusson et sur son casque une couronne, et brandissant, non la lame sans poignée des Athéniens primitifs, mais l'épée damasquinée de Bayard ou de La Palice. — Au reste, l'*anoblissement* de Thésée ne date pas du seizième siècle, mais du quatorzième. Bien longtemps avant Shakespeare, le vieux poëte Chaucer avait conféré à ce vaillant le titre de duc :

> Whilom, as olde stories tellen us,
> There was a duk that highte Theseus.
> Of Athenes he was lord et governour,
> And in his time swiche a conquerour,

That greter was ther non under the sonne.
Ful many a riche contree had he wonne.
What with his wisdom and his chevalrie,
He conquered all the regne of Feminie,
That whilom was ycleped Scythia;
And wedded the fresshe quene Ipolita,
And brought hire home with him to his contree
With mochel glorie and gret solempnitee,
And eke hire yonge sister Emelie.
And thus with victorie and with melodie
Let I this worthy duk to Athenes ride,
And all his host in armes him beside [1].

Jadis, comme les vieilles histoires nous le disent,
Il y avait un duc, nommé Thésée.
D'Athènes il était lord et gouverneur,
Et dans son temps un tel conquérant
Que jamais plus grand n'exista sous le soleil.
Il avait pris bien des riches contrées.
Grâce à sa sagesse et à sa chevalerie,
Il conquit tout le royaume de Feminie,
Qui jadis était appelé Scythie,
Et épousa la fraîche reine Hippolyte,
Et la ramena avec lui en son pays
Avec beaucoup de gloire et une grande solennité,
Et aussi sa jeune sœur Emilie.
Et ainsi, avec la victoire et la mélodie,
Je laisse ce digne duc chevaucher vers Athènes,
Suivi de toutes ses troupes en armes.

(3) Les belliqueuses amours d'Hippolyte et de Thésée forment également le prologue d'un drame excessivement curieux, qui fut publié pour la première fois avec les deux noms de Shakespeare et de Fletcher, et sous ce titre : *Les deux nobles Parents* [2]. Dans le premier acte de cette pièce, au moment où les deux fiancés se rendent au temple, trois reines vêtues de deuil viennent se jeter à leurs pieds et demander à Thésée de châtier Créon, qui les a faites veuves. L'une de ces reines supplie Hippolyte d'intercéder pour elles auprès du prince athénien, et lui adresse ces vers tout shakespeariens, que je traduis ici comme un magnifique commentaire sur la lutte du héros et de l'héroïne :

---

[1] Voir le *Conté du chevalier* dans les *Contes de Canterbury*.
[2] Voir cette œuvre traduite au seizième volume.

« Honorée Hippolyte, amazone redoutée, toi qui as tué le sanglier
» hérissé de faux; toi qui, avec ton bras aussi fort qu'il est blanc,
» aurais réussi à faire de l'homme le captif de ton sexe, si Thésée,
» ton seigneur, né pour maintenir la création dans la hiérarchie que
» lui a assignée la primitive nature, ne t'avait ramenée dans les li-
» mites que tu franchissais, en domptant à la fois ta force et son
» affection ! ô guerrière! toi qui donnes la pitié pour contrepoids à
» la vaillance, et qui, maintenant, je le vois, as plus de pouvoir sur
» Thésée qu'il n'en a jamais eu sur toi; toi qui disposes de sa puis-
» sance et de son amour servilement suspendu à tes paroles ; pré-
» cieux miroir des femmes ! demande-lui pour nous, qu'a brûlées
» la flamme de la guerre, l'ombre rafraîchissante de son épée ! »

(4) Cette célébration de la première matinée de mai dont parle
ici Lysandre, était une coutume fort ancienne en Angleterre. Il en
est fait mention dans les *Contes de Canterbury* de Chaucer, et dans
beaucoup de documents antérieurs. La fête de mai, qu'on appelait
May-day, était encore religieusement observée du temps de Shakespeare, non-seulement par les gens de la campagne, mais par la
noblesse et par la reine. Nul doute que le jeune William, quand
il demeurait chez son père, n'ait prit part bien souvent à cette fête
poétique. La nuit qui précédait la première matinée de mai, tous les
jeunes gens de Stratford, garçons et filles, partaient en bande et s'en
allaient dans le bois voisin. Là, on passait la nuit à chanter, à danser
et à s'embrasser, car il fallait se tenir éveillé jusqu'à l'apparition de
l'aurore. Dès que le premier rayon de soleil jaillissait, chacun cou-
pait une branche verte et s'en décorait; puis tous s'en revenaient à
la ville, faisant cortége à l'arbre de mai, déraciné pendant la nuit,
et rapporté triomphalement par un attelage de cinquante bœufs. Cet
arbre, devenu une sorte de mât de cocagne, était dressé ensuite sur
la grande place de la ville, et consacré par des chants et par des
danses à la déesse des Fleurs. — Les puritains, contemporains de
Shakespeare, attaquèrent avec violence cette fête, qui leur paraissait
une profanation païenne et qui a, en effet, une origine celtique. On
peut juger de leur dévote indignation par l'extrait suivant d'un livre
intitulé : *Anatomie des Abus*, et publié à l'époque même où fut joué
Le Songe d'une Nuit d'été:

« La veille du premier jour de mai, toutes les paroisses, toutes
» les villes, tous les villages se réunissent, hommes, femmes, en-
» fants; tous, en masse ou divisés par groupes, s'en vont, les uns
» aux bois et aux bosquets, les autres sur les collines et sur les

» montagnes. Là, tous passent la nuit dans d'agréables passetemps,
» et s'en reviennent le matin, rapportant des branches de bouleau
» et des rameaux d'arbres pour en orner leurs maisons. Mais le prin-
» cipal joyau qu'ils rapportent de là est l'arbre de mai, qu'ils ramè-
» nent chez eux en grande vénération de la façon que voici : ils ont
» vingt ou trente jougs de bœufs, chaque bœuf ayant un suave bou-
» quet de fleurs attaché au bout de ses cornes ; et ces bœufs traînent
» l'arbre de mai, idole odieuse toute couverte de fleurs et d'herbes
» attachées par des cordes, et souvent peinte de diverses couleurs,
» que suivent en grande dévotion trois ou quatre cents personnes,
» hommes, femmes et enfants. L'arbre étant ainsi équipé, on le
» dresse de nouveau après en avoir décoré le faîte de mouchoirs et
» de drapeaux flottants ; on jonche le terrain autour de lui, on l'en-
» lace de guirlandes vertes, on l'entoure de plantes et d'arbustes
» printaniers ; puis on se met à banqueter et à festoyer, à sauter et à
» danser tout autour, comme le faisait le peuple païen à la consé-
» cration de ses idoles. Et il n'y a à cela rien d'étonnant, car le
» grand seigneur qui préside à ces passetemps s'appelle Satan,
» prince de l'enfer. » (Stubbes's *Anatomie of Abuses*, p. 109, édit.
1595.)

La poésie protesta contre ces prédications furieuses ; et Shakespeare n'hésita pas à rétablir sur son théâtre cette fête de mai, si violemment dénoncée par les puritains. Toutefois, en dépit de ses efforts, cette célébration de la première aurore printanière fut prohibée par le parti niveleur, lors de son triomphe. Elle est aujourd'hui tombée presque partout en désuétude.

(5) Une chanson, attribuée à Ben Jonson, et fort populaire au temps de Jacques Ier, dépeint en vers pittoresques les fredaines de ce Robin *bon enfant*, que Shakespeare a immortalisé sous le nom de Puck :

>Par Obéron, le roi des esprits
>Et des ombres dans la terre des fées,
>Moi, le fou Robin, soumis à ses ordres,
>Je suis envoyé pour assister aux jeux nocturnes.
>>Les joyeuses cohues
>>Que je rencontrerai
>Dans tous les coins où j'irai,
>>Je les présiderai,
>>Et gai je serai,
>Et je m'amuserai avec des ho ! ho !

Plus vite que l'éclair je puis voler
    Dans l'espace aérien,
Et, en une minute, employer
Tout ce qui se trouve sous la lune.
    Pas de sorcière
Ni de revenant qui bouge,
On crie : Gare les lutins! là où j'irai.
    Mais moi, Robin,
    J'épierai les invités
Et je les renverrai chez eux par des ho! ho!

Quand je rencontre des traînards
Revenant de ces fêtes clopin-clopant,
Je les salue d'une voix contrefaite,
Et les appelle pour qu'ils errent avec moi,
    A travers bois, à travers lacs,
    A travers marais, à travers ronces ;
Ou bien je les suis, invisible,
    Pour leur faire une niche
    Au bon moment,
Et les bafouer par des ho! ho!

Tantôt je me présente à eux comme un homme,
Tantôt comme un bœuf, tantôt comme un chien;
Je puis aussi me changer en cheval
Pour piaffer et trotter près d'eux.
    Mais si de monter
    Sur mon dos ils essaient,
Plus vite que le vent je pars;
    Par-dessus les haies et les talus,
    A travers viviers et étangs,
    Je m'emporte en riant ho! ho!

Quand garçons et filles se régalent
De punch et de fines sucreries,
Invisible à toute la compagnie,
Je mange leurs gâteaux et déguste leur vin.
    Et, pour m'amuser,
    Je souffle et je ronfle,
Et j'éteins les chandelles,
    Je baise les filles,
Elles crient : qui est-ce?
Et je ne réponds rien que des ho! ho!

Parfois pourtant, afin de plaire aux filles,
A minuit je carde leurs laines,
Et, tandis qu'elle dorment et prennent leurs aises,
Je file leur lin au rouet.
    Au moulin je broie
    Parfois leur orge;
J'apprête leur chanvre; je tisse leur étoupe.
    Si quelqu'une s'éveille
    Et veut me surprendre,
Je me sauve en riant : ho! ho!

Quand elles ont besoin d'emprunter,
Nous leur prêtons ce qu'elles désirent,
Et nous ne demandons rien pour intérêt;
Notre principal est tout ce que nous voulons.
    Si à rembourser
    Elles tardent,
Je m'aventure au milieu d'elles,
    Et, nuit sur nuit,
    Je les épouvante
Par des pincements, des rêves et des ho! ho!

Quand les gueuses sont fainéantes
Et ne s'occupent que de gloser et de mentir,
Pour amener une querelle et se faire tort
Les unes aux autres en secret,
J'écoute leurs propos,
Et je les révèle
A ceux qu'elles ont outragés.
    Quand j'ai fini,
    Je m'esquive
Et les laisse maugréant : ho! ho!

A travers les sources et les ruisseaux, dans les prés verts,
Nous dansons la nuit notre ronde triomphale,
Et, à notre roi, à notre reine féeriques,
Nous chantons nos lais du clair de lune.
    Quand l'alouette commence à chanter,
    Vite nous filons;
Nous volons en passant les marmots nouveau-nés,
    Et dans le lit, en place,
    Nous laissons un sylphe,
Et nous nous sauvons en riant : ho! ho!

> Depuis le temps de Merlin, ce nourisson des stryges,
> Je me suis ainsi diverti chaque nuit ;
> Et pour mes fredaines on m'appelle
> Robin le Bon Enfant.
> Démons, spectres, fantômes,
> Qui hantent les nuits,
> Sorcières et lutins me connaissent ;
> Et les vieilles grand'mères
> Ont raconté mes exploits.
> Sur ce, adieu ! adieu ! ho ! ho !

Ces vers sont évidemment inspirés par une ballade beaucoup plus ancienne, dont on retrouve quelques strophes dans un roman féerique, récemment réimprimé par M. Collier et ayant pour titre : *Les joyeuses fredaines et les gaies plaisanteries de Robin Bon Enfant.* Je traduis de cet ouvrage le chapitre suivant, qui contient un de ces couplets :

COMMENT ROBIN BON ENFANT ÉGARA UNE BANDE DE COMPAGNONS.

« Une bande de jeunes gens, ayant fait bombance avec leurs bonnes amies, revenaient au logis et traversaient une bruyère. L'ayant su, Robin Bon Enfant alla à leur rencontre, et, pour faire une farce, les fit promener en tous sens sur la bruyère pendant toute la nuit, si bien qu'ils ne surent comment s'en tirer : car il marchait devant eux sous la forme d'un feu follet, qu'ils virent et suivirent tous jusqu'à l'apparition du jour. Alors Robin les quitta et, à son départ, leur dit ces paroles :

> Allez chez vous, joyeux camarades :
> Dites à vos mamans et à vos papas
> Et à tous ceux qui désirent des nouvelles,
> Comment vous avez vu un feu follet.
> Filles qui souriez et balbutiez,
> En m'appelant Willy Wisp,
> Si ce jeu pour vous n'est que fatigue,
> Pour moi il n'est que plaisir.
> En marche ! Allez à vos logis,
> Et je pars en riant : ho ! ho !

Les compagnons furent bien contents de son départ, car ils avaien tous grand'peur qu'il ne leur fît du mal. »

Shakespeare avait sans doute cette aventure présente à la pensée, quand, dans le récit de la fée, il dénonce Puck comme *égarant la nuit les passants, et riant de leur peine.*

(O) Le personnage d'Obéron était évidemment fort populaire au moment où le poëte l'a mis en scène. En Angleterre même, deux écrivains renommés l'avaient célébré avant Shakespeare : Greene, dans son drame de *Jacques IV*, et Spenser, dans son poëme de la *Reine des Fées.* L'empire d'Obéron était alors universellement reconnu par la poésie comme par le peuple. Mais la fondation de cet empire est bien antérieure au règne d'Élisabeth : elle remonte à l'époque que je serais tenté d'appeler les temps héroïques de l'histoire moderne. Obéron, en effet, n'a pas fait sa première apparition dans la légende française d'*Huon de Bordeaux*, ainsi que la critique anglaise l'a cru généralement. *Huon de Bordeaux*, que Shakespeare a certainement connu par la fidèle traduction de lord Berners, est une légende du quatorzième siècle qui fait partie du *roman de Charlemagne* et qui fut imprimée pour la première fois en *petit in-folio*, aussitôt après la découverte de Guttemberg et de Faust. Mais Obéron est bien antérieur à Huon de Bordeaux. Il appartient à la tradition celtique par le roman breton de la *Table Ronde*, et figure, sous le nom de Tronc le Nain, dans l'histoire d'Isaïe le Triste, fils de Tristan et d'Yseult. Il était donc déjà bien célèbre, quand un trouvère, probablement contemporain de Philippe le Bel, le fit intervenir dans *la Fleur des Batailles*. Obéron est le digne frère de la fée Morgane, et il est tout naturel qu'il s'intéresse très-vivement à ce bon Ogier le Danois, si tendrement aimé par sa sœur. Aussi, est-ce par l'ordre du roi des fées que Papillon, *luiton* (lutin) de terre, se présente à Ogier, perdu dans une île déserte, et le transporte au splendide château d'Avalon. Mais c'est dans la charmante légende d'*Huon de Bordeaux* qu'Obéron joue son plus beau rôle. Il apparaît là, comme dans le *Songe d'une nuit d'été,* avec tout le prestige de sa puissance tutélaire. Il faut lir le roman français pour voir avec quelle fidélité Shakespeare a peint la figure traditionnelle d'Obéron et avec quel tact exquis il a laissé au roi des fées ces deux traits principaux de son caractère, la rancune et la générosité. On peut en juger par cette courte analyse :

Le jeune Huon de Bordeaux venait de succéder à son père Sévin dans le duché de Guyenne. Suivi d'une faible escorte, accompagné de son frère Girard et de son oncle l'abbé de Cluny, il se rendait à Paris pour faire hommage à l'empereur Charlemagne. La cavalcade était engagée dans le bois de Montlhéry ; le petit Girard courait en avant et s'amusait à faire voler son autour. Le soir était venu, et le damoiseau, attiré par l'oiseau, passait devant un fourré épais, quand tout à coup un personnage masqué fondit sur lui et d'un coup de lance le jeta à bas de son cheval. Girard blessé pousse un cri perçant qui retentit dans toute la forêt. Huon l'entend, accourt au galop et interpelle l'assaillant, l'épée à la main. — Lâche, qui donc es-tu ? lui crie-t-il. — Je suis le fils du duc Thiéry d'Ardennes, auquel le duc Sévin, ton père, enleva trois châteaux, et je me venge du père sur les enfants. — Ce disant, l'homme masqué donne de toute sa lance sur Huon. Huon, qui n'avait pas d'armure, avait eu la bonne idée de jeter son manteau sur son bras gauche. C'est sur ce bouclier qu'il reçoit le coup de lance ; le fer s'accroche dans les plis et laisse l'assaillant à découvert. Huon en profite, se dresse sur ses étriers, et assène sur le casque de son adversaire un coup d'épée qui lui fend le crâne. L'homme tombe à terre, jette un râle affreux, et meurt. Aussitôt Huon aperçoit dans la forêt une foule de gens armés, il appelle les chevaliers de son escorte et les range en bataille, pendant que l'abbé de Cluny panse la blessure de Girard. La bande ennemie n'ose attaquer et se retire. Huon relève le cadavre, le met en travers sur un cheval qu'un de ses écuyers doit conduire au pas, aide son frère à remonter en selle, et tous reprennent leur course vers Paris.

Enfin, le cortége arrive. L'abbé de Cluny présente le duc, son neveu, à l'empereur ; mais Huon refuse de se mettre à genoux devant Charlemagne, il lui montre son frère qui vient d'entrer dans la salle, soutenu par deux écuyers, et lui reproche hautement d'avoir autorisé le guet-apens. L'empereur se défend naïvement de cette complicité avec un chevalier félon, et prétend être fort aise que le jeune duc ait si bien châtié ce traître de Thiéry. A ce moment, une rumeur extraordinaire se fait entendre dans la cour du palais. Un cavalier vient d'y apparaître portant sur les arçons de sa selle le cadavre d'un homme armé, et la foule assemblée mêle à ses cris de douleur le nom de Charlot.

A ce nom qui lui est si cher, Charlemagne tressaille. Saisi d'un pressentiment sinistre il descend dans la cour, s'élance au-devant du cavalier, et, dans le cadavre qui vient d'être apporté, l'empereur reconnaît, ô stupeur ! non pas Thiéry des Ardennes, mais son propre fils, Charlot ! Charlot, son aîné ! Charlot, son enfant bien-aimé, à qui il eût donné sa couronne pour hochet !

Le fait n'était que trop vrai. C'était en réalité Charlot qui s'était embusqué comme un brigand dans le bois de Montlhéry, et qui avait voulu tuer Huon et son frère pour leur voler leur duché. Afin de mieux garder l'incognito, Charlot avait pris le nom de Thiéry des Ardennes. Mais le coup n'avait pas réussi; la trahison s'était retournée contre le traître; et, au lieu de gagner une province, ce prince de grands chemins avait perdu la vie.

Le désespoir de Charlemagne n'en fut pas moins grand. Furieux, il voulait courir dans la chambre de Huon et l'occire immédiatement. Mais le sage duc de Bavière le retint, et parvint à lui faire comprendre que Huon, étant duc de Guyenne, était pair de France, et qu'étant pair de France, il ne pouvait être jugé et condamné que par la cour des pairs assemblés.

La cour remit la sentence au jugement de Dieu. Un ami de Charlot, le comte Amaury de Hautefeuille, affirmait que Huon avait tué le prince sans que celui-ci l'eût provoqué, et se disait prêt à soutenir sa déclaration les armes à la main. Les gantelets furent échangés, et le combat judiciaire eut lieu. Dieu se prononça en faveur de l'innocent, et Huon trancha d'un coup d'épée la tête d'Amaury. — Charlemagne n'était nullement satisfait de cette décision; il prétendit que le coup d'epée ne prouvait rien, que le Seigneur Dieu pouvait s'être trompé, et que, parce que Huon avait occis loyalement Amaury, ce n'était pas une raison pour qu'il n'eût pas occis traîtreusement Charlot. Cependant, à la prière des pairs, l'empereur consentit à accepter l'hommage du duc de Guyenne et à lui pardonner la mort de son fils. Mais il y mit des conditions : « Je reçois ton hom-
» mage, dit-il à Huon, et je te pardonne la mort de mon Charlot, mais
» je t'ordonne de partir sur-le-champ pour aller chez l'amiral sarrasin
» Gaudisse. Tu te présenteras au moment où il sera à table; tu cou-
» peras la tête du plus grand seigneur que tu trouveras assis le plus
» près de lui; tu baiseras trois fois à la bouche, en signe de fian-
» çailles, sa fille unique Esclarmonde, qui est la plus belle pucelle du
» monde, et tu exigeras en mon nom de l'amiral, entre autres dons
» et tributs, une poignée de sa barbe blanche, et quatre de ses
» grosses dents mâchelières. »

Toutes terribles qu'elles sont, le jeune duc accepte ces conditions. Il laisse la régence de son duché à sa mère, la princesse Alix, sœur du pape, et se met en route. D'abord, il se rend à Rome pour prendre en passant la bénédiction du Saint-Père, puis s'embarque pour la Palestine. Après avoir visité les saints lieux, il se décide enfin à gagner les États de l'amiral Gaudisse. Mais il se trompe de route, et, comme il ne sait pas un mot de syriaque, le voilà perdu. Heureusement, le pape prie pour lui, et ce n'est pas en vain. Après avoir erré trois jours dans une forêt, il rencontre un homme de haute taille et aux cheveux déjà gris. Cet homme, reconnaissant un chevalier chrétien à la manière dont Huon est armé, arrive à lui et l'interpelle. O miracle ! il parle la même langue que Huon, la plus pure langue d'Oc ! Qui est-il donc? Il s'appelle Gérasme ; il est le propre frère du maire de Bordeaux ! Il a été fait prisonnier dans la bataille même où son cher maître, feu le duc Sévin de Guyenne, a été tué ! Il s'est échappé de prison, et il vit depuis trois ans dans la forêt ! — De son côté, Huon s'est fait vite connaître du bon vassal, qui ne fait que baiser les mains de son jeune seigneur. — Désormais, ils ne se quitteront plus. Gérasme, qui sait le sarrasin et qui possède à fond sa carte d'Asie, s'offre à conduire Huon dans les États de l'amiral Gaudisse. Mais c'est un voyage bien périlleux. Pour y parvenir, il va falloir traverser une forêt où jamais paladin n'a osé pénétrer et où les hommes risquent fort d'être métamorphosés en bêtes. Mais qu'importe à Huon ? Il entre intrépidement dans le vilain bois, et Gérasme a grand'peine à le suivre, malgré l'excellent galop d'un cheval arabe qu'il vient de prendre à un bandit sarrasin.

Après quelques minutes, nos deux chevaliers arrivent à une étoile à laquelle aboutissent un certain nombre d'allées à perte de vue. A l'extrémité d'une de ces avenues, est un palais éblouissant qui semble se confondre avec les rayons du soleil levant, et dont ils peuvent à peine regarder fixement le toit d'or, tout constellé de girouettes de diamant. Leur surprise augmente, quand ils voient sortir par la grande porte de ce palais un carrosse d'une légèreté extraordinaire qui semble venir au-devant d'eux. Bientôt Huon peut y distinguer un personnage dont il fait remarquer à Gérasme le manteau chargé de pierreries. Ce personnage est si petit qu'on le prendrait pour un bambin de quatre ou cinq ans. — Séduit par sa beauté et par la douceur de son regard, Huon veut attendre le nouveau-venu et lier conversation avec lui. Mais Gérasme est pris d'une peur effroyable. Il saisit par la bride le destrier de Huon, et, frappant sur le sien à grands coups de houssine, il force le duc à rebrousser chemin. Le carrosse semble redoubler de vitesse pour rattraper les deux fugitifs. Déjà Huon entend une voix enfantine qui lui crie : « *Approche et écoute-moi, duc Huon, c'est en vain que tu me fuis.* » Gérasme galoppe de plus belle, entraînant son maître avec lui. Un orage épouvantable éclate. La forêt se remplit d'éclairs. Tout en courant, nos cavaliers arrivent enfin en vue d'un monastère de cordeliers et de sœurs clairettes. Gérasme alors se croit sauvé. Il est impossible, pense-t-il, que ce personnage, évidemment diabolique, ose les poursuivre dans une enceinte aussi sacrée. Il met pied à terre et force Huon à en faire autant. Justement il y avait procession générale. Gérasme se faufile donc au milieu des bannières, bien sûr d'être là à l'abri de son persécuteur. Mais, ô sacrilége! le personnage du carrosse vient de pénétrer dans le sanctuaire, et le voilà, pour comble d'audace, qui se met à jouer du cor. A peine la première note a-t-elle retenti, que tous les assistants se trémoussent d'une façon extraordinaire. Tous les moines et toutes les nonnes se mettent à gambader avec un entrain furibond; et le bon Gérasme lui-même, empoignant une vieille religieuse, l'entraîne sur la pelouse dans le pas de deux le plus échevelé. Seul, au milieu de ce bal improvisé, Huon de Bordeaux est resté impassible. Alors, le nain s'approche de lui, et lui dit de sa voix la plus douce : *Duc de Guyenne, je te conjure, par le Dieu qui créa le ciel et la terre, de me parler.* — *Qui que vous soyez, seigneur*, répond le duc, *je suis prêt à vous écouter.* — *Huon, mon ami*, poursuit le nain, *j'aimai toujours ta race et tu m'es cher depuis ta naissance; l'état de grâce où tu étois en entrant dans mon bois te mettroit à couvert de tout enchantement, quand même je ne te voudrois pas autant de bien. Si ces moines, ces nonnains et mesme ton ami Gérasme avoient une conscience aussi pure que la tienne, mon cor ne les feroit pas danser; mais quel est le moine ou la nonnain qui puisse sans cesse se défendre d'écouter la voix du tentateur? Et Gérasme, dans le désert, a souvent douté du pouvoir de la Providence.* Cependant la danse continuait toujours, et les couples, s'embarrassant dans leurs longues robes, faisaient les plus étranges culbutes sur la pelouse. Enfin, Huon intercéda pour eux, et le nain consentit à suspendre le charme. Aussitôt, tous s'arrêtèrent; les frères rajustèrent leur froc, les sœurs leur robe, et chacun rentra dans sa cellule. Gérasme, après le galop qu'il venait de subir, ne demandait pas mieux que d'être sage. Il se réconcilia avec le nain. Celui-ci l'invita à s'asseoir à côté de Huon, et, pour lui prouver qu'il l'avait méconnu, il voulut bien lui dire qui il était.

Il raconta donc qu'un jour, à l'époque des guerres civiles de Rome, Julius César, étant sur la mer, aperçut une île que personne ne pouvait voir, et qu'il voulut y aborder, malgré les représentations des chevaliers romains qui l'accompagnaient sur le vaisseau. Il ordonna donc de jeter l'ancre et de mettre une chaloupe à l'eau, puis se fit conduire vers la rive de cette île invisible. A peine eut-il mis le pied sur la plage, que la fée Glorianthe se présenta à lui et lui déclara qu'ayant eu envie de devenir mère, elle avait cru devoir choisir le futur vainqueur de Pharsale pour accomplir en elle cette métamorphose. Enchanté de la prophétie, César ne demanda pas mieux; il resta toute une nuit avec la belle fée, et ne regagna son vaisseau que tard dans la matinée. Neuf mois après cette visite, Gloriande mettait au monde un fils. Elle le doua d'une beauté égale à la sienne et d'une puissance qu'il ne pouvait exercer, comme elle, que pour punir le vice et récompenser la vertu. Malheureusement, Gloriande avait une sœur qui était fort jalouse d'elle, et le nouveau-né n'était pas plus tôt dans son berceau que la méchante tante, le touchant de sa baguette, le condamna à ne plus grandir dès l'âge de quatre ans, à être hideux pendant trente, et à ne reprendre son pouvoir et sa beauté native qu'après avoir passé ces trente ans dans la servitude. Le sinistre charme s'accomplit. Dès l'âge de quatre ans, l'enfant de Gloriande et de Julius César devint affreux, mais si affreux qu'on n'aurait pu trouver, dans aucune cour d'Allemagne, un nabot aussi contrefait! Ce fut alors que, pour cacher sa naissance illustre, il prit le pseudonyme de *Tronc le Nain*, et c'est sous ce nom qu'il servit Isaïe le Triste. Après l'avoir servi trente ans, il reprit sa première forme, qu'il a, depuis, gardée toujours. — Ce fils de Gloriande et de Julius César, ajouta le nain en terminant son récit, c'est celui qui vous parle, c'est moi.

On devine avec quelle surprise Huon et Gérasme écoutaient ce marmouset de huit cents ans. Tous deux, ayant fait leurs humanités, connaissaient parfaitement l'histoire des chevaliers de la Table Ronde; ils savaient donc que le personnage qui avait pris jadis le nom de Tronc le Nain n'était autre que le fameux roi de féerie, OBÉRON.

C'était Obéron qu'ils avaient devant eux! Obéron, le sauveur d'Isaïe le Triste! Obéron, le protecteur d'Ogier le Danois! Aussi, quels grands yeux ils ouvrirent!

Huon de Bordeaux n'eut pas besoin de raconter au roi ses aventures : Obéron les savait déjà. Il ne dissimula pas au jeune duc les difficultés qu'il aurait à surmonter pour remplir la mission que Charlemagne lui avait imposée; mais, en même temps, il lui promit sa protection, et, pour premiers gages de sa faveur, il lui fit cadeau d'un gobelet et de son cor d'ivoire. Le gobelet était une timbale magique, qui avait la propriété de se remplir de vin chaque fois qu'un honnête homme le prenait. Quant au cor, il devait être d'une double utilité : Huon n'avait qu'à en tirer la note la plus douce pour faire danser tous ceux dont l'âme n'était pas pure devant Dieu, et il n'avait qu'à y souffler de toute sa force, dans un danger pressant, pour voir accourir à son secours Obéron et son armée féerique.

Le jeune duc accepte ces deux cadeaux avec une profonde reconnaissance. — Il fait au roi de féerie les adieux les plus touchants, et, suivi du fidèle Gérasme, se remet en route pour gagner les États de l'amiral Gaudisse. — Il passe par la cité sarrasine de Tourmont, dont il extermine le soudan, traverse l'empire du géant Angoulafre, qu'il pourfend dans un combat fort singulier, confie à Gérasme le gouvernement de cet empire, et, enfin, porté par un lutin pur sang qu'Obéron lui envoie, arrive dans les faubourgs de cette fameuse Babylone, où règne l'amiral Gaudisse. Le moment est enfin venu pour Huon d'exécuter les ordres de Charlemagne. Il s'agit, comme on s'en souvient, d'entrer chez l'amiral au moment de son dîner, puis d'égorger le plus grand seigneur assis près de lui, puis de baiser trois fois sur la bouche sa fille Esclarmonde, et, enfin, de lui arracher à lui-même, comme tribut, un certain nombre de poils et quatre dents mâchelières.

Huon attendit donc patiemment l'heure où l'amiral devait se mettre à table, et se dirigea vers le palais, armé de son épée, de sa lance, du cor et du gobelet d'Obéron, et de l'anneau d'or de ce terrible géant Angoulafre, dont l'amiral était vassal. La difficulté pour Huon était de s'introduire dans le palais, dont l'entrée n'était permise qu'à de bons Sarrasins. Cependant, il n'hésita pas et franchit la grande porte, en déclarant aux gardes qu'il croyait en Mahom. Mais il se doutait peu des conséquences terribles que devait avoir ce mensonge.

Il pénètre ainsi jusqu'à la salle à manger. L'amiral Gaudisse donnait, ce soir-là, un grand dîner à quelques soudans de ses amis. Il avait à sa droite le roi d'Hyrcanie et à sa gauche sa fille Esclarmonde, qui était, comme on sait, la plus belle pucelle de la terre. Huon, pensant avec raison que le plus grand seigneur de la société devait être à la droite de l'amiral, s'élance incontinent sur le roi d'Hyrcanie et lui tranche la tête. Gaudisse, tout éclaboussé par le sang et la cervelle de son voisin, se lève furieux et ordonne d'arrêter le misérable qui a osé... Huon l'interrompt, en exhibant la bague d'Angoulafre : *Respecte l'anneau de ton suzerain*, dit-il à l'amiral. Coup de théâtre. Gaudisse, qui ignore la mort du géant son maître, se courbe respectueusement devant le sceau d'Angoulafre. Huon en profite pour prendre Esclarmonde par la taille, et pour lui appliquer sur les lèvres trois gros baisers. Au premier baiser, Esclarmonde était pâle; au second, elle était rose; au troisième, elle était rouge. Les fiançailles étaient consommées.

Il ne restait plus à Huon qu'à accomplir la dernière condition imposée par Charlemagne, mais celle-là était la plus difficile. Malgré toute la complaisance que l'amiral avait montrée jusque-là, il fit quelques difficultés pour se laisser extirper sa barbe et ses quatre grosses dents mâchelières. — « *Chrétien!* dit-il d'un ton suppliant, *je te conjure, par le crucifié que ton âme adore, de me dire la vérité. Je te conjure de me dire ce que fait à présent mon seigneur Angoulafre' et par quel hasard tu parais ici avec son anneau?* » A cette question, Huon répondit tout simplement qu'il avait pourfendu en duel le géant, et qu'il s'était emparé de sa bague après l'avoir occis.

L'amiral Gaudisse, qui ouvrait déjà la bouche pour se laisser arracher ses quatre dents, la referma aussitôt avec emportement. Il n'eût consenti à cette extraction désagréable que pour ne pas encourir la colère du terrible géant. Mais maintenant qu'il savait le géant mort, il n'avait plus peur de rien. Il se tourna donc vers ses gardes, et leur ordonna avec autorité d'arrêter ce scélérat, qui venait d'égorger son hôte et de baiser sa fille. A l'instant même, les satellites de l'amiral se précipitent sur l'intrus. Huon n'a que le temps de sauter sur un rétable de marbre; c'est de là qu'il soutient une lutte inégale contre cette soldatesque qui se renouvelle continuellement. A peine a-t-il fait voler une tête qu'une autre la remplace. Huon n'a qu'un bras, et l'ennemi en a dix mille. Bientôt, épuisé, défaillant, Huon n'a plus qu'une ressource, c'est d'appeler Obéron à son aide. Il embouche le cor, et il souffle la fanfare la plus désespérée. Hélas! personne ne paraît. Obéron a bien entendu l'appel, mais il ne peut y répondre, car le mensonge que Huon a commis pour entrer dans le palais interdit au roi des fées de le secourir. Ne pouvant plus se défendre, Huon est fait prisonnier, garrotté et plongé dans un cachot, où l'amiral Gaudisse le condamne à mourir de faim.

Mais le petit Cupidon est moins scrupuleux que le petit Obéron. L'amour protége le pécheur que la féerie abandonne. Esclarmonde, que Huon a séduite, séduit le geôlier de Huon, et, en cachette, porte des vivres à son bien-aimé. Grâce aux soins de la princesse, le prisonnier, que Gaudisse croit mort, se porte parfaitement. Il n'attend plus qu'une occasion pour s'évader : un événement extraordinaire la lui fournit. Cet événement n'est ni plus ni moins que l'arrivée du géant Agrapard, souverain de Nubie, lequel vient d'envahir les États de l'amiral Gaudisse pour le soumettre à un énorme tribut. Ce géant est encore plus terrible que son frère, feu Angoulafre. On voit d'ici l'épouvante de Gaudisse. Combien il regrette alors d'avoir fait mourir ce bon chrétien qui avait vaincu Angoulafre! lui seul pouvait triompher d'Agrapard! Plût à Mahom qu'il fût vivant! Esclarmonde profite du moment pour révéler à son père que Huon n'est pas mort. Bien plus, le captif s'offre, s'il est délivré, à mettre à la raison le redoutable Agrapard. Gaudisse accepte avec enthousiasme. Il rend à Huon ses armes, son gobelet et son cor d'ivoire. Celui-ci relève le gant qu'a jeté Agrapard, et le combat a lieu. Il va sans dire que Huon est vainqueur. Agrapard se rend à merci et lui remet son épée. Huon offre galamment ce glaive à l'amiral et lui demande, pour prix de son triomphe, de lui octroyer une faveur. L'amiral l'accorde d'avance. Eh bien, la grâce que Huon implore du père de son Esclarmonde, c'est de jeter le turban aux orties et de se faire chrétien. A cette proposition, Gaudisse entre en fureur. Lui, abjurer Mahom! lui, se séparer de son turban! il aimerait mieux se défaire de toutes ses dents et de tous les poils de sa barbe! Il accable Huon d'injures, le traite de mécréant, et ordonne à ses gardes de l'arrêter, pour le replonger dans les cachots. Mais, au moment où la soldatesque va mettre la main sur lui, Huon prend son cor et en extrait une si formidable fanfare, que tout le royaume de féerie en retentit. Obéron entend l'appel de son protégé. Cette fois, il n'a plus de rancune : il regarde le mensonge de Huon comme suffisamment expié par sa longue captivité. Aussi, à peine le cor d'ivoire a-t-il frémi, que le roi de féerie accourt à la tête de son armée de sylphes et de lutins. Toute la garde sarrasine est couverte de chaînes. Une voix effrayante, qui semble sortir du ciel, somme Gaudisse de se convertir. L'amiral répond par un blasphème. Alors une main invisible lui enlève son propre cimeterre et le décapite. Aussitôt, se rappelant le vœu qu'il a fait, Huon ramasse la tête de l'amiral et en arrache une poignée de barbe et les quatre dents mâchelières. Mais comment déposer en lieu sûr ces gages si importants de sa victoire? Obéron a une idée lumineuse. C'est au fidèle Gérasme qu'il faut les confier, et pour plus de sécurité, c'est dans le corps même de Gérasme qu'il faut les insérer. Aussitôt dit, aussitôt fait. Gérasme se sent au côté droit une tumeur singulière. Le roi de féerie lui a tout bonnement mis dans le flanc la barbe et les dents de Gaudisse. Qui diable irait les chercher là?

Ayant ainsi rempli, grâce à l'intervention d'Obéron, la mission que lui avait imposée Charlemagne, le duc de Guyenne n'avait plus qu'à quitter Babylone, et à ramener en France sa fiancée Esclarmonde. Mais il n'était pas au bout de son odyssée. Une imprudence qu'il commit le jeta dans de nouvelles épreuves. Au moment de le quitter, le vertueux Obéron lui avait bien recommandé de s'interdire toute familiarité avec Esclarmonde, avant que le Saint Père eût béni leur union. Mais, à peine embarqué, Huon avait trouvé l'interdiction fort gênante. Bah! ne sont-ils pas unis par l'amour? Cet Obéron est vraiment par trop rigide! L'occasion était si favorable! les deux cabines étaient si proches et le regard de la fiancée si tendre!.. Bref, quelques heures après qu'on eut levé l'ancre, Huon avait manqué à sa promesse; et quoique toujours aussi belle, Esclarmonde n'était pourtant plus la plus belle pucelle du monde.

Les amants expièrent bien vite cette faute. Un orage formidable, qu'on ne peut comparer qu'à la tempête soulevée par Prospero, éclata. Le vaisseau fut brisé contre les écueils d'une île déserte, qui est évidemment du même archipel que celle que Shakespeare découvrit plus tard. Les lames engloutirent le cor et le gobelet magique que Huon avait reçus d'Obéron; et, de même que Ferdinand, le prince de Guyenne fut obligé de se jeter à la nage; mais, plus heureux que lui, il aborda sur la plage tenant dans les bras sa Miranda. L'espace me manque pour vous raconter en détail toutes les péripéties qui suivirent. Des corsaires, plus féroces que Caliban, enlevèrent Esclarmonde, qui, placée dans le sérail d'un certain amiral d'Anfalerne, eut toutes les peines imaginables à défendre sa vertu contre les tentations de cet homme jaune. Quant à Huon, déposé nu sur un rivage ignoré, il fut réduit à devenir valet d'un ménétrier et à porter une malle aussi lourde que les bûches de Ferdinand. Heureusement, le talent qu'il avait aux échecs le fit distinguer de l'amiral Yvoirin, oncle d'Esclarmonde, qui finit par le prendre pour champion dans sa querelle avec l'amiral Galafre, ravisseur de ladite Esclarmonde. Armée d'une vieille épée rouillée, dont personne n'avait voulu, et qui se trouvait être *une des sœurs de Durandal et de Courtain*, Huon commença par pourfendre le propre neveu de Galafre, et attendit de pied ferme le second adversaire qui lui fut opposé dans le champ-clos. Mais à peine ce second combat était-il commencé que Huon vit son ennemi tomber, sans que pourtant il l'eût blessé. Étonné de ce succès trop facile, Huon s'avance vers le vaincu, relève la visière de son casque, et qui reconnaît-il?... Gérasme! le bon, le fidèle Gérasme! Gérasme qui, séparé de son maître par la tempête, avait gagné la côte d'Anfalerne, et qui s'était habilement insinué dans la confiance de Galafre! A peine les deux amis se sont-ils reconnus, qu'ils se redressent, mettent l'épée à la main, et, appelant à eux une douzaine de chevaliers chrétiens que Gérasme a ramenés de Palestine, courent sus aux Sarrasins, tombent à la fois sur l'armée d'Yvoirin et sur l'armée de Galafre, les taillent en pièces, et rentrent triomphants dans Anfalerne. Esclarmonde est délivrée, Huon la presse dans ses bras et l'emmène immédiatement à bord d'un navire où Gérasme et ses douze chevaliers s'embarquent après lui. Et vogue la galère!

Enfin, après avoir abordé en Italie et s'être arrêté à Rome pour recevoir des mains du pape le sacrement de rigueur, l'illustre couple arrive en France.

Bien des événements s'étaient passés dans la Guyenne depuis que Huon l'avait quittée. Sa mère, la princesse Alix, était morte, et son frère Girard lui avait succédé à la régence. Girard, qui n'était jadis qu'un enfant espiègle, était devenu un méchant homme. Le retour subit du duc légitime de Guyenne le déconcerta vivement, si vivement que, comme l'Antonio de *la Tempête*, il résolut de se défaire de son frère aîné. — Pour y réussir, il s'embusque, avec une bande de brigands, dans un bois que le duc et la duchesse doivent traverser en se rendant à Bordeaux, et, au moment venu, il fond sur la petite escorte, massacre les douze chevaliers qu'il jette dans le Rhône, renverse Gérasme, le garrotte, ainsi que Huon et Esclarmonde, et les fait tous trois jeter dans une prison de Bordeaux. Ce bel exploit terminé, Girard se rend au plus vite à Paris, auprès de Charlemagne, pour lui raconter l'histoire à sa façon. A l'en croire, Huon n'est qu'un scélérat qui, sans avoir accompli la mission dont il était chargé, n'est revenu en Guyenne que pour la soulever contre l'empereur. Charlemagne, prévenu contre Huon qu'il regarde comme le meurtrier de son Charlot, n'hésite pas à croire le récit de Girard, que confirme, d'ailleurs, la déposition édifiante de deux bons moines. L'empereur, voulant donner au procès toute la solennité désirable, se rend en personne à Bordeaux pour y tenir ses assises. Huon, Esclarmonde et Gérasme comparaissent devant la cour des pairs, pour répondre à l'accusation capitale. Le moment étant venu de prononcer l'arrêt, la moitié des jurés, entraînés par le sage duc de Bavière, se prononcent pour l'acquittement des trois prévenus. Mais Charlemagne décide la condamnation par son vote. Huon et Gérasme doivent être empalés, et la belle Esclarmonde brûlée vive. Les fourches et le bûcher sont dressés sous les fenêtres mêmes du palais où réside l'empereur. Charlemagne a invité les pairs à un dîner solennel, dont ces trois supplices doivent être le dessert : Huon, Esclarmonde et Gérasme se préparent à mourir. Soudain tous les yeux se portent au fond de la vaste salle à manger. Une table, chargée de cinq couverts et portant un cor d'ivoire et un gobelet, a surgi, sur une estrade, derrière le fauteuil de l'empereur, qu'elle domine de deux pieds. Au même instant, des milliers de fanfares se font entendre. La grande porte s'ouvre, et l'on voit entrer d'un pas majestueux le roi de féerie, Obéron, constellé de pierreries et couronné de rayons. Il passe à côté de Charlemagne sans même se détourner, et se dirige vers la table nouvellement dressée. D'un signe, il invite Huon, Esclarmonde, Gérasme et le duc de Bavière à s'asseoir à côté de lui, et présente à ses quatre convives le gobelet, qui se remplit pour eux de la plus exquise liqueur; ensuite, il le fait passer à Charlemagne. Dès que l'empereur y a mis la main, le gobelet se vide. Alors Obéron, apostrophant Charlemagne d'une voix tonnante, lui reproche l'injustice dont il vient de se rendre coupable et le menace de révéler au monde tous les crimes dont sa conscience est chargée. — L'empereur, humilié, se tait; le représentant de la justice humaine se courbe sous l'arrêt de la justice supérieure. Girard, tremblant devant cet être formidable qui lit dans les âmes, avoue sa félonie. Sur l'ordre d'Obéron, la potence étend son bras pour étrangler le fratricide et les deux moines. C'est en vain que Huon intercède pour son frère; le roi de féerie est inflexible. Il faut que la sentence retournée reçoive son exécution; il faut que les condamnés soient acquittés et que les absous soient condamnés. A Girard, la corde; à Huon, le trône légitime de Guyenne et l'amour, bien légitime aussi, d'Esclarmonde. Le roman finit comme la comédie; et Obéron ne retourne dans son royaume, avec son cortége de sylphes, qu'après avoir accordé aux nouveaux époux sa prestigieuse bénédiction.

(7) Toute l'Angleterre souffrit, en 1593 et en 1594, de ce trouble des saisons, que Shakespeare attribue ici aux querelles de Titania et d'Obéron, et que les prédicateurs, plus orthodoxes, expliquèrent par la colère de Dieu. Dans *les Annales* de Strype, on trouve l'extrait suivant d'un sermon prêché à York par le révérend J. King : « Sou-
» venez-vous que le printemps a été très-désagréable, à cause des
» pluies abondantes qui sont tombées. Notre juillet a été comme un
» février, notre juin comme un avril; si bien que l'air en dut être
» infecté. » Plus loin, après avoir parlé des trois années de disette qui viennent de s'écouler, le docteur ajoute : « C'est le Seigneur qui
» nous menace par ces temps hors de saison et ces tempêtes de pluie.
» Le cours des saisons est tout à fait interverti. Nos années sont sens
» dessus dessous; nos étés ne sont pas des étés, nos récoltes ne sont
» pas des récoltes; nos jours de semailles ne sont plus des jours de
» semailles. »
La coïncidence qui existe entre ces paroles et la description faite par Titania a paru frappante à tous les commentateurs. Et Malone n'a pas hésité, en conséquence, à fixer à l'année 1594 la première représentation du *Songe d'une Nuit d'été*.

(8) Une mystérieuse légende est attachée à ces paroles d'Obéron. Dans le récit fort intéressant que le chroniqueur Laneham nous a

laissé des fêtes offertes à Élisabeth par Leicester au château de Kenilworth pendant le mois de juillet 1575, il est fait mention d'une pièce mythologique qui fut représentée devant la reine sur l'étang que dominait alors le château. « Triton, sous les traits d'une sirène, » et « Arion, assis sur le dos d'un dauphin, » figurèrent dans cet intermède et chantèrent, en l'honneur de la royale visiteuse, une chanson composée par Leicester lui-même, et que Laneham trouve « incomparablement mélodieuse » (*incomparably melodious*). Élisabeth sut grand gré à son hôte de ce compliment poétique; elle redoubla d'attentions et de prévenances envers lui, et accepta, dans le château du comte, une hospitalité de dix-huit jours. Cette faveur parut si grande, que toute la cour crut que la reine allait faire passer Leicester de la main gauche à la main droite et changer l'amant en mari. Ce qui confirma cette croyance, ce fut la rupture, alors décidée, des négociations pendantes pour le mariage de la reine avec le duc d'Alençon, frère du roi de France. — En même temps que ces bruits couraient, certains seigneurs, mieux informés que les autres, parlaient à mots couverts d'une intrigue que le tout-puissant favori avait, à ce moment-là même, avec une grande dame, la comtesse d'Essex. Un de ces seigneurs, plus audacieux que les autres, et qui, quoique vassal du comte, avait refusé de porter sa livrée, eut le courage de parler tout haut des relations adultères qu'il avait surprises, affirmait-il, entre Robert de Leicester et Lettice d'Essex. Ce gentilhomme portait le même nom que la mère de Shakespeare : il s'appelait Édouard Arden. Leicester se vengea plus tard de ses propos en le faisant pendre sous prétexte de conspiration catholique. Mais la dénonciation avait porté coup : la reine apprit l'infidélité de son amant, et renonça à l'idée de l'épouser. Le mariage d'Élisabeth et de Leicester, que toute la cour croyait certain, fut à jamais rompu, et à sa place eut lieu une autre union que nul ne soupçonnait, — le mariage de Leicester et de lady Essex. En effet, au moment où se donnaient les fêtes de Kenilworth, lord Essex existait encore. Mais quelque temps après, il était mort, empoisonné mystérieusement, et lady Essex, devenue veuve, devint lady Leicester.

S'il faut en croire une tradition séculaire, le récit qu'Obéron fait à Puck se rapporterait à ces événements. *La sirène portée sur le dos d'un dauphin*, que le roi des fées avait entendue, du haut d'un promontoire, *proférer un chant si doux et si harmonieux*, ne serait autre que la sirène dont parle Laneham, et qui, sur le lac de Kenilworth, chanta les vers dédiés par Leicester à Élisabeth. Le trait lancé par Cupidon *sur la belle vestale qui trône à l'occident* figurerait les hommages passionnés adressés par le favori à la fille de Henry VIII. Le même *trait enflammé s'éteignant dans les chastes rayons de la lune humide* symboliserait l'échec de Leicester et la résistance de la reine. *L'impériale prêtresse passant, pure d'amour, dans sa virginale rêverie*, ce serait Élisabeth elle-même, décidée pour toujours à être appelée par son peuple la Reine vierge. Enfin, la flèche de Cupidon allant frapper *une petite fleur, jusque-là blanche comme le lait, mais désormais empourprée par la blessure de l'amour*, serait une allusion aux faiblesses qu'avait eues pour Leicester la noble comtesse d'Essex, restée pure jusque-là, mais désormais souillée par une passion criminelle.

Ce qui augmente la vraisemblance de ces conjectures, c'est que Shakespeare a fait, dans la même pièce, d'autres allusions aux fêtes de Kenilworth. La grotesque comédie de *Pyrame et Thisbé* est évidemment une parodie de la représentation burlesque donnée dans ce château par la troupe de Coventry. Cette troupe était composée d'artisans et ressemblait, à s'y méprendre, à la compagnie dont Bottom est le chef : *bande de paillasses, artisans grossiers, qui travaillent pour du pain dans les boutiques d'Athènes*. Le capitaine Cox, ce fameux maçon dont Laneham vante tant le savoir, et qui faisait répéter les comédiens de Coventry, a plus d'un rapport avec Bottom le tisserand. Quand Thésée, prêchant l'indulgence à Hippolyte, lui parle du trouble qui saisissait ceux qui, *dans ses voyages*, venaient lui adresser leurs compliments, quand il nous peint ces rustiques orateurs *frissonnant, pâlissant, et s'arrêtant tout court au milieu d'une phrase*, il nous raconte un incident du voyage d'Élisabeth à Kenilworth, où l'on vit une des divinités, chargées de féliciter la reine à son arrivée, rester court au beau milieu de sa harangue de bienvenue.

Les fêtes de Kenilworth ont laissé dans l'esprit de Shakespeare une impression si durable, qu'il est permis de croire que le poëte en fut, dans son enfance, le témoin oculaire. William avait onze ans alors, et Kenilworth n'est qu'à quelques lieues de Stratford-sur-Avon. Sans supposer, comme le fait Tieck, que Shakespeare ait joué le rôle d'Écho dans la pastorale du lac, sans supposer non plus, comme le fait Walter Scott par un anachronisme singulier, qu'Élisabeth ait salué le poëte en lui citant un de ses vers, on peut croire que les fêtes, qui attirèrent toute l'Angleterre à Kenilworth, y attirèrent également maître John Shakespeare, petit bourgeois de Stratford, et que le petit William y accompagna son père. Heureux l'enfant, s'il connaissait quelque valet de cuisine ou d'écurie qui pût l'introduire dans cette noble demeure, et s'il a pu, juché sur quelque humble épaule, apercevoir de loin, derrière la haie des gardes, au milieu du cortége de ses vassaux, la dédaigneuse reine entrant sous la grande porte du château !

(9) La reine des fées était connue de l'Angleterre shakespearienne sous deux noms différents : *Titania* et *Mab*. *Titania* est un nom d'origine latine que la reine paraît avoir hérité de Diane, car Ovide appelle souvent ainsi cette déesse. Il est certain que, dans la religion populaire du Moyen Age, la reine des fées avait succédé à la déesse antique, et le roi Jacques Ier nous le dit lui-même dans sa *Démonologie* : « L'esprit que les gentils appelaient Diane, et sa cour errante, s'appelle parmi nous la Fée *(That sprite guhilk by the gentiles was called Diana, and her vandering court, is amongst us called the Phairie)*. *Mab* est un nom d'origine septentrionale, et il est infiniment probable qu'avant la Renaissance, qui confondit la mythologie et la féerie, la reine des fées était toujours ainsi désignée. C'est sous ce nom que Shakespeare nous la présente dans le célèbre récit de Mercutio, à la scène IV de *Roméo et Juliette*.

(10) Ces paroles de Bottom sont une nouvelle allusion à un incident des fameuses fêtes de Kenilworth. Dans un manuscrit de Nicolas Lestrange, publié par la société Cambden, on lit l'anecdote curieuse que voici : « Un spectacle sur l'eau fut offert à Élisabeth ; parmi ceux qui
» y figurèrent était Harry Goldingham, chargé de représenter Arion
» sur le dos d'un dauphin. Au moment de jouer, il trouva que sa voix
» était très-enrouée et fort désagréable : alors il déchira son costume,
» jura qu'*il n'était pas Arion, mais bien l'honnête Harry Goldingham;*
» et cette brusque révélation plut beaucoup plus à la reine que s'il
» avait continué son rôle jusqu'au bout. »

(11) C'était une opération magique fort ancienne que de transformer une tête d'homme en tête d'âne. Albert le Grand indique lui-même le moyen dans ses *Secrets* : *Si vis quod caput hominis assimiletur capiti asini, sume de semine aselli, et unge hominem in capite et sic apparebit*. Autrement dit : « Si tu veux qu'une tête d'homme soit assimilée à une tête d'âne, prends de la semence d'ânon, frottes-en l'homme à la tête, et il apparaîtra sous la forme voulue. » Reginald Scot, dans ses *Révélations sur la Sorcellerie*, nous donne une recette plus détaillée : « Coupez la tête d'un cheval ou d'un âne (avant qu'ils soient morts ; autrement, la puissance du charme serait moins efficace) ; prenez un vase de terre assez large pour la contenir, et remplissez-le avec l'huile et le gras de la bête. Fermez le vase hermétiquement et en-

duisez le couvercle de glaise. Faites mitonner sur un feu doux pendant trois jours consécutifs, jusqu'à ce que la chair bouillie se fonde en huile et jusqu'à ce que vous voyiez les os nus; réduisez le poil de la peau en poudre, et mêlez cette poudre à l'huile du vase; puis frottez de ce mélange les têtes des assistants, et ils sembleront avoir des têtes d'ânes ou de chevaux. » (Scot's *Discovery of Witchcraft*, chap. XIX.)

Shakespeare a pu lire, dans la biographie du célèbre sorcier Faust, avec quelle facilité celui-ci pratiquait cette métamorphose sur ses amis : « Les convives s'étant attablés et ayant bien mangé et bien bu, le docteur Faust fit que chacun d'eux eut une tête d'âne, avec de larges et longues oreilles. Tous se mirent à danser dans cet état, pour passer le temps jusqu'à minuit. Après quoi ils s'en allèrent, et, aussitôt qu'ils furent hors de la maison, ils reprirent chacun leur forme naturelle et revinrent tranquillement se coucher. (*Histoire de la vie damnable et de la mort méritée du docteur Jean Faust*, chap. XIII.)

(12) Ho! ho! ho! — C'est par ce cri, on l'a vu déjà, que Puck trahissait sa présence. De là ce proverbe encore aujourd'hui usité dans le comté de Norfolk : *Rire comme Robin Goodfellow*.

(13) Thésée a toujours été représenté comme un grand chasseur par les traditions du moyen âge. C'est ainsi que le peint Chaucer dans son beau *Conte du Chevalier*.

> He for to hunten is so desirous,
> And namely at the grete hart in may,
> That in his bed ther daweth him no day
> That he n'is clad, and redy for too ride
> With hunte and horne and houndes him beside.
> For in his hunting hath he swiche delite,
> That it is all his joye and appetite
> To ben himself the grete hartes bane,
> For after Mars he serveth now Diane.

> Il est si désireux de chasser,
> Surtout le grand cerf en mai,
> Que jamais le jour ne le surprend dans son lit.
> Déjà il est vêtu et prêt à chevaucher,
> Au son du cor, suivi d'une meute de limiers.
> A la chasse il trouve de telles délices,
> Que c'est toute sa joie et tout son appétit
> D'être lui-même le fléau des grands cerfs,
> Car, après Mars, c'est Diane qu'il sert!

(14) C'était jadis une opinion universelle qu'on pouvait apercevoir distinctement dans la lune un homme suivi d'un chien et portant un fagot sur ses épaules. Les savants d'alors ne mettaient pas cette opinion en doute ; ils se divisaient seulement sur la question de savoir qui était cet homme. Selon certains théologiens, l'être qu'on voyait dans la lune n'était autre que le bon Isaac, portant sur son dos le fagot qui devait servir à son propre sacrifice. Mais cette version était aisément réfutée par des clercs plus orthodoxes, qui prouvaient, le livre saint à la main, qu'Abraham et Isaac reposent dans le sein du Seigneur, comme des justes qu'ils sont. Ceux-ci prétendaient que le personnage dont il s'agit était le pécheur dont il est parlé dans le livre des *Nombres* (chap. xv, v. 32), et qui fut surpris ramassant du bois le jour du Sabbat, malgré l'ordonnance divine qui enjoint de se reposer le septième jour. Cette croyance paraît être devenue populaire en Angleterre, car on la retrouve mentionnée dans un vieux poëme du quatorzième siècle, attribué à Chaucer et intitulé *le Testament de Cressida* :

> Next after him came lady Cynthia,
> The laste of al, and swiftest in her sphere,
> Of colour blake buskid with hornis twa,
> And in the night she listith best t'appere,
> Hawe as the lead of colour nothing clere,
> For al the light she borowed at her brother
> Titan, for of herselfe she hath non other.
> Her gite was gray and ful of spottis blake
> And on her brest a chorle painted ful even,
> Bering a bush of thornis on his bake,
> Which for his theft might clime no ner the heven.

> Après lui venait dame Cynthia,
> La dernière de toutes et la plus prompte en sa sphère,
> Chaussée de noir et portant deux cornes.
> C'est dans la nuit qu'elle aime le mieux paraître,
> Terne comme le plomb aux couleurs sombres,
> Car elle emprunte toute sa clarté à son frère
> Titan, n'en ayant pas d'autre par elle-même.
> Son teint était gris et plein de taches noires,
> Et sur sa poitrine était peint en pied,
> *Portant un fagot d'épines sur son dos,*
> *Le paysan qui, pour son larcin, ne montera pas au ciel.*

D'après une autre légende plus terrible, l'être que les générations passées voyaient dans l'astre nocturne n'était autre que Caïn, chassé de la terre par la malédiction céleste et condamné, pour son crime, à devenir le Juif Errant de la lune. Cette opinion était générale en Italie, ainsi que le prouve ce verset du Dante :

« Mais viens désormais, car déjà *Caïn avec son fardeau d'épines* occupe la limite des deux hémisphères et touche la mer sous Séville. Et déjà hier, dans la nuit, la lune était ronde, tu dois bien t'en souvenir, car elle t'a servi plus d'une fois dans la sombre forêt. » (*L'Enfer*, chant xx).

Malgré ces divergences nationales, tous les peuples du Moyen Age s'accordaient à regarder la lune comme un astre sinistre et comme un satellite de malheur. Cette idée, que Fourier a reprise et développée depuis, se retrouve fréquemment dans les pièces de Shakespeare. Dans *le Songe d'une Nuit d'été*, le poëte nous dit que, « lorsque la lune est pâle de colère, » les rhumes abondent. Dans *Othello*, il nous dit que, « quand elle approche de la terre plus près que de coutume, » elle « rend les hommes fous. » Dans *Antoine et Cléopâtre*, il l'appelle magnifiquement « la souveraine maîtresse de la mélancolie. »

(15) Les dernières paroles, que Shakespeare met dans la bouche d'Obéron, confirment d'une manière splendide le pouvoir providentiel que la tradition populaire du Moyen Age attribue à la race féerique. Les fées étaient alors dénoncées par l'orthodoxie chrétienne comme des créatures plus que suspectes, qui payaient à l'enfer un tribut. Shakespeare réfute ici cette calomnie, et, quand il fait parler Obéron, c'est au nom du ciel.

Un autre poëte, contemporain de Shakespeare, a consacré tout un poëme à la réhabilitation de ces esprits méconnus. Certes, s'il est un livre dont les fées doivent être fières, c'est le livre d'Edmond Spenser, intitulé : *The Faerie queene*. Là, en effet, elles sont présentées comme des puissances tutélaires et chevaleresques, qui redressent partout les torts et prennent partout la défense des opprimés. Spenser incarne dans ses héros féeriques ce que la morale a de plus noble et de plus pur. Quant à la reine des fées, elle est pour le poëte la plus auguste personnification. « Dans la reine des fées, dit-il à Raleigh, je désigne *la Gloire*. » C'eût été une bonne fortune pour la critique de pouvoir comparer la Titania de Shakespeare à la Gloriana de Spenser. Malheureusement, le livre qui était spécialement consacré à la reine des fées a été perdu. La perte est d'autant plus regrettable que ce livre, le douzième et dernier du poëme, était sans contredit le plus important de tous. Il contenait non-seulement le dénoûment, mais le nœud même de l'intrigue si compliquée et si obscure qui remplit les premiers livres. Lisez, à ce sujet, ce que Spenser écrivait à Walter Raleigh le 23 janvier 1593 :

« Le commencement de mon histoire, si elle était dite par un historien, serait le douzième livre, qui est le dernier. Là, j'imagine que la reine des fées donne sa fête annuelle de douze jours, et que, dans chacun de ces douze jours, arrive l'occasion de douze aventures distinctes qui sont entreprises par douze chevaliers et racontées dans mes douze livres. Le premier jour, voici ce qui se passe. Au commencement de la fête, se présente un jeune rustre, grand gaillard, qui se jette aux pieds de la reine des fées et lui demande pour faveur de lui confier la première aventure qui s'offrira pendant la fête. La demande étant accordée, il s'assied par terre, sa rusticité lui interdisant une meilleure place. — Aussitôt entre une belle dame en habits de deuil, montée sur un âne blanc, suivie d'un nain qui tient la lance d'un chevalier et qui mène un cheval de bataille portant une armure. Elle tombe aux genoux de la reine des fées, se plaint de ce que son père et sa mère, jadis roi et reine, sont depuis longues années retenus par un énorme dragon dans un château de bronze d'où ils ne peuvent sortir, et supplie la reine des fées de désigner quelqu'un de ses chevaliers pour les délivrer. Immédiatement, le rustre se redresse et réclame l'aventure ; et la reine, malgré sa surprise et les réclamations de la dame, finit par céder à son désir. A la fin, la dame lui dit que, s'il n'emploie pas l'armure qu'elle a apportée (c'est-à-dire l'armure du chrétien, spécifiée par saint Paul), il ne réussira pas dans son entreprise. Sur quoi le jeune homme, ayant revêtu la panoplie complète, semble le cavalier de meilleure mine et plaît beaucoup à la dame. Bientôt, admis à la chevalerie, il monte sur son étrange coursier et part avec l'inconnue pour entreprendre l'aventure. Là commence le premier livre. — Le second jour, arrive un pèlerin portant dans ses mains ensanglantées un enfant dont les parents, assure-t-il, ont été tués par une enchanteresse appelée Acrasia. Il supplie la reine de choisir quelque chevalier pour les venger ; et l'aventure est confiée à sire Guyon, qui s'éloigne avec le pèlerin. Là est le commencement et tout le sujet du second livre. — Le troisième jour, arrive un palefrenier qui se plaint, devant la reine des fées, de ce qu'un vil enchanteur, appelé Burirane, a en son pouvoir une très-belle dame appelée Amoretta, qu'il retient dans les plus affreux tourments parce qu'elle ne veut pas lui céder la jouissance de son corps. Sur quoi sire Scudamour, amant de cette dame, se charge de sa délivrance. Mais, des enchantements terribles l'ayant empêché de réussir, il finit, après de longues épreuves, par rencontrer Britomart, qui le secourt et sauve sa bien-aimée... »

Le livre de Spenser, que je regrette de ne pouvoir analyser ici, est peut-être le monument le plus caractéristique de cette époque mixte qu'on a appelée la Renaissance. La tradition du Moyen Age s'y confond de la plus étonnante manière avec la tradition de l'antiquité. Le poëte évoque à la fois dans son poëme les êtres de raison que la scolastique a créés, les allégories qu'a mises en vogue le *roman de la Rose*, les divinités du panthéisme païen, les chevaliers des fabliaux chrétiens, les fées de la légende populaire. Il faut lire le poëme pour avoir une idée de ce fantastique pêle-mêle. Spenser unit sans hésiter le dogme de l'Évangile à la morale de Platon et à la psychologie de Pythagore. Il mêle l'histoire au roman, et, ne tenant nul compte des invasions barbares, il donne pour père aux Anglais Iulus, petit-fils d'Ascagne. Pour Spenser, la race britannique n'est pas, comme le croit le vulgaire, sortie du mélange des Celtes, des Germains et des Scandinaves. Fi donc! elle a de bien plus nobles aïeux! Elle descend des héros d'Homère en ligne directe, et Londres est une nouvelle Troie, l'illustre Troynovant. De même, exalté par son enthousiasme pour l'antiquité, Spenser ne veut pas que la race féerique dont il est le chantre ait son origine dans la superstition barbare. Il ne veut pas qu'elle soit sortie des forêts druidiques. La reine des fées est une trop grande dame, et Obéron est un trop grand seigneur, pour être nés sous les chênes de la Gaule et de la Germanie. Spenser est le roi d'armes de la cour invisible des esprits, et voici comment il établit leur généalogie :

« . . . . . Tout d'abord, Prométhée créa un homme, composé de différentes parties des bêtes, et ensuite vola le feu du ciel pour animer son ouvrage. Ce pour quoi Jupiter le priva lui-même de la vie et lui fit arracher par un aigle les cordes du cœur.

» L'homme ainsi fait fut appelé Elfe (Sylphe), c'est-à-dire Rapide, et fut le premier père de la race sylphe. Errant à travers le monde d'un pied lassé, il rencontra dans les jardins d'Adonis une splendide créature qui apparut à sa pensée, non comme un être terrestre, mais comme un esprit ou un ange, auteur de la race féminine. Aussi, il l'appela la Fée (*Foi*), et c'est d'elle que toutes les fées descendent et tirent leur lignée.

» Du Sylphe et de la Fée, il naquit vite un peuple immense, et des rois puissants qui conquirent tout l'univers et se soumirent toutes les nations. Le premier et l'aîné qui porta ce sceptre, fut Elfin. A lui toute l'Inde obéit » et tout ce pays que les hommes appellent maintenant Amérique. Après lui, vint le noble Elfinan qui jeta les fondements de Cléopolis [1]. Mais ce fut Elfilin qui l'entoura d'un mur d'or.

» Son fils fut Elfinell qui vainquit les méchants lutins en bataille sanglante. Mais Elfant fut le plus renommé, qui construisit Panthée toute de cristal. Puis vint Elfar qui tua deux frères géants, dont l'un avait deux têtes et l'autre trois. Puis Elfinor qui fut habile en magie. Il construisit par l'art sur la mer miroitante un pont de cuivre dont le son imitait la foudre du ciel.

» Il laissa trois fils qui régnèrent successivement, et eurent leurs descendants pour légitimes successeurs. En tout, sept cents princes qui maintinrent par de puissants exploits leurs divers gouvernements. Il serait trop long et peu intéressant de rappeler ici leurs actes infinis. Pourtant ce seraient des monuments fameux et de beaux exemples de pouvoir martial et civil pour les rois et les empires.

» Après eux tous, Elficléos régna, le sage Elficléos, à la majesté grande, qui soutint puissamment ce sceptre, et par de riches dépouilles et des victoires fameuses rehaussa la couronne féerique. Il laissa deux fils. Le bel Elféron, le frère aîné, mourut avant l'âge, et le puissant OBERON remplit sa place vide, au lit nuptial et sur le trône.

» Il surpassa par la puissance et par la gloire tous ceux qui, avant lui, s'étaient assis sur le siége sacré, et aussi sa renommée est-elle restée immense. Il laissa en mourant la belle Tanaquil pour lui succéder, en vertu de sa volonté dernière. Nulle vivante à cette heure n'est plus belle et plus noble. Nulle ne l'égale en grâce, en habileté savante. Aussi appelle-t-on Gloriana cette glorieuse fleur. Puisses-tu, Gloriana, vivre en gloire et grand pouvoir [2]! »

Telle est, selon Spenser, la Genèse de la féerie. Les fées ont une origine titanique ; Prométhée a été pour elles ce que le Dieu de la Bible est pour nous. Le premier sylphe et la première fée se sont rencontrés dans les jardins d'Adonis, comme le premier homme et la première femme dans le Paradis Terrestre. Mais qu'est-ce donc que

---

[1] Capitale de l'empire féerique.
[2] La *Reine des Fées*, livre II, chant X.

cet Eden nouveau, découvert par le poëte ? C'est le lieu primitif qu'a entrevu Platon. C'est le jardin dont le sol est éternel et la flore infinie. C'est l'endroit mystérieux où la forme variable s'unit à la substance immuable et où, dans un hymen prestigieux, Vénus, la beauté, s'unit à Adonis, la matière.

(16) *La Tempête* a été imprimée pour la première fois sept ans après la mort de l'auteur, dans la grande édition in-folio que publièrent en 1623 Héminge et Condell, comédiens de la troupe de Shakespeare. Cette édition, qui ne fut tirée qu'à 250 exemplaires, contient toutes les pièces du poëte aujourd'hui reconnues pour authentiques; elle est devenue fort rare. J'ai eu le bonheur de feuilleter à loisir un de ces exemplaires qu'un libraire de Guernesey a bien voulu mettre à ma disposition. Et, après un examen attentif, je suis arrivé à cette conclusion que les éditeurs de l'in-folio de 1623 n'ont pas eu pour l'œuvre qu'ils publiaient tout le respect qu'ils devaient avoir. L'excuse de ces deux hommes, c'est que probablement ils étaient trop occupés de leurs propres affaires pour surveiller sérieusement la publication entreprise par eux. Héminge et Condell, ainsi que je l'ai dit, étaient comédiens, et le premier cumulait avec cette profession l'état d'épicier. En supposant chez eux la meilleure volonté du monde, il est difficile de croire qu'ils aient eu tout le loisir nécessaire pour corriger convenablement les épreuves d'un volume in-folio qui ne contient pas moins de mille pages, imprimées chacune sur double colonne, épreuves composées en partie sur un texte imprimé, en partie sur un texte manuscrit. Aussi, l'édition de 1623 porte-t-elle partout les traces d'une impression hâtive. On peut voir, par exemple, que la comédie de *Troylus et Cressida* avait été d'abord omise et oubliée : car les éditeurs, l'ayant intercalée après coup, n'ont pas même pris le soin d'en paginer les feuillets ni de l'indiquer par son titre dans le catalogue général qui sert de table. Le texte est partout défiguré par des erreurs grossières que les commentateurs les plus respectueux pour l'in-folio ont été obligés eux-mêmes de corriger. La ponctuation est faite presque au hasard; les virgules sont prodiguées avec une négligence inouïe; les noms des personnages sont souvent imprimés de plusieurs façons. Ainsi, dans le *Marchand de Venise*, Salarino s'appelle successivement Slarino, Salanio, Solanio et Salino. Dans *Beaucoup de bruit pour rien*, Dogberry et Verges s'appellent tout à coup Kempe et Cowley, du nom des deux acteurs chargés de jouer les deux personnages. (Ce qui prouve, par parenthèse, que la pièce a été imprimée sur le manuscrit du souffleur.) La manière dont

sont écrits tous les mots latins prouve l'ignorance complète des éditeurs. Ils ne connaissent même pas la stucture des vers ni la règle de la prosodie anglaise ! Aussi, les fautes se comptent, non par centaines, mais par milliers.

Au surplus, la négligence n'est pas le seul crime qu'on ait à reprocher aux éditeurs de l'in-folio de 1623. S'ils s'étaient bornés à ne pas corriger les épreuves du livre, il n'y aurait eu que demi-mal. Ce qu'il a de pis, c'est qu'ils trop ont corrigé l'œuvre du glorieux défunt. Oui, ils ont osé modifier la pensée du maître ! Ils ont osé écourter, émonder le texte sacré ! Ils ont raturé les interjections qui leur paraissaient malsonnantes ! Dominés par le bigotisme puritan, ils ont retranché, comme autant de blasphèmes, toutes les invocations à la divinité ! Ils ont élagué du livre tout ce qui leur paraissait *faire longueur* au théâtre : ils ont effacé trois cents vers dans *Hamlet*, quatre-vingts dans *Othello*, etc., etc. Ce n'est pas tout. Ils ont soumis la plupart des pièces de Shakespeare à l'uniforme division en *cinq actes*, sans se préoccuper de l'étendue de chacune de ces pièces et sans se soucier de l'endroit où ils établissaient leur division. C'est ainsi que, dans leur édition, *la Tempête*, plus courte de moitié qu'*Hamlet*, compte autant d'actes qu'*Hamlet*.

Il suffit de feuilleter l'in-folio original pour se convaincre que cette division par actes a été faite à la légère. Dans nombre de pièces, notamment dans *Othello*, dans le *Roi Lear*, dans *Macbeth*, les éditeurs de 1623 ont haché l'action au milieu des développements les plus dramatiques ; ils ont rompu l'unité scénique au moment où cette unité était le plus nécessaire. — Après une étude approfondie, je suis persuadé, quant à moi, que la division en cinq actes, imposée au drame de Shakespeare par tous les éditeurs modernes, est une division arbitraire, contraire à la pensée du poëte, contraire à son génie.

Écoutez ce que déclare à ce sujet le docteur Johnson dans la préface de son édition de Shakespeare : « J'ai conservé, dit le célèbre
» critique, la commune distibution des pièces en cinq actes, *bien que*
» *je la croie dépourvue d'autorité* dans presque toutes les pièces.
» Quelques-unes des pièces qui sont ainsi divisées dans les récentes
» éditions sont imprimées sans division dans l'in-folio, et celles qui
» sont ainsi divisées dans l'in-folio n'ont aucune division dans les
» exemplaires originaux. La règle établie du théâtre exige quatre
» intervalles dans une pièce, mais bien peu des compositions de notre
» auteur peuvent être convenablement distribuées de cette manière.
» Un acte est toute la portion de l'action d'un drame qui se passe sans
» intervalle de temps ou sans changement de lieu. Toute pause fait un

» nouvel acte. Dans toute action réelle, et conséquemment dans
» toute action imitative, les intervalles pouvant être plus ou moins
» nombreux, la restriction des cinq actes est accidentelle et arbitraire.
» Shakespeare savait cette vérité, et il l'a mise en pratique ; ses pièces
» ont été écrites et imprimées originairement dans une continuité
» non interrompue et devraient être représentées aujourd'hui avec
» de courtes pauses, répétées aussi souvent que l'exigent les change-
» ments de scène ou les intervalles de temps considérables. Cette
» méthode ferait immédiatement justice de mille absurdités. »

La méthode recommandée par Johnson est la mienne. Jamais, je l'affirme avec Johnson, Shakespeare ne s'est soumis aux règles classiques. Jamais il n'a reconnu cet ukase de la poétique latine :

> Neve minor neu sit quinto productior actu
> Fabula.

Shakespeare n'obéissait pas plus à Horace qu'à Aristote. Il n'acceptait pas plus la loi des cinq actes que la loi des vingt-quatre heures. Le théâtre de Shakespeare est libre comme le théâtre d'Eschyle.

On ignore à quelle date précise *la Tempête* a été jouée pour la première fois. Cette date a été l'objet de débats sans fin. Selon Vertue, *la Tempête* aurait été représentée tout d'abord par Héminge et les comédiens du roi, devant le prince Charles (plus tard Charles 1er), madame Élisabeth et le prince Électeur Palatin, au commencement de l'année 1613. Chalmers incline vers cette opinion, et croit voir dans la douleur du roi de Naples Alonso une allusion à la douleur du roi Jacques, qui venait de perdre son fils Henry en 1612. Selon Malone, ce titre, *la Tempête*, aurait été adopté par Shakespeare, comme titre de circonstance quand toute l'Angleterre était encore émue du naufrage de sir Georges Sommers aux îles Bermudes. Cette aventure est ainsi racontée par un contemporain.

« En l'an 1609, la Compagnie des Aventuriers et la compagnie de
» Virginie expédièrent de Londres une flottille de huit navires, char-
» gés d'émigrés destinés à la colonisation de la Virginie. Sir Tho-
» mas Gates, sir Georges Sommers, comme amiral, et le capitaine
» Newport, comme vice-amiral, montaient un navire de 300 tonneaux,
» portant en outre 160 passagers. Le vaisseau amiral navigua de
» conserve avec le reste de l'escadre jusqu'à la hauteur du 30e de-
» gré de latitude. Là on fut surpris par un ouragan qui dispersa
» toute l'expédition. Les autres navires regagnèrent heureusement

» les côtes de la Virginie ; mais le vaisseau amiral, quoique tout
» neuf et de beaucoup le plus solide, fit eau. Il fallut un effort inces-
» cessant de tout l'équipage pour l'empêcher de couler. Nonobstant
» le jeu continuel des pompes, l'eau finit par remplir la cale ; les
» hommes étaient épuisés, et un grand nombre d'entre eux, dans
» un accès de désespoir, s'abandonnèrent à la merci des vagues. Sir
» Georges Sommers, assis au gouvernail, voyant le navire perdu
» sans ressources, s'attendant à chaque instant à ce qu'il coulât bas,
» aperçut une terre que, d'accord avec le capitaine Newport, il jugea
» devoir être la terrible côte des Bermudes. Toutes les nations re-
» gardent, en effet, ces îles comme enchantées, et pensent qu'elles
» sont habitées par des sorciers et par des démons qui prospèrent là
» au milieu de tempêtes monstrueuses et de coups de tonnerre. En
» outre, la côte est si merveilleusement dangereuse avec ses rochers,
» que peu d'hommes peuvent l'aborder autrement que par le hasard
» inouï d'un naufrage. — Sir Georges Sommers, sir Thomas Gates,
» le capitaine Newport et le reste de l'équipage furent d'accord,
» entre deux maux, pour choisir le moindre. Et ainsi, dans une sorte
» de résolution désespérée, on gouverna droit sur ces îles. Grâce à
» la Providence divine, la marée étant haute, le navire courut droit
» entre deux rocs, entre lesquels il s'enfonça sans se briser. On eut
» ainsi le loisir de mettre un bateau à la mer. Tous, matelots et
» soldats, furent débarqués en sûreté. Une fois descendus à la côte,
» ils furent bien vite rétablis et reprirent courage, le sol étant très-
» fertile et la température très-délicate dans cette île. »

Malone constate victorieusement que, dans ce récit comme dans la pièce de Shakespeare, il est question d'un ouragan, d'un naufrage, des Bermudes, et d'une île enchantée ; et, comme l'aventure eut lieu en 1609, il conjecture que la pièce dut être jouée entre l'automne de 1610 et l'automne de 1611.

L'origine de la fable de *la Tempête* est restée aussi incertaine que la date de sa première représentation, et les patientes recherches faites à ce sujet par les érudits ont été jusqu'ici complètement infructueuses. Le commentateur Warton raconte qu'un M. Collins, étant devenu fou, lui dit avoir eu dans les mains et lu un roman italien dont les péripéties rappelaient exactement celles de la pièce. Ce roman, intitulé *Amélie et Isabelle*, aurait paru en 1588, et aurait été traduit en français et en anglais. On n'a jamais pu le retrouver ; mais Warton n'en affirme pas moins que l'idée de *la Tempête* a été prise dans une nouvelle italienne, et que, dans le trouble de la folie, sa mémoire lui faisant défaut, M. Collins a dit un titre pour un autre.

Un autre critique, M. Thoms, croit être arrivé à la découverte de la vérité. Dans un intéressant ouvrage (*les premiers drames d'Angleterre et d'Allemagne*), M. Thoms analyse, d'après Tieck, un certain nombre de pièces de théâtre représentées en Allemagne au commencement du dix-septième siècle et traduites de l'anglais par un certain Jacob Ayrer, notaire de Nuremberg. Une de ces pièces, intitulée *la belle Sidée*, offre de nombreuses analogies avec *la Tempête*, et M. Thoms en conclut que la comédie de Shakespeare et la comédie d'Ayrer sont toutes deux l'imitation d'un ouvrage antérieur, aujourd'hui disparu. Voici cette curieuse dissertation :

« L'origine de la fable de *la Tempête* est, pour le présent, un mys-
» tère shakespearien : telles sont les expressions qu'emploie M. Hun-
» ter, dans son savant travail sur cette comédie. Le mystère, je le
» considère, quant à moi, comme expliqué. Tieck n'a pas de doute
» à cet égard, et j'espère établir la chose de manière à vous prouver
» la justesse du point de vue de Tieck. Venons au fait. Shakespeare
» a évidemment tiré l'idée de *la Tempête* d'un drame primitif, au-
» jourd'hui perdu, mais dont une version allemande a été préservée dans
» une comédie d'Ayrer intitulée : *La belle Sidée*. La preuve de ce
» fait est la ressemblance même des deux pièces, ressemblance beau-
» coup trop frappante et trop minutieuse pour être le résultat d'un
» hasard. Il est vrai que la scène où se passe la pièce d'Ayrer et les
» noms des personnages ne sont pas les mêmes que dans *la Tempête*;
» mais les principaux incidents du drame y sont presque identique-
» ment semblables. — Par exemple, dans le drame allemand, le
» prince Ludolph et le prince Leudegart ont les rôles de Prospero et
» d'Alonso. Ludolph est un magicien, comme Prospero, et comme
» Prospero, a une fille unique, Sidée, la Miranda de *la Tempête*.
» Il a pour serviteur un esprit qui, pour n'être pas exactement Ariel
» ou Caliban, peut être considéré comme le type original qui a ins-
» piré à la ravissante fantaisie de notre grand poëte ces deux créa-
» tions si puissamment et si admirablement contrastées. Peu après
» le commencement de la pièce, Ludolph, ayant été vaincu par son
» rival et jeté dans une forêt avec sa fille Sidée, gronde celle-ci
» d'accuser la fortune, et évoque ensuite l'esprit Runcifal pour ap-
» prendre de lui leur destinée future et les moyens de vengeance
» qu'il doit employer. Runcifal, qui est quelque peu boudeur
» comme Ariel, annonce à Ludolph que le fils de son ennemi va
» bientôt devenir son prisonnier. — Après un incident comique, in-
» troduit très-probablement par l'auteur allemand, nous voyons le
» prince Leudegart avec son fils Engelbrecht, le Ferdinand de *a*

» *Tempête,* chassant dans la même forêt. Pendant la chasse, Engel-
» brecht se sépare du reste de la cavalcade et s'égare avec un des
» courtisans, nommé Famulus. En essayant de retrouver leur route,
» tous deux rencontrent soudainement Ludolph et sa fille. Ludolph
» somme le prince et son compagnon de se rendre prisonniers. Ceux-ci
» refusent et font mine de tirer l'épée. Alors, de même que Prospero
» dit à Ferdinand :

> Ne reste pas en garde :
> Car je puis te désarmer avec ce bâton-ci,
> Et faire tomber ta lame,

» de même Ludolph retient les épées aux fourreaux sous le charme
» de sa baguette, paralyse Engelbrecht et le force à avouer que
» « ses nerfs sont redevenus ceux d'un enfant et n'ont plus de vi-
» gueur. » Puis il livre le jeune prince comme esclave à Sidée et
» l'emploie à porter des bûches. La ressemblance entre cette scène
» et la scène parallède devient plus frappante quand, à la fin de la
» pièce allemande, Sidée, émue de pitié pour les fatigues d'Engelbrecht
» lui dit, comme la Miranda de Shakespeare :

> Je serai votre femme si vous voulez m'épouser.

» Le mariage à la fin se conclut heureusement et amène la récon-
» ciliation de leurs parents, les princes rivaux. »

D'après cette analyse, on ne peut s'empêcher de reconnaître avec M. Thoms que l'analogie entre la pièce de Shakespeare et la pièce d'Ayrer est frappante. Mais je ne vois pas pourquoi il faut conclure de cette analogie que les deux pièces ont été faites d'après un modèle antérieur, aujourd'hui disparu.

Tout porte à croire au contraire que Shakespeare est bien réellement l'auteur de la fable originale, et qu'Ayrer, qui avait déjà traduit en allemand plusieurs pièces anglaises, a tout bonnement calqué *la Belle Sidée* sur la *Tempête.* A cette opinion on objecte que Shakespeare est resté parfaitement inconnu en Allemagne jusqu'à la fin du dix-septième siècle, et que, si Ayrer l'avait imité, il l'aurait fait connaître au public germanique.

Il est vrai que le nom de Shakespeare n'a été prononcé en Allemagne que vers 1680, à l'époque où le critique allemand Benthem fit du poëte l'étrange biographie que voici : « William Shakespeare
» était né à Stratford, dans le Warwickshire. Son savoir était très-

» petit, et par conséquent il ne faut pas s'étonner qu'il ait été un « très-excellent poëte. Il avait une tête ingénieuse et spirituelle, » pleine de drôlerie, et fut si heureux dans la tragédie comme dans » la comédie qu'il eût fait rire Héraclite et pleurer Démocrite. » Mais, parce que la renommée de Shakespeare au delà du Rhin ne date que de la fin du dix-septième siècle, ce n'est pas une raison pour affirmer qu'Ayrer n'a pas pu l'imiter dès le commencement du même siècle. Rien n'empêche de supposer que l'écrivain allemand, dans un voyage fait en Angleterre sous le règne de Jacques Ier, soit allé au théâtre du Globe, y ait vu jouer *la Tempête*, ait été frappé de la pièce et l'ait imitée plus tard, sans même connaître le nom de l'auteur, qu'on n'avait pas alors l'habitude d'indiquer sur une affiche. Et, en admettant même qu'Ayrer ait connu dès lors ce nom, plus tard si glorieux, rien n'empêche de supposer encore qu'il ait gardé le secret pour lui, afin que sa comédie eût, pour le public germanique, le mérite d'une œuvre originale.

(17) Ainsi que le dit Prospero, Caliban est le fils du diable et de la sorcière Sycorax. Cette paternité n'avait rien d'extraordinaire pour le public auquel s'adressait Shakespeare. Les savants de ce temps-là citaient beaucoup d'exemples de filles, même honnêtes et vertueuses, ainsi rendues mères par le démon. Ils s'appuyaient sur l'autorité de saint Augustin pour affirmer que l'infernal séducteur étreignait les femmes dans le cauchemar sous la forme effrayante de l'*Incube*. Le célèbre publiciste Bodin disait à ce sujet dans un livre dédié au président de Thou : « Nous lisons en l'histoire de saint Bernard qu'il y eût une sorcière qui avoit ordinairement compagnie du diable auprès de son mary, sans qu'il s'en apperceut. Ceste question (à sçavoir si telle copulation est possible), fut traictée devant l'Empereur Sigismond et, à sçavoir si de telle copulation il pouvoit naistre quelque chose. Et fut résolu, contre l'opinion de Cassianus, que telle copulation est possible et la génération aussi; suivant la glose ordinaire, et l'advis de Thomas d'Aquin sur le chap. vii de Genèse qui dict que ceux qui en proviennent sont d'autre nature que ceux qui sont procréés naturellement. Nous lisons aussi au liv. I, chap. xxviii. des histoires des Indes occidentales que ces peuples là tenoyent pour certain que leur dieu Cocoto couchoit avec leurs femmes : car les dieux de ces pays-là n'estoient autres que diables. Aussi les docteurs ne s'accordent pas en cecy : entre lesquels les uns tiennent que les Damons Hyphialtes, ou sucoubes, reçoivent la semence des hommes, et s'en servent envers les femmes en Damons Ephialtes, ou incubes, comme dit Thomas

d'Aquin, chose qui semble incroyable : mais quoy qu'il en soit, Spranger escript que les Alemans (qui ont plus d'expérience des sorciers pour y en avoir eu de toute ancienneté, et en plus grand nombre qu'ès autres pays) tiennent que de telle copulation il en vient quelquefois des enfants qu'ils appellent Vechselkind, ou enfans changés, qui sont beaucoup plus pesans que les autres, et sont toujours maigres, et tariroient trois nourrices sans engresser. L'an 1565 au bourg de Schemir qui est soubs la seigneurie de Vratislans de Berustin, les consuls et sénat de la ville d'Olimik ont fait mettre par escript le procès-verbal fait d'une sorcière, qui confessa avoir plusieurs fois couché avec Satan en guyse de son mary duquel elle estoit veufve qui engendra un monstre hideux sans teste et sans pieds, la bouche et l'espaule senestre de couleur comme un foye qui rendit une clameur terrible quand on le lavoit : estant enfoui en terre, la sorcière pria qu'on le bruslast, autrement qu'elle seroit toujours tourmentée de Satan, ce qui fut fait, et alors il sembloit qu'il tonnait autour de la maison de la sorcière, tant on ouyt de bruit et de clameurs de chiens et de chats. » De la *Démonomanie*, p. 105 et 106. — Éd. 1582.

(18) La passion brutale de Caliban pour Miranda rappelle un épisode fort intéressant qui occupe le troisième et le quatrième livre de *la Reine des Fées*. Là, seulement, ce n'est pas d'une simple mortelle que le fils de la sorcière est épris, c'est d'une créature féerique. En lisant avec attention le poëme de Spenser, on serait tenté de croire que Shakespeare s'en est inspiré, tant il y a de rapports entre l'amoureux de Miranda et l'amoureux de Florimel! Le lecteur en jugera lui-même par la citation qui suit. Ne semble-t-il pas que Spenser ébauche le type de Caliban dans « ce fainéant qui n'était bon à rien et, toujours vautré dans la paresse, n'avait jamais eu l'idée de mériter un éloge ou de s'adonner à quelque honnête métier; qui passait tout le jour à s'étendre au soleil ou à dormir à l'ombre indolente, et que la fainéantise avait rendu lascif et niais? » Et plus loin, les attentions que ce rustre a pour sa bien-aimée ne rappellent-elles pas les moyens auxquels a recours Caliban pour se faire bien venir? Afin de séduire Florimel, le fils de la sorcière lui apporte « des fruits sauvages dont les joues empourprées sourient toutes rouges, et souvent des petits oiseaux qu'il a dressés à chanter sur une suave mélodie les louanges de sa maîtresse. » Cette manière rustique de faire sa cour ne ressemble-t-elle pas aux procédés que Caliban sait employer lorsque, pour séduire cet imbécile de Trinculo, il lui promet de « lui cueillir des baies, de le mener à l'endroit où croissent les pommes sauvages,

de lui montrer un nid de geais? » N'y a-t-il pas là une analogie frappante dans le détail même ?

Au surplus, ce rapprochement, si curieux en lui-même, est une occasion pour moi de mettre sous les yeux du public français un admirable tableau de genre, une peinture à la *Salvator Rosa* de l'habitation désolée choisie par la sorcière. En regardant la sinistre cabane dessinée par Spenser, le lecteur se figurera aisément qu'elle peut servir de demeure à la hideuse Sycorax, mère de Caliban.

Le bruit s'est répandu à la cour des fées que le beau Marinel, petit-fils de Nérée, a été tué dans une rencontre par quelque méchant chevalier. Le fait est qu'il n'a pas reparu depuis cinq jours. Inquiète sur le sort de son amant, la fée Florimel s'échappe de la cour et erre à l'aventure pour retrouver Marinel, mort ou vif. Pendant quatre jours et quatre nuits, elle court le monde sans s'arrêter, au grand galop de son cheval. Mais il est une limite à la vigueur du palefroi féerique, comme aux forces d'un destrier terrestre. La fatigue gagne le cheval ainsi que l'écuyère. Malgré l'ardeur que lui donne l'amour, la pauvre fée sent le besoin de se reposer sous quelque toit hospitalier. La nuit arrive. Seule, sans écuyer qui l'accompagne, Florimel s'est engagée dans une sombre forêt. Elle frissonne « à chaque ombre qu'elle voit, à chaque bruit qu'elle entend... » Enfin elle aperçoit une fumée et se croit sur la trace de quelque demeure humaine.

« A travers la cime des grands arbres elle découvrit une fumée dont la vapeur mince et légère tourbillonnait, en s'exhalant, jusqu'au ciel : ce fut pour elle l'heureux signal que quelque créature vivante habitait là. Aussitôt elle dirigea ses pas de ce côté, et arriva enfin, épuisée de lassitude, à l'endroit où la guidait l'espoir de trouver un asile et de reposer ses flancs harassés.

» Là, dans un triste vallon, elle aperçut une petite cahutte, bâtie de branches et de roseaux, d'apparence misérable, et, tout autour, crépie de mottes de terre. Une sorcière y demeurait, vêtue d'ignobles haillons, dans un dénûment volontaire et dans l'insouciance de tout besoin. Elle avait choisi cette retraite solitaire, éloignée de tous voisins, afin de cacher au monde ses actes diaboliques et ses pratiques infernales, et de pouvoir de loin, inconnue à tous, frapper ceux qu'elle haïssait.

» Aussitôt arrivée, la demoiselle entra et trouva la stryge, assise par terre, occupée, à ce qu'il lui sembla, de quelque affreux trébuchet. Aussitôt que celle-ci aperçut la nouvelle venue, elle se redressa légèrement au-dessus du sol poudreux, et, de ses yeux farouches, comme stupéfaite, elle fixa sur elle un regard cave et funèbre; ne disant pas un mot, dans son ébahissement, mais montrant par des signes visibles la peur qui la possédait.

» A la fin, sa frayeur se changeant en rage folle, elle lui demanda ce qui diable l'avait amenée ici, — et qui elle était et quel sentier perdu l'avait guidée, la malvenue! l'indiscrète! A quoi la demoiselle, pleine d'inquiétude, lui répondit humblement : « Belle dame, ne vous fâchez pas contre une vierge naïve que le hasard a amenée dans votre demeure, à son insu et malgré elle, et qui ne demande qu'un peu de place pour se reposer tandis que la tempête souffle. »

» A ces mots, de ses yeux de cristal elle laissa doucement tomber quelques larmes qui ruisselèrent, pures et brillantes, comme deux perles d'Orient, sur sa joue de neige, et elle soupira si douloureusement que l'être le plus bestial, le cœur le plus sauvage, sympathique à tant de détresse, eût été attendri et ébranlé par la pitié. Aussi, l'infâme sorcière, bien qu'elle fît ses délices de toute souffrance, fut-elle émue par un spectacle si touchant.

» Elle se mit à la consoler à sa rude manière, et, prise d'une compassion féminine pour tant d'affliction, elle essuya les pleurs de ses yeux inondés, et lui dit de s'asseoir pour reposer un peu ses membres défaillants et accablés. Elle, sans répugnance, sans dédain pour une hospitalité si grossière, puisqu'elle était contrainte par la dure nécessité, s'assit sur-le-champ dans la poussière, aussi heureuse de ce pauvre reposoir, que l'oiseau, de l'orage passé.

» Puis elle ramassa ses vêtements déchirés, et rajusta ses boucles échevelées avec une guirlande d'or et de splendides ornements. Dès que la méchante vieille la vit ainsi, elle fut éblouie de son éclat céleste, et, hésitant à la prendre pour une créature terrestre, pensa qu'elle était déesse ou de la suite de Diane, et fut tentée de l'adorer dans une humble pensée: adorer une si divine beauté n'était que juste.

» Cette méchante femme avait un méchant fils, la consolation de son grand âge et de ses vieux jours, un fainéant qui n'était bon à rien, et qui, toujours vautré dans la paresse, n'avait jamais eu l'idée de mériter un éloge ou de s'adonner à quelque honnête métier ; il passait tout le jour à s'étendre au soleil ou à dormir à l'ombre indolente. Une telle fainéantise l'avait rendu lascif et niais.

» Étant rentré vers le crépuscule, il trouva la plus belle créature qu'il eût jamais vue, assise par terre à côté de sa mère. En la voyant, il fut grandement intimidé, et son âme basse fut frappée intérieurement de terreur et d'effroi. De même que celui qui a regardé fixement le soleil, sans y penser, se hâte de détourner ses faibles yeux éblouis de trop d'éclat, de même, l'ayant regardée, il resta longtemps ébahi.

» A la fin, il demanda timidement à sa mère quelle était cette maîtresse créature, d'où elle sortait, masquée sous un si étrange déguisement, et par quel hasard elle était venue là. Mais elle, comme ayant presque perdu l'esprit, ne lui répondit que par des regards effarés; pareille à un spectre qui, à l'instant, serait ressuscité des bords du Styx où il errait naguère. Ainsi tous deux s'extasiaient d'elle, et tous deux, l'un de l'autre.

» Mais la belle vierge était si avenante et si douce qu'elle daigna abaisser vers eux sa bonne grâce. A leur raison égarée elle adressa ses plus gentilles paroles, et, en peu de temps, elle devint familière à ce lieu désolé. Bientôt le rustre, séduit par sa bienveillance et par sa courtoisie, conçut pour elle une passion vile, et se mit à l'aimer dans son âme bestiale, non pas d'amour, mais de l'appétit brutal, naturel à cette brute.

» La flamme impure lui brûla secrètement les entrailles, et devint vite un feu outrageant. Pourtant il n'avait pas le cœur ni la hardiesse de lui déclarer son désir. Sa chétive pensée n'osait pas aspirer si haut. Mais, par de doux soupirs et des airs aimables, il tâchait de lui faire deviner toute son affection. Il avait pour elle maintes attentions et maints tendres procédés.

» Souvent de la forêt il apportait des fruits sauvages dont les joues empourprées souriaient toutes rouges; et souvent des petits oiseaux qu'il avait dressés à chanter les louanges de sa maîtresse sur une suave mélodie; tantôt c'étaient des guirlandes de fleurs que pour ses beaux cheveux il arrangeait, toutes coquettes; tantôt un écureuil sauvage qu'il lui apportait, et qu'il avait conquis —, captif, pour elle;

compagnon de servitude, pour lui. Tout cela, elle l'acceptait de lui d'un air paisible et doux.

» Mais, après quelque temps, dès qu'elle vit le moment favorable pour quitter cette demeure solitaire, elle songea à s'évader secrètement, pour prévenir le mal qui, à ce qu'elle prévoyait, pouvait lui être fait par la sorcière ou par son fils, et remis le fier harnais en cachette à son palefroi impatient, bien rétabli maintenant par une longue pâture, et tout prêt à remesurer ses récentes courses aventureuses.

» Puis, de bonne heure, avant que l'aube eût paru, elle sortit et se mit en route. Elle partit à tout risque, effrayée du moindre bruit et de chaque ombre qui se présentait. Car elle craignait toujours d'être rattrappée par l'affreuse sorcière ou par son fils malappris. Dès que ceux-ci, trop tard éveillés, reconnurent que leur belle visiteuse était partie, ils se mirent à pousser des gémissements excessifs, comme s'ils étaient perdus [1]. »

(19) On sait, par les récits du voyage d'Hackluyt, que Setebos, dieu de la sorcière Sycorax, était aussi le dieu des Patagons, qui l'ornaient dans leurs temples de cornes diaboliques.

(20) Allusion à Amphion.

(21) Voici certainement un des faits les plus curieux de l'histoire littéraire : Shakespeare traduisant Montaigne ! Ouvrez les *Essais*, et lisez, dans le premier livre, l'admirable chapitre intitulé : DES CANNIBALES. Montaigne veut donner aux Français du seizième siècle une leçon de modestie, et leur prouver que les peuples primitifs de l'Amérique, qualifiés par ceux-ci de sauvages, sont, après tout, beaucoup plus civilisés qu'eux. « Les lois naturelles, dit-il, commandent encores à ces peuples, mais c'est en telle pureté, qu'il me prend quelquefois desplaisir de quoy la cognoissance n'en soit venue plus tost, du temps qu'il y avoit des hommes qui en eussent sçeu mieux juger que nous ; il me desplait que Lycurgue et Platon ne l'ayent eue; car il me semble que ce que nous voyons par expérience en ces nations-là surpasse non-seulement toutes les peinctures de quoy la poësie a embelly l'aage doré, et toutes ses inventions

---

[1] La *Reine des Fées*, liv. III, chant VII.

feindre une heureuse condition d'hommes, mais encore la conception et le désir mesme de la philosophie. »

Et après ce préambule, Montaigne fait de l'état social du peuple américain une description que Shakespeare reproduit presque mot pour mot :

« C'est une nation en laquelle il n'y a *aulcune espèce de traficque,* » *nulle cognoissance de lettres,* nulle science de nombres, *nul nom* » *de magistrat* ny de supériorité politique, *nul usage de service, de* » *richesse ou de pauvreté, nuls contrats, nulles successions,* nuls parta- » ges, *nulles occupations qu'oisives,* nul respect de parenté que com- » mun, nuls vêtements, nulle agriculture, *nul métal, nul usage de* » *vin ou de bled :* les paroles mesmes qui signifient le mensonge, la » trahison, la dissimulation, l'avarice, l'envie, la détraction, le par- » don, inouyes. Combien Platon trouveroit la république qu'il a » imaginée, esloignée de cette perfection ! »

On le voit, c'est presque dans les mêmes termes que Montaigne et le bon Gonzalo expriment leur enthousiasme. Et le philosophe français doit prendre sa bonne part des railleries dont Antonio et Sébastien accablent l'honnête conseiller napolitain. Mais Montaigne ne se tient pas pour battu aussi facilement que Gonzalo. N'en déplaise aux défenseurs de la civilisation européenne, il poursuit éloquemment son dithyrambe en l'honneur de la société primitive. A ceux qui reprochent aux Indiens d'Amérique de manger leurs ennemis après les avoir tués, il fait cette réponse triomphante : « Je » pense qu'il y a plus de barbarie à manger un homme vivant qu'à le » manger mort ; à deschirer par torments et par gehennes un corps » encores plein de sentiment, le faire rostir par le menu, le faire » mordre et meurtrir aux chiens et aux pourceaux (comme nous » l'avons non-seulement leu, *mais veu de fresche memoire,* non en- » tre des ennemis anciens, mais entre des voisins et concitoyens, et, » qui pis est, sous prétexte de piété et de religion), que de le rostir » et manger après qu'il est trespassé. » On le voit, le philosophe a la réplique terrible, et les bourreaux de la Saint-Barthélemy n'ont pas beau jeu à le railler. Ce ne sont pas les cannibales qui sont les cannibales, ce sont les massacreurs du 24 août 1572 !

Plus j'y réfléchis, moins je suis étonné que Shakespeare ait mis dans la bouche d'un de ses personnages les plus honnêtes et les meilleurs une partie de cet éloquent plaidoyer de Montaigne en faveur de la société « sauvage. » L'utopiste des *Essais* plaidait cette cause avec une conviction qui devait gagner facilement l'utopiste de *Comme il vous plaira.* Montaigne avait étudié de près ces hommes primitifs; il

avait bu de leur boisson et mangé de leur pain ; il savait par cœur leurs chansons d'amour et de guerre ; il conservait pieusement dans son château des meubles, des armes, des instruments de musique faits par eux. Il connaissait particulièrement trois Indiens qui se trouvaient à Rouen tandis que Charles IX y était, et qui causèrent même avec le roi. Quand les fêtes données à cette occasion furent terminées, quelqu'un leur demanda « ce qu'ils y avoient trouvé de plus admirable. » Les trois Indiens répondirent : « qu'ils trouvoient en premier lieu
» fort estrange que tant de grands hommes portants barbe, forts et
» armez, qui estoient autour du roy (il est vraysemblable qu'ils par-
» loient des Souisses de sa garde), se soubmissent à obéir à un enfant,
» et qu'on ne choisissoit plustost quelqu'un d'entre eulx pour com-
» mander. Secondement qu'ils avoient aperceu qu'il y avoit parmy
» nous des hommes pleins et gorgez de toutes sortes de commoditez,
» et que leurs moitiez estoient mendiants à leurs portes, descharnez
» de faim et de pauvreté ; et trouvoient estrange comme ces moitiez
» icy necessiteuses pouvoient souffrir une telle injustice, qu'ils ne
» prinssent les aultres à la gorge, ou meissent le feu à leurs mai-
» sons..... Tout cela ne va pas trop mal, dit en terminant Montaigne :
» mais quoi ! ils ne portent point de hault de chausses ! »

Le lecteur ne me saura pas mauvais gré d'avoir analysé ici ce chapitre DES CANNIBALES dont s'est inspiré l'auteur de *la Tempête*. Il y a vingt ans, on ignorait encore si Shakespeare avait copié Montaigne sur le texte original ou sur le texte de la traduction anglaise qui parut en 1603. Aujourd'hui, la question semble résolue. En 1838, le British Museum a acquis pour 2,500 francs, un exemplaire de la traduction des *Essais* par Florio, qui a appartenu au poëte anglais. Ce précieux volume, qui, à l'insu du monde entier, était resté depuis soixante ans dans la possession d'un ministre protestant, le Rev. Edward Patteson, est maintenant déposé au musée britannique dans la collection de choix : Κειμήλια. Il paraît infiniment probable que Shakespeare l'avait sous les yeux, lorsqu'il a extrait de l'œuvre de Montaigne les phrases mises par lui dans la bouche de Gonzalo.

Ce qui explique, en effet, le haut prix auquel cet exemplaire a été acquis par le British Museum, est qu'il contient, sur sa première page, une des six signatures connues de Shakespeare.

Jusqu'en 1838, on ne connaissait que cinq signatures de l'auteur d'*Hamlet*.

La première, mise au bas d'un acte de vente, lequel a été acheté en 1841 par la Corporation de Londres pour une somme de 145 livres st. (3,725 fr.).

La seconde apposée à un contrat hypothécaire, daté du 11 mars 1613, lequel fut donné à Garrick par un avocat anglais et est aujourd'hui perdu.

Les trois autres apposées au testament du poëte, lequel est conservé aux archives du *Prerogative Office, Doctors' Commons* [1].

Les différences entre ces signatures, qui toutes sont dissemblables les unes des autres, ont donné lieu à des discussions intéressantes ayant pour but de fixer l'orthographe de ce glorieux nom : SHAKESPEARE.

Pendant tout le dix-septième siècle et jusqu'à la seconde moitié du dix-huitième, le public lettré d'Angleterre, de France et d'Allemagne avait constamment écrit ce nom ainsi, SHAKESPEARE. Cette épellation avait été adoptée notamment par Letourneur, lorsqu'il publia cette traduction qui fit, au siècle dernier, une sensation si profonde.

Toutefois, en l'an de grâce 1778, le commentateur Malone et le commentateur Steevens, à la veille de publier une grande édition des œuvres de Shakespeare, conçurent des doutes sur l'authenticité de cette orthographe, universellement adoptée. Pour éclaircir leurs doutes, ces deux critiques résolurent d'examiner ensemble le testament du poëte et de s'assurer par eux-mêmes de la manière dont l'auteur de *la Tempête* écrivait son nom. Ils étaient décidés à mettre en tête de leur édition l'orthographe indiquée par le maître lui-même.

Cette résolution arrêtée, Malone et Steevens se mirent à étudier religieusement les trois signatures du testament, la première apposée au coin droit de la première page, la seconde apposée au coin gauche de la seconde page, la troisième mise à la fin du document, avant les noms des exécuteurs testamentaires, au milieu de la troisième page. Steevens prit un crayon et, sous les yeux de son collègue, calqua exactement ces trois signatures. Après une longue méditation, les deux critiques décidèrent que, sur les deux premières pages de son testament, le poëte avait signé : SHAKSPERE, et, sur la troisième page : SHAKSPEARE. Entre ces deux orthographes différentes, laquelle choisir? L'embarras était grand. La signature : *Shakspere*, était répétée deux fois, ce qui était un grand argument en sa faveur. Mais la signature : *Shakspeare*, était à l'endroit le plus solennel, à la fin du testament, ce qui était pour elle un titre non moins grand. A la fin, cependant, les deux arbitres se mirent d'accord et convinrent que la seconde signature serait adoptée par eux comme la plus authentique et aurait désormais le privilége de désigner au monde entier le plus grand poëte du Moyen Age. Conformément à cette convention, Malone

---

[1] Voir la traduction au volume XV.

copia cette signature, la mit en tête de sa grande édition, et pour la première fois, le nom de l'auteur d'*Hamlet* fut imprimé ainsi : SHAKSPEARE.

Malone s'était tellement infatué de cette orthographe qu'en 1790, voulant faire faire par son graveur un fac-simile de la signature que possédait Garrick, il n'hésita pas, bien que cette signature fût tronquée, à la publier avec les mêmes lettres : Shakspeare.

Cependant, vers 1793, quand le monde littéraire eut adopté l'épellation fixée par les deux critiques, Malone reçut une lettre d'un correspondant anonyme qui l'accusait d'avoir induit le public en erreur. Au reçu de cette lettre écrite évidemment par un admirateur du poëte, l'honnête critique conçut des scrupules. Il examina de nouveau les écritures, puis déclara qu'il s'était trompé, que Steevens s'était trompé, que l'orthographe *Shakspeare*, que tous deux croyaient avoir vue au bas du testament, n'existait en réalité que dans leur imagination, et que la véritable orthographe était *Shakspere*. Dans un ouvrage intitulé : *Inquiry*, Malone n'hésita pas à se confesser publiquement de sa faute. Voici cet intéressant aveu : « En l'an 1776,
» M. Steevens, en ma présence, traça avec l'exactitude la plus minu-
» tieuse les trois signatures apposées par le poëte à son testament.
» Tandis que nous crûmes lire *Shakspere* dans les deux premières,
» nous nous figurâmes qu'il y avait une variante dans la troisième et
» qu'un *a* existait dans la seconde syllabe. *En conséquence*, nous
» *avons constamment, depuis cette époque, ainsi publié le nom du*
» *poëte : Shakspeare*. Certainement cela aurait dû nous frapper
» comme une circonstance extraordinaire qu'un homme eût écrit son
» nom sur le même papier de deux façons différentes. Il n'en fut
» rien toutefois Je n'avais pas encore *soupçonné notre méprise* lors-
» que, il y a environ trois ans, je reçus une lettre très-sensée d'un
» correspondant anonyme qui me démontra très-clairement que, bien
» que le poëte, probablement à cause du tremblement de sa main,
» eût donné un coup de plume superflu en écrivant la lettre, il
» n'existait pas d'*a* perceptible dans la seconde syllabe, et que la si-
» gnature finale était écrite comme les deux autres : *Shakspere*. En
» revenant par la pensée sur cette affaire, cette idée me vint à l'es-
» prit que, dans le fac-simile de son nom donné par moi en 1790,
» *mon graveur s'était trompé* en indiquant un *a* au-dessus de la se-
» conde syllabe du nom et que ce qu'on avait pris pour un *a* était
» simplement un *signe d'abréviation* qu'un jambage de trop faisait
» ressembler à cette lettre... *Si, M. Steevens et moi, nous avions eu*
» *l'intention malicieuse de tendre un piége au graveur, nous ne nous*

» *y serions pas pris plus adroitement...* Nonobstant cette autorité,
» je continuerai à écrire le nom du poëte : *Shakspeare.* Mais, que
» je me trompe ou non, il est manifeste que lui-même l'écrivait :
» *Shakspere.* »

Ainsi, la fameuse orthographe : Shakspeare, qu'après Malone presque tous les éditeurs modernes ont acceptée, et que les plus grands écrivains de notre époque ont adoptée, cette orthographe a été désavouée, reniée publiquement par son inventeur. Elle est le résultat d'une méprise!... Le graveur s'est trompé! Il a pris pour un *a* un signe d'abréviation ! C'est *Shakspere*, et non *Shakspeare,* que le poëte avait écrit !

Cependant, remarquons-le bien, bien que le poëte ait écrit : Shakspere, Malone continue de l'appeler Shakspeare. Pourquoi cette contradiction ? C'est qu'au fond de sa conscience, Malone n'est sûr d'aucune de ces deux orthographes. Il ne sait pas « s'il se trompe ou non. » Il reconnaît que l'auteur d'*Hamlet* écrivait son nom en l'abrégeant par un signe particulier. — Or, si le poëte abrégeait son nom, il a pu y retrancher plus d'une lettre, et alors le vrai nom n'est pas *Shakspere,* mais il n'est peut-être pas non plus *Shakspeare.*

Or, je le déclare, si c'est d'après les signatures manuscrites du poëte qu'il faut fixer l'orthographe de son nom, la certitude est impossible, car aucune de ces signatures ne se ressemble.

J'ai sous les yeux un fac-simile exact des six signatures écrites de la main du poëte; et, pour que le lecteur juge la question par lui-même, je vais les analyser toutes l'une après l'autre :

Première signature (apposée à un volume de la traduction de Montaigne par Florio, 1603). Écriture courante très-ferme. Seules lettres distinctes dans le nom et dans le prénom : WILLM SHAKSPERE.

Seconde signature (apposée au document possédé par la corporation de Londres). Écriture très-serrée. Seules lettres distinctes : WILLIAM SHAKS P R.

Troisième signature (apposée au document possédé par Garrick et aujourd'hui perdu). Écriture plus serrée encore que la précédente. Seules lettres distinctes : WM SHAKSPR.

Quatrième signature (apposée à la première page du testament). Le papier étant usé, les lettres du prénom : WILLIAM, sont seules distinctes.

Cinquième signature (apposée à la seconde page du testament). Écriture très-tremblée. Seules lettres distinctes : WILLM SHAK SP R.

Sixième signature (apposée au bas du testament). Écriture très-tremblée. Seules lettres distinctes : WILLIAM SHAKSP.

Telle est l'analyse fidèle et minutieuse des six signatures qu'a laissées l'auteur d'*Othello*. Si c'est d'après ces indications que Malone a voulu trouver la certitude, certes je comprends son embarras. Mais je ne puis m'expliquer l'utilité d'une pareille recherche.

Pour savoir comment écrire le nom de l'auteur de *la Tempête*, est-il besoin de fouiller les archives du British Museum ou de la corporation de Londres ?

Quand Malone eut la malencontreuse idée de la réformer, l'orthographe de ce nom fameux avait été fixée depuis près de deux siècles par une série de documents authentiques. Dix-huit pièces avaient été publiées du vivant du poëte avec ce nom imprimé en grosses lettres sur la première page : SHAKESPEARE.

Le théâtre complet du poëte avait été publié, en 1623, par ses deux camarades Heminge et Condell, dans un gros volume in-folio, sur le titre duquel resplendissait ce nom en majuscules monumentales : WILLIAM SHAKESPEARE.

Dira-t-on que cette orthographe est le résultat d'une méprise ? Que les dix-huit pièces imprimées du vivant de leur auteur ont paru à son insu ? Objectera-t-on que la grande édition de 1623 a paru sept ans après la mort du poëte et que ses camarades avaient oublié son nom ? Eh bien, on n'a qu'à consulter les documents contemporains. Tous s'accordent à répéter la même orthographe.

Voici le critique Meres qui écrit, en 1598, dans son *Trésor de l'Esprit* : « As Plautus and Seneca are accounted the best for comedy and tragedy among the Latines, so SHAKESPEARE, among the English, is the most excellent in both kinds for the stage. — De même que Plaute et Sénèque sont regardés comme les meilleurs pour la tragédie et la comédie parmi les Latins, de même SHAKESPEARE, parmi les Anglais, est le plus parfait dans les deux genres pour la scène. »

Voici le roi Jacques Ier qui, en 1603, accorde à la troupe du *Globe* une licence ainsi conçue :

« Pro Laurentio Fletcher et Wilhelmo SHAKESPEARE et aliis. A. D. 1603. Pat.

» 1. Jac., p. 2, m. 4. James by the grace of God, etc., to all justices, mayors, sheriffs, constables, et other our officiers and loving subjetcs, greeting. Know you that we, of our special grace, by these presents, do license and authorise, these our servants, Laurence Fletcher, WILLIAM SHAKESPEARE, Richard Burbage, etc. — Jacques, par la grâce de Dieu; etc., à tous juges, maires, shérifs, constables, et à nos autres officiers et bien aimés sujets, salut. Sachez que, en vertu de notre grâce spéciale, nous donnons par ces présentes licence et autorisation à nos serviteurs Laurent Fletcher, WILLIAM SHAKESPEARE, Richard Burbage, etc.

Voici Ben Jonson, l'ami du poëte, celui qui s'attablait avec lui à la taverne d'Apollon, qui joue avec le nom de Shakespeare (*shake*, agiter, *speare*, lance) et fait sur lui ces deux vers connus :

> He seems to *shake* a lance
> As brandished at the eyes of ignorance.

> Il semble agiter une lance
> Et la brandir aux yeux de l'ignorance.

Voici le même Ben Jonson qui chante ainsi son maître mort :

> My SHAKESPEARE, rise! I will not lodge thee by
> Chaucer, or Spenser, or bid Beaumont lie
> A little further off, to make thee room :
> Thou art a monument without a tomb,
> And art alive still, while thy book live...

> Lève-toi, mon SHAKESPEARE! je ne te logerai pas près
> De Chaucer, ou de Spenser, et je ne dirai pas à Beaumont
> De se coucher un peu plus loin, pour te faire place :
> Tu es un monument sans tombe,
> Et tu es vivant toujours, tant que ton livre vit...

Voici, — une génération plus tard, — Milton qui, lui aussi, appelle tendrement l'auteur de *la Tempête* : MY SHAKESPEARE! dans cette ode admirable où il dit « que des rois voudraient mourir pour avoir une pareille tombe! »

> That kings for such a tomb would wish to die!

En présence de tous ces documents, veut-on rester incrédule? veut-on contester l'orthographe adoptée par les dix-huit éditeurs des in-quarto, par les deux éditeurs de l'in-folio? Dira-t-on que Meres s'est trompé? que Ben Jonson s'est trompé? que le roi Jacques s'est trompé? que Milton s'est trompé? Soit.

Eh bien, il y a un témoignage que nul ne récusera. C'est celui de Shakespeare lui-même.

Quand, en 1796, Malone affirmait que l'auteur de la Tempête écrivait son nom *Shakspere*, Malone oubliait qu'il existe deux lettres, écrites et signées par le poëte, et imprimées sous ses yeux à la fin du seizième siècle.

La première lettre [1] parut en 1593, en tête du poëme intitulé *Vénus et Adonis*. Elle est adressée *au très-honorable Henry Wriothesly, comte de Southampton et baron de Titchfield*, et signée WILLIAM SHAKESPEARE.

La seconde lettre parut en 1594 en tête du poëme intitulé : *Le viol de Lucrèce*. Elle est adressée au même comte de Southampton et signée de même : WILLIAM SHAKESPEARE.

WILLIAM SHAKESPEARE, telle était la signature authentique du poëte. En présence de ces deux documents, on s'étonne de la légèreté de Malone affirmant que l'auteur d'*Hamlet* écrivait toujours son nom *Shakspere*. — Au reste, comme il était facile de le prévoir, la réaction s'est faite contre l'orthographe indiquée si étourdiment par le critique du dix-huitième siècle. On revient de nouveau à la vieille épellation indiquée par l'in-folio de 1623. Les éditions les plus récemment parues en Angleterre, la savante édition de M. Collier et la ravissante édition illustrée avec tant de talent par M. Gilbert ont remis toutes ses lettres à ce grand nom estropié, et j'ai suivi cet exemple en appelant le glorieux poëte comme il s'appelait : WILLIAM SHAKESPEARE.

(22) Allusion au proverbe anglais : « Il faut une longue cuiller pour manger avec le diable. »

(23) Il faut traduire exactement le mot *mooncalf*, veau de la lune. Le veau de la lune, selon Pline, est un animal informe, engendré de la femme seule.

(24) Shakespeare croyait, sans aucun doute, qu'*il y a des hommes ayant la tête dans la poitrine*. Ce n'est pas seulement le naïf Gonzalo qui en parle, c'est Othello, l'héroïque aventurier, qui affirme les avoir vus, devant le sénat de Venise. Cette crédulité n'avait rien

---

[1] Voir ces lettres au volume XV.

d'extraordinaire alors; elle pouvait invoquer l'imposant témoignage d'un grand savant de l'époque. Dans le récit qu'il publia, en 1595, de son voyage en Guyane, Walter Raleigh écrivait très-sérieusement ce qui suit .

« L'Arvi (fleuve que la géographie indiquait alors comme se jetant dans l'Orénoque) a pour affluents deux rivières, l'Atoïca et le Caova ; au bord de l'affluent appelé Caova, est une nation d'hommes *dont la tête n'apparaît pas au-dessus de leurs épaules.* Bien qu'on puisse croire que c'est une pure fable, je suis, pour ma part, *convaincu que c'est vrai.* Tous les naturels des provinces d'Arromaia et de Canuri l'affirment positivement. — Ces hommes-là sont appelés Ewaipanoma. On rapporte qu'ils ont les yeux dans les épaules, la bouche au milieu de la poitrine et une longue chevelure qui leur pousse sur le dos. »

(25) Il faut connaître les usages de l'époque pour bien comprendre cette phrase de Gonzalo. Avant d'envoyer une expédition au delà des mers, les négociants faisaient assurer, non-seulement leur navire et leur cargaison, mais les hommes qui devaient monter à bord. Plus le voyage était périlleux, plus la prime d'assurance était élevée. Un *voyageur assuré à cinq pour un* partait pour quelque contrée inconnue, d'où il avait peu de chance de revenir. Pour un écu payé par lui avant son départ, la compagnie d'assurance lui promettait cinq écus au retour.

(26) Tout cet épisode de *la Tempête* semblerait être inspiré par le drame étrange intitulé : *le Docteur Faust.* Comme le Caliban de Shakespeare, le Benvolio de Marlowe veut se venger de l'enchanteur qui l'a humilié. Benvolio a résolu de tuer Faust, comme Caliban de tuer Prospero, et, pour l'exécution du complot, il s'associe Frédéric et Martino, de même que Caliban s'associe Trinculo et Stephano. Benvolio est sur le point de réussir, comme Caliban. Mais, au moment décisif, Faust fait surgir une légion de démons, ainsi que Prospero évoque une meute d'esprits, qui donnent la chasse aux conspirateurs. L'analogie est frappante; le lecteur peut en juger par l'extrait suivant :

FRÉDÉRIC.

Approchons! approchons! L'enchanteur avance, en se promenant tout seul dans sa robe magique. Soyons prêts alors, et abattons le manant!

BENVOLIO.

A moi cet honneur! Maintenant, épée, frappe au but! Je vais avoir sa tête!

Entre FAUST, affublé d'une fausse tête.

MARTINO.

Voyez! voyez! Le voici!

BENVOLIO.

Plus un mot! Ce coup termine tout! Que l'enfer prenne son âme, son corps doit tomber avec ceci.

Il frappe Faust qui tombe à la renverse.

FAUST.

Oh!

FRÉDÉRIC.

Vous râlez, je crois, monsieur le docteur?

BENVOLIO.

Puisse son cœur se briser à force de soupirs! Cher Frédéric, vois, je vais de ce coup terminer immédiatement ses douleurs.

MARTINO.

Frappe tant que tu voudas. Sa tête est coupée.

BENVOLIO.

Le démon est mort. Les furies peuvent rire à présent.

FRÉDÉRIC.

Voilà donc ce visage sinistre dont le froncement terrible faisait trembler et s'agiter sous un charme impérieux le farouche monarque des esprits infernaux!

MARTINO.

Voilà donc la tête de ce damné qui par son art conspira l'humiliation de Benvolio devant l'empereur!

BENVOLIO.

Oui, voilà la tête, et voici à nos pieds le corps. Juste récompense de ses vilenies.

FRÉDÉRIC.

Allons! cherchons quelque nouvel affront à ajouter au noir déshonneur de son nom exécré.

BENVOLIO.

D'abord, en réparation de ses insultes envers moi, clouons-lui de grandes cornes sur la tête, et pendons-les à la fenêtre où il m'a outragé, que tout le monde puisse voir ma juste vengeance.

MARTINO.

A quel usage soumettrons-nous sa barbe?

BENVOLIO.

Nous la vendrons à un ramoneur. Elle usera dix balais, je vous le garantis.

FRÉDÉRIC.

Que ferons-nous de ses yeux?

BENVOLIO.

Nous les lui arracherons; et ils serviront comme boutons à ses lèvres, pour empêcher sa langue d'attrapper froid.

MARTINO.

Excellente idée! Et maintenant, messieurs, que nous l'avons dépecé, que ferons-nous du corps?

Le corps de Faust s'agite.

BENVOLIO.

Morbleu! le diable ressuscite!

FRÉDÉRIC.

Rends-lui sa tête pour l'amour de Dieu!

FAUST, se redressant.

Non, gardez-la! Faust aura cent têtes et cent mains, oui, et tous vos cœurs pour punir cette action! Ne savez-vous pas, traîtres, que ma vie sur cette terre est limitée à vingt-quatre ans? Eussiez-vous tranché mon corps avec vos épées, haché cette chair et ces os aussi menu que du sable, qu'en une minute mon esprit serait revenu et que j'aurais animé de mon souffle un homme libre de vos blessures. Mais pourquoi retarder ma vengeance? Astaroth, Belimoth, Mephostophilis!

Entre MEPHOSTOPHILIS, suivi D'AUTRES DÉMONS.

Allons! chargez ces traîtres sur vos croupes de feu, et transportez-les jusqu'au ciel : de là plongez-les la tête en bas au fond de l'enfer. Non, arrêtez, il faut que le monde voie leur misère, et ensuite l'enfer punira leur trahison. Va, Belimoth, emmène ce misérable et lance-le dans quelque lac fangeux et sale. — Toi, prends cet autre et traîne-le à travers les bois, à travers les fourrés les plus épineux et les ronces les plus piquantes. Pendant ce temps ce traître volera avec mon gentil Mephostophilis vers quelque roc à pic, le long duquel il roulera en se brisant les os, comme il voulait broyer les miens, le drôle! Envolez-vous! Exécutez mes ordres immédiatement.

FRÉDÉRIC.

Pitié! gentil Faust! Sauvez-nous la vie!

FAUST.

Arrière!

FRÉDÉRIC.

Il faut qu'il parte, celui que le diable emporte!

Entrent les SOLDATS qui servaient d'escorte à Frédéric.

PREMIER SOLDAT.

Allons! messieurs, préparez-vous. Venons vite au secours de ces gentilshommes. Je les ai entendus parlementer avec l'enchanteur.

DEUXIÈME SOLDAT.

Tenez, le voici! Dépêchons-nous et tuons le maroufle!

FAUST.

Qu'est ceci? une embuscade contre ma vie! Allons, Faust, aie recours à ta science. Vils manants, arrêtez! Tenez, ces arbres reculent à mon commandement et se tiennent entre vous et moi comme un boulevard, pour me mettre à l'abri de votre odieuse trahison. Et, pour affronter vos faibles efforts, voici une armée qui arrive.

Faust donne un coup sur la porte. Aussitôt un diable entre en battant le tambour. Il est suivi d'un autre démon, portant un étendard, puis d'une foule d'autres portant des armes. Derrière eux arrive Mephostophilis lançant des feux d'artifice. Tous courent sus aux soldats et les chassent.

(Extrait du *Faust* de Marlowe.)

(27) Rien de plus solennel et de plus touchant à la fois que cet adieu de Prospero aux esprits qui l'ont aidé dans ses opérations magiques. Shakespeare a voulu que cette séparation fît sur son public une impression sympathique, et, quand Prospero a parlé, le spectateur regrette presque qu'il ait si vite congédié ses invisibles agents. Chose remarquable! l'auteur de *la Tempête* n'a pas un mot de blâme pour ce commerce de l'homme avec le monde mystérieux. Ce silence est d'autant plus significatif que les poëtes contemporains de Shakespeare n'ont pas hésité, pour la plupart, à réprouver ces relations, prohibées par la religion et par la loi. L'auteur du *Docteur Faust*, que nous avons déjà cité, conclut son drame par cet anathème :

« Faust n'est plus. Regardez son infernale chute, et puisse sa destinée diabolique engager le sage à n'avoir que de l'étonnement pour ces choses défendues, dont l'étude approfondie entraîne les esprits aventureux à des pratiques interdites par la puissance céleste! »

Le même anathème que Marlowe jette à Faust, le représentant de la science au quinzième siècle, — Greene le jette au moine Bacon, le représentant de la science au quatorzième. Autant, dans *la Tempête*, le but de la magie est élevé, autant il est vil dans la pièce de Greene, intitulée : *Frère Bacon et frère Bungay*. Le héros de cette pièce, qui n'est autre que le fameux Bacon, l'inventeur présumé de la poudre à canon et du télescope, joue le rôle d'entremetteur et aide le prince de Galles à séduire une pauvre paysanne. Le Bacon de Greene a inventé un miroir dans lequel il montre à ses visiteurs l'image de ceux qu'ils désirent voir. Cette invention (qui évidemment rappelle la découverte du télescope) est la cause d'un événement terrible, qui a pour conséquence le repentir de l'enchanteur et sa renonciation à la sorcellerie.

Je traduis ici, pour la première fois, cet épisode éminemment dramatique d'une œuvre inconnue. La scène se passe dans le laboratoire de Bacon ; le sorcier y est enfermé avec son compère Bungay ; on frappe à la porte, et Bungay va ouvrir.

BACON.

Qui est là ?

BUNGAY.

Deux étudiants qui désirent vous parler.

BACON.

Faites entrer.

Entrent DEUX ÉTUDIANTS.

BACON.

Eh bien, mes enfants, que voulez-vous ?

PREMIER ÉTUDIANT.

Seigneur, nous sommes tous deux de Suffolk, amis et voisins de campagne. Nos pères sont de riches chevaliers dont les terres se touchent. Le mien demeure à Crackfield et le sien à Laxfield. Nous sommes camarades de collége, des frères jurés! Et nous nous aimons comme nos pères s'aiment.

BACON.

Où voulez-vous en venir ?

DEUXIÈME ÉTUDIANT.

Nous avons appris que votre honneur garde en sa cellule un miroir dans lequel les hommes peuvent voir tout ce que souhaite leur pensée ou leur cœur. Nous venons savoir comment se portent son père et le mien.

BACON.

Mon miroir est à la disposition de tout honnête homme. Asseyez-vous, et vous allez voir comment vont vos chers pères. En attendant, dites-moi vos noms.

PREMIER ÉTUDIANT.

Je me nomme Lambert.

SECOND ÉTUDIANT.

Et moi, Serlsby.

BACON, à part, à Bungay.

Bungay, je flaire quelque tragédie.

On aperçoit au fond du théâtre Lambert et Serlsby, pères des deux étudiants. Tous deux ont l'épée à la main.

LAMBERT.

Tu es exact comme un homme, Serlsby, et tu es digne de ton titre de chevalier. Cette preuve d'affection et d'amour que tu donnes à ta maîtresse indique la valeur de ton sang. Tu te rappelles les mots échangés à Fressingfield : ce sont des bravades honteuses qu'un homme d'honneur ne peut supporter. Quant à moi, je me refuse à tolérer des insultes aussi perçantes. Prépare-toi, Serlsby. Un de nous deux va mourir.

SERLSBY.

Tu le vois, je te brave sur le terrain et je maintiens tout ce que j'ai dit! En garde! Assez de criailleries! Si tu me tues, songe que j'ai un fils qui vengera dans ton sang le sang de son père.

LAMBERT.

Et moi aussi j'ai un vaillant fils qui osera croiser le fer avec le tien. Allons! dégaine.

Ils se battent.

BACON, *présentant le miroir aux étudiants.*

Allons! mes gaillards, regardez dans le miroir et dites-moi si vous distinguez vos pères.

Les deux étudiants regardent dans le miroir.

PREMIER ÉTUDIANT.

Ah! c'est cruel! Serlsby, ton père est coupable; il se bat avec mon père!

DEUXIÈME ÉTUDIANT.

Tu mens, Lambert. C'est ton père qui est l'offenseur, et tu le verras bien, s'il arrive malheur à mon père.

LAMBERT, *au fond du théâtre.*

Pourquoi t'arrêtes-tu, Serlsby? As-tu peur pour ta vie! Allons, encore une passe, mon brave. La belle Marguerite vaut bien cela.

SERLSBY, *au fond du théâtre.*

Soit! en voici une en son honneur.

Serlsby se remet en garde et touche Lambert.

SECOND ÉTUDIANT.

Ah! bien frappé.

PREMIER ÉTUDIANT.

Oui, mais fais attention à la riposte.

La lutte continue au fond du théâtre. Lambert touche Serlsby.

SERLSBY, *tombant.*

Oh! je suis tué!

LAMBERT, *tombant.*

Et moi aussi! Dieu ait pitié de moi!

PREMIER ÉTUDIANT, *au second étudiant.*

Ton père a tué le mien. En garde, Serlsby!

SECOND ÉTUDIANT.

Ton père a tué mon père. Tu vas me payer cela, Lambert!

Les deux étudiants se battent puis tombent frappés l'un par l'autre.

BUNGAY.

Oh! l'affreuse aventure!

BACON.

Frère, les voilà gisants dans leur sang. — Bacon, c'est la magie qui a causé ce massacre! C'est ton art qui a fait périr ces vaillants Bretons, ces jeunes amis. Renonce donc sur-le-champ à ta magie et à ton art. Le poignard qui a terminé leur vie doit briser l'instrument de leur malheur. Que ce miroir soit à jamais terni, et qu'avec lui disparaissent les reflets que la nécromancie jetait sur son cristal !

Il brise le miroir.

BUNGAY.

Pourquoi le savant Bacon a-t-il brisé cette glace à longue vue ?

BACON.

Je le déclare, Bungay, Bacon se repent cruellement de s'être jamais mêlé de cet art. Les heures que j'ai consacrées à la pyromancie, les papiers pleins de sortiléges que j'ai froissés pendant l'horreur d'une nuit tardive, les évocations de diables et de démons que j'ai faites, revêtu de l'étole et de l'aube, à l'aide de l'étrange pentagramme, les prières sacriléges où j'ai mêlé le saint nom de Dieu, Sother, Eloïm, Adonaï, Alpha, Manoth, Tetragrammaton, à l'invocation des cinq puissances du ciel, voilà les preuves que Bacon doit être damné pour avoir employé des démons à contrecarrer Dieu ! — Pourtant, courage, Bacon, ne te noie pas dans le désespoir. Les péchés ont leur baume. Le repentir peut beaucoup. Songe que la pitié est assise sur le même siége que la justice. Les blessures, qui ont percé le flanc de Jésus, et que ta magie a fait souvent saigner encore, répandent sur toi une rosée de miséricorde qui éteindra la colère du puissant Jéhovah et te rendra l'innocente pureté du nouveau-né ! — Bungay, je passerai le reste de ma vie dans la plus parfaite dévotion, à prier Dieu de sauver cette vie que Bacon a perdue dans la vanité.

Il sort.

(Extrait de *Frère Bacon et Frère Bungay*, par Robert Greene, 1594.)

FIN DES NOTES.

APPENDICE.

LA REINE MAB [1].

Quels prodiges que la Mort, la Mort et son frère le Sommeil! L'une, pâle comme la lune qui s'évanouit là-bas, avec des lèvres d'un bleu livide; l'autre, pourpre comme l'aurore, alors que, portée par la vague de l'Océan, elle trône rougissante sur le monde; tous deux prodiges ineffables!

Est-ce donc la sombre Puissance dont l'empire est le noir sépulcre, qui s'est emparée de l'âme pure d'Yanthe? Cette forme incomparable, que l'amour et l'admiration ne peuvent contempler sans battements de cœur, ces veines azurées qui serpentent comme des ruisseaux le long d'un champ de neige, ce contour adorable, beau comme un marbre animé, tout cela doit-il donc périr? Faut-il que le souffle de la putréfaction ne laisse rien de cette

---

[1] Avant de fermer ce volume, nous tenons à citer ici, dans ses passages essentiels, l'œuvre capitale de Shelley, de ce poëte, trop peu connu de la France, qui fut à la fois l'ami et le rival de Byron. Le génie moderne ne saurait donner une plus magnifique conclusion au drame fantastique du Moyen Age. Grâce à la vision de Shelley, la féerie finit dans une apothéose.

vision céleste que dégoût et que ruine? et qu'il n'en reste rien qu'un triste thème, dont le cœur le plus léger fera la morale? ou bien n'est-ce qu'un doux assoupissement qui a gagné ses sens et que le souffle du matin rose chassera dans les ténèbres? Yanthe doit-elle se réveiller et remettre en joie ce sein fidèle dont l'esprit guette dans l'insomnie pour saisir la lumière, la vie et l'extase au vol de son sourire?

Oui, elle se réveillera, quelque immobiles que soient ses membres transparents, quelque muettes que soient ses lèvres douces, qui, naguère respirant l'éloquence, auraient pu calmer la rage du tigre ou fondre le cœur glacé d'un conquérant. Ses yeux humides sont clos, et de ses paupières, dont le fin tissu cache à peine deux prunelles d'un bleu sombre, l'enfant Sommeil a fait son oreiller. Ses tresses d'or font ombre à la splendeur sans tache de son sein, ondulant comme les cirrhes d'une plante parasite autour d'une colonne de marbre.

Écoutez! quel est ce bruit soudain? Il est comme le murmure prodigieux qui vibre autour d'une ruine solitaire et que l'écho de la plage fait entendre le soir à l'enthousiaste errant! il est plus doux qu'un soupir du vent d'ouest! il est plus fantasque que les notes sans mesure de cette lyre étrange dont les cordes sont touchées par les génies des brises!

. Ces lignes d'un lumineux arc-en-ciel sont comme des rayons de lune tombant à travers les vitraux de quelque cathédrale, mais les nuances en sont telles qu'elles ne peuvent trouver de comparaison sur la terre. Regardez! c'est le chariot de la Reine des Fées! Les coursiers célestes piétinent l'air résistant. A sa voix, ils déploient leurs ailerons nacrés et s'arrêtent, obéissant aux brides de lumière. La Reine des Enchantements les fait entrer; — elle répand un charme tout autour de l'alcôve, et, se penchant gracieuse du haut de son char éthéré, elle contemple longtemps en silence la vierge assoupie.

Oh! non, jamais le poëte visionnaire, dans ses rêves, alors que des nuages argentés flottent dans son cerveau ébloui, alors que tous les spectacles de l'adorable, de l'étrange et du grand l'étonnent, l'extasient et le transportent, alors que sa fantaisie combine d'un coup d'œil le merveilleux et le beau; non, jamais le poëte n'a vu une créature aussi lumineuse, aussi gracieuse, aussi fantasque que celle qui retenait les coursiers aériens et versait la magie de son regard sur ce sommeil de jeune fille!

La jaune pleine lune brillait confusément à travers sa forme, forme d'une symétrie absolue. Le char irisé et transparent ne dérangeait pas la ligne du clair de lune. Ce n'était pas un spectacle terrestre. Ceux qui ont aperçu cette vision au-dessus de toute splendeur humaine, n'ont pas entendu le souffle du vent de nuit, n'ont pas entendu un son terrestre; ils n'ont vu que l'apparition féerique, ils n'ont entendu que les bruissements célestes qui remplissaient la solitaire retraite.

Le corps de la Fée était plus mince et plus léger que cette nuée floconneuse, là-bas, qui ne retient que la plus pâle nuance du soir et que le regard tendu peut à peine saisir, au moment où elle fond dans l'ombre du crépuscule oriental. La belle étoile qui diamante la splendide couronne du matin ne jette pas une lumière aussi puissante et aussi douce que celle qui, jaillissant des formes de la Fée, répandait autour d'elle un halo de pourpre, et par des mouvements ondulés suivait gracieusement ses contours.

De son char céleste, la Reine des Fées descendit, et trois fois elle agita sa baguette, enlacée de guirlandes d'amaranthe. Sa forme mince et brumeuse remuait au déplacement de l'air, et les accents argentins de sa voix, alors qu'elle parla, étaient de ceux qu'une oreille douée peut seule entendre.

LA FÉE.

« Astres, répandez votre plus salutaire influence ! Élé-
» ments, suspendez votre fureur ! Dors, Océan, dans
» l'enceinte de rocher qui ferme ton domaine ! Que pas
» un souffle ne remue au sommet couvert d'herbes de la
» ruine !... Que même le mobile fil de la Vierge repose
» sur l'air immobile ! Et toi, âme d'Yanthe, toi, seule
» jugée digne de l'ineffable faveur réservée aux bons et
» aux sincères, à ceux qui ont combattu et, par une in-
» trépide volonté, triomphé des vanités et des bassesses
» de la terre, à ceux qui ont brisé les chaînes, les chaînes
» de glace de l'usage, et qui ont fait rayonner le jour sur
» leur âge !... âme d'Yanthe ! éveille-toi, lève-toi ! »

Soudain se leva l'âme d'Yanthe ; elle se dressa, toute belle, dans sa pureté nue, parfaite image de sa forme corporelle. Animée d'une beauté et d'une grâce inexprimables, toutes les taches terrestres avaient disparu d'elle. Elle reprenait sa dignité native, et se tenait immortelle au-dessus d'une ruine.

Sur la couche, le corps gisait, enfoui dans les profondeurs de l'assoupissement ; ses traits étaient fixes et sans expression ; pourtant la vie animale était là, et chaque organe remplissait encore ses fonctions naturelles : c'était un spectacle prodigieux de comparer le corps et l'âme. Mêmes linéaments, même configuration. Oh ! pourtant quelle différence ! L'une aspire au ciel, ne palpite que pour son héritage éternel, et, toujours changeant, s'élevant toujours, s'ébat dans l'existence infinie. L'autre, pour un temps, jouet involontaire de la circonstance et de la passion, se démène, glisse rapidement à travers sa triste durée, puis, machine inutile et hors de service, pourrit, périt et passe.

LA FÉE.

« Esprit qui as plongé si profond ! esprit qui as plané
» si haut ! toi intrépide, toi le doux, accepte la faveur que
» ton mérite a gagnée, monte dans le char avec moi. »

L'ESPRIT.

« Est-ce que je rêve ? est-ce que ce sentiment nouveau
» n'est qu'un spectre visionnaire du Sommeil ? Si en effet,
» je suis une âme, une âme libre et désincorporée, parle-
» moi encore. »

LA FÉE.

« Je suis la Fée MAB ; il m'est donné de garder les
» prodiges du monde humain ; les secrets du passé in-
» commensurable, je les lis dans les consciences infail-
» libles des hommes, annalistes austères et sans flatterie ;
» l'avenir, je le conclus des causes qui surgissent dans
» chaque événement. Ni le remords poignant, que le
» souvenir vengeur enfonce dans le cœur endurci de
» l'homme égoïste, ni les palpitations d'extase et de
» triomphe qu'éprouve l'adepte de la vertu quand il réca-
» pitule les pensées et les actes d'une bonne journée, ne
» sont pour moi choses imprévues et inaperçues. Il m'est
» permis aussi de déchirer le voile de la fragilité mor-
» telle, afin que l'esprit, vêtu de son immuable pureté,
» puisse savoir comment atteindre au plus vite le grand
» but pour lequel il existe, et puisse goûter cette paix
» dont à la fin toute vie aura sa part. C'est là la récom-
» pense de la vertu ! Heureuse âme, monte dans le char
» avec moi ! »

Les chaînes du cachot terrestre tombèrent de l'âme

d'Yanthe ; elles cédèrent et se rompirent comme des liens de paille sous l'effort d'un géant qui s'éveille. Elle connaissait son glorieux changement, et sentait, dans son entendement délivré, sourdre partout de nouvelles extases ; toutes les rêveries de sa vie mortelle, toutes les visions délirantes du sommeil qui avait clos chaque bonne journée, semblaient maintenant prendre réalité.

La Fée et l'Ame se mirent en mouvement ; les nuages d'argent s'écartèrent ; et, comme elles montaient dans le char magique, la musique inouïe vibra de nouveau, de nouveau les coursiers de l'air déployèrent leurs ailerons d'azur, et la Fée, secouant les rênes radieuses, leur commanda de poursuivre leur route.

Le char magique avançait... La nuit était belle, et les astres sans nombre étaient enchâssés dans la voûte bleusombre du ciel. Juste au-dessus du flot oriental venait de poindre le premier sourire vague de l'Aurore... Le char magique avançait. Des sabots éthérés l'atmosphère jaillissait en étincelles, et, à la place où les roues flamboyantes tourbillonnaient, au-dessus du pic le plus élevé de la montagne, était tracé un sillage d'éclair. Déjà, il planait au-dessus d'un rocher, sommet suprême de la terre, le rival des Andes, dont le sourcil noir était froncé au-dessus de la mer d'argent.

Bien, bien au-dessous de la voie du char, tranquille comme un enfant endormi, le terrible Océan gisait. Le miroir de ses calmes reflétait les astres pâles et décroissants, la traînée de flamme du chariot, et la lumière grise du matin colorant les nuages floconneux, qui faisaient un dais crépusculaire. Il semblait que le chemin du chariot longeait le milieu d'une immense voûte, rayonnante de millions de constellations, teinte des nuances de la couleur infinie, et à demi entourée d'une ceinture dardant d'incessants météores.

Le char magique avançait... Comme ils approchaient du but, les coursiers semblaient gagner de vitesse ; la mer ne se distinguait plus ; la terre apparaissait comme une vaste et sombre sphère ; l'orbe du soleil, dégagé de nos nuages, tournait dans un cercle noir ; ses rayons de rapide lumière s'écartaient autour du char, plus prompt encore, et retombaient, comme l'écume mousseuse qui jaillit de la lame bouillonnante devant la proue d'un navire.

Le char magique avançait... L'orbe lointain de la terre apparaissait comme la plus petite lumière qui clignait dans le ciel, tandis que, le long de la voie du chariot, d'innombrables systèmes roulaient, et que des sphères incalculables épanchaient une splendeur toujours variée. C'était un spectacle prodigieux. Les unes avaient une corne comme le croissant de la lune ; d'autres jetaient un rayonnement doux et argentin comme en jette Hespérus sur la mer occidentale ; d'autres lançaient des traînées de flamme, comme autant de mondes poussés à la mort et à la ruine ; d'autres brillaient comme des soleils, et, sur le passage du chariot, éclipsaient toute autre lumière.

Esprit de la nature ! c'est ici, dans ce désert interminable de mondes, dont l'immensité donne le vertige même à la fantaisie en essor, c'est ici qu'est le temple à ta taille ! Pourtant, la plus petite feuille qui frissonne au passage de la brise n'en est pas moins animée par toi ; pourtant, le plus humble ver qui rampe dans les tombeaux et s'engraisse des morts n'en a pas moins sa part de ton souffle éternel ! Esprit de la nature ! ô toi ! c'est dans ce milieu impérissable, c'est ici qu'est le temple à ta taille !

II

Si jamais la solitude a conduit tes pas vers la côte pleine d'échos du sauvage Océan, si jamais tu t'es attardé là, jusqu'à ce que l'orbe élargi du soleil te parût reposer sur la vague rougie, tu as dû voir des lignes d'or pourpre immobiles peser sur la sphère qui sombre; tu as dû remarquer les nuages houleux, frangés d'un intolérable rayonnement, qui se dressent comme des rocs de jais couronnés de guirlandes de diamants. Eh bien ! il y a un moment où la pointe extrême du soleil luit comme une étoile sur le bord occidental de l'Océan, et où ces nuages à crête d'or, nuancés d'une pourpre plus vive, brillent comme des îles sur une mer d'un bleu sombre. Alors ta fantaisie s'est envolée au-dessus de la terre et a replié son aile lassée dans le sanctuaire de la Fée.

Mais ni les îles d'or, brillant là-haut dans ce flot de lumière, ni les rideaux dentelés tendus sur la couche éclatante du soleil, ni les flots étincelants qui pavent cette spendide basilique, n'ont pu te donner un spectacle aussi prodigieux que le palais éthéré de Mab. Pourtant, c'est à la voûte du soir que ressemble le plus la demeure féerique ! Comme le ciel porté sur la vague, elle déploie ses parquets d'étincelante lumière, son vaste dôme azuré, ses luxuriantes îles d'or flottant sur une mer d'argent, tandis que ses soleils dardent leurs rayons pêle-mêle à travers les nuées des ténèbres ambiantes, et que ses créneaux de perle dominent de toutes parts l'immensité du ciel.

Le char magique cessa d'avancer. La Fée et l'Esprit entrèrent dans la salle des enchantements. Les nuées d'or, déroulées en flots étincelants sous le dais d'azur, ne tremblaient point sous leurs pas éthérés. Les brumes de lumière vermeille, ondoyant au souffle de la mélodie, dans ce milieu surhumain, obéirent au moindre mouvement de leur volonté. Sur leur vibration passive l'Esprit s'appuya, sans revendiquer les glorieux droits de la vertu et de la sagesse sur toutes les béatitudes qui l'entouraient.

« Esprit, dit la Fée, en désignant le dôme éblouissant,
» voici un spectacle merveilleux, et qui défie toute gran-
» deur humaine. Mais, si l'unique récompense de la vertu
» était de vivre dans un palais céleste, tout entière livrée
» aux impulsions du plaisir et emprisonnée en elle-
» même, le but de l'immuable nature ne serait pas atteint.
» Apprends donc à rendre les autres heureux. Viens,
» Esprit ! voici ton haut privilége. Le passé va se dresser
» devant toi; tu contempleras le présent; je t'enseignerai
» les secrets de l'avenir. »

La Fée et l'Esprit s'approchèrent du créneau plongeant. Au-dessous était étendu l'univers. Aussi loin que l'horizon le plus reculé qui borne l'essor de l'imagination, des globes innombrables et indéfinis se mêlaient dans un tourbillon, obéissant immuablement à l'éternelle loi de la nature. Au-dessus, au-dessous, partout, les systèmes formaient en tournant une solitude d'harmonie ; chacun, dans un éloquent silence, à travers les abîmes de l'espace, poursuivait, sans dévier, sa voie prodigieuse.

Il y avait une petite lumière qui scintillait dans la distance brumeuse. L'œil d'un esprit pouvait seul voir tout ce globe; l'œil d'un esprit pouvait seul, et seulement de cette demeure céleste, distinguer toutes les actions des habitants de ce monde. Mais la matière, l'espace et le temps cessent d'agir dans ces retraites aériennes, et, quand la sagesse toute-puissante a recueilli la moisson de sa perfection, elle franchit tous les obstacles qu'une âme terrestre n'oserait tenter de vaincre.

La Fée désignait la terre. L'esprit, de son regard intellectuel, reconnut les êtres qui lui étaient parents. Les foules innombrables apparaissaient à son coup d'œil comme les cités d'une fourmilière.

Chose merveilleuse, que les passions, les préjugés, les intérêts qui dirigent le plus petit être, que les plus faibles touches qui émeuvent le nerf le plus délicat, et qui, dans une cervelle humaine, font naître la plus vague pensée, deviennent autant d'anneaux dans la grande chaîne de la nature!

« Regarde, cria la Fée, les palais en ruine de Palmyre.
» Regarde où la grandeur a grimacé! regarde où le plaisir
» a souri! Qu'en reste-t-il maintenant? Le souvenir de
» l'ineptie et de la honte. Qu'y a-t-il là d'immortel? Rien.
» Ces restes subsistent pour raconter une mélancolique
» histoire, pour donner un avertissement terrible; et
» bientôt l'oubli emportera silencieusement les débris de
» cette gloire. Là, des monarques et des conquérants
» écrasèrent fièrement des millions de prosternés; —
» tremblements de terre de la race humaine, oubliés
» comme le reste, quand la ruine qui marque leur
» secousse aura disparu.

« A côté du Nil éternel, les pyramides ont surgi. Le Nil
» poursuivra sa route immuable; les pyramides tombe-
» ront. Non, pas une pierre ne restera dressée pour dire
» où elles se dressèrent. Leur écroulement sera oublié
» comme le nom de leur constructeur.

« Où Athènes, Rome et Sparte existèrent, est mainte-
» nant un désert moral. Ces huttes chétives et misérables,
» ces palais plus misérables, contrastent avec les vieux
» temples qui, maintenant, s'effondrent en oubli! Les
» longues et solitaires colonnades, à travers lesquelles
» erre le spectre de la liberté, font l'effet d'un air bien

» connu qu'on a aimé entendre dans quelque scène chère
» et dont on se souvient avec tristesse. Oh! mais comme
» le contraste est plus frappant et plus triste dans la na-
» ture humaine! Là où Socrate expira, victime d'un
» tyran, — un fou, un lâche répand la mort autour de
» lui, puis, frémissant, trouve la sienne. Là où Cicéron
» et Antonin vécurent, un moine hypocrite, sous un
» capuchon, prie, blasphème et ment.

» Esprit! il y a dix mille ans à peine, — dans la savane
» où maintenant le sauvage boit le sang de son ennemi
» et, singeant les fils de l'Europe, entonne le chant impie
» de la guerre, — existait une cité grandiose, métropole
» du continent occidental. Là, maintenant, la colonne
» couverte de mousse, rongée par la morsure impitoyable
» du temps, et qui, jadis, paraissait devoir survivre à
» tout excepté à la ruine de la patrie, là, la vaste forêt si
» âpre dans la beauté inculte de ses jardins devenus
» sauvages, semblent, au visiteur involontaire dont le
» hasard a retenu le pas, avoir toujours existé ainsi,
» depuis que la terre est ce qu'elle est.

» Jadis, pourtant, c'était la région la plus fréquentée;
» celle où, comme dans un centre commun, affluaient les
» étrangers, les navires et les cargaisons; là, jadis, la
» paix et la liberté sanctifiaient la plaine cultivée; mais
» le faste, cette malédiction de l'homme, a flétri sa pros-
» périté dans le bourgeon. La vertu et la sagesse, la pro-
» bité et l'indépendance ont fui pour ne plus revenir,
» jusqu'à ce que l'homme ait appris qu'elles seules
» peuvent donner le bonheur digne d'une âme qui reven-
» dique sa parenté avec l'éternité!

» Il n'y a pas un seul atome de cette terre qui n'ait été
» jadis un être vivant; pas une menue goutte de la pluie
» suspendue au nuage le plus dense, qui n'ait coulé dans
» des veines humaines. Et, depuis les plaines brûlantes

» où rugissent les monstres libyens, depuis les plus
» sombres vallons du Groënland sans soleil, jusqu'aux
» champs dorés où la féconde Angleterre expose au jour
» ses moissons, tu ne peux pas trouver une place où une
» cité n'ait existé !

» Que l'orgueil humain est étrange ! Je te dis que les
» créatures vivantes pour qui le fragile brin d'herbe qui
» germe le matin et périt avant le soir est un monde illi-
» mité, je te dis que les êtres invisibles dont la demeure
» est la moindre particule de l'impalpable atmosphère, —
» pensent, sentent et vivent comme l'homme ; que leurs
» affections et leurs antipathies produisent, comme les
» siennes, les lois qui gouvernent leur état moral, et que
» le plus léger battement qui répand dans leur organisme
» la plus faible, la plus vague émotion, est réglé et né-
» cessaire comme les lois augustes qui dirigent le mou-
» vement de ces globes. »

La Fée s'interrompit. L'Esprit, dans l'extase de l'admiration, sentait revivre toute la science du passé ; les événements des temps antiques et fabuleux, qu'une tradition
confuse enseigne sans suite au vulgaire crédule, se révé-
laient à son regard dans leur juste perspective, n'ayant
plus que la confusion de l'infini. L'Esprit semblait se
tenir au haut d'un pinacle isolé, ayant au-dessous de lui
la marée montante des âges, au-dessus les profondeurs
de l'univers sans bornes, et tout autour l'harmonie inal-
térable de la nature !

III

« Fée ! dit l'Esprit en fixant ses yeux éthérés sur la
Reine des Charmes, je te remercie. Tu m'as donné un
privilége que je n'abdiquerai pas et appris une leçon

impossible à désapprendre. Je connais le passé, et j'essaierai d'en glaner un avertissement pour l'avenir, en sorte que l'homme puisse profiter de ses erreurs et tirer expérience de sa folie. Car, quand le pouvoir de départir la joie sera égal à la volonté, l'âme humaine n'aura pas besoin d'autre ciel. »

MAB.

« Tourne-toi, Esprit supérieur! Bien des choses te restent à examiner! Tu sais combien l'homme est grand, tu sais combien il est faible. Apprends maintenant ce qu'il est. Tu apprendras ensuite la haute destinée que le temps infatigable réserve à toute âme vivante.

» Regarde ce somptueux palais qui, au milieu de cette cité populeuse, dresse ses mille tours et semble lui-même une cité. Des masses sinistres de sentinelles, par rangs sombres et silencieux, en font le tour. Celui qui demeure là ne peut être libre ni heureux. N'entends-tu pas les malédictions des orphelins, les sanglots de ceux qui n'ont plus de famille? Il passe, le roi, porteur de la chaîne dorée qui lie son âme à l'abjection; le fou qui, sous le sobriquet de monarque, n'est que l'esclave des plus vils appétits! Qu'importe à cet homme le cri de la misère? Il sourit aux imprécations sourdes que l'indigent murmure tout bas, et une joie farouche envahit son cœur blême quand des milliers d'êtres pleurent devant les miettes que sa prodigalité gaspille dans une orgie sans joie, et qui suffiraient à sauver de la faim tous ceux qu'ils aiment! Quand il entend le récit de ces horreurs, il se tourne vers quelque visage prêt d'avance à l'hypocrite assentiment, et étouffe la lueur de honte qui, malgré lui, colore sa joue bouffie.

» Puis il traîne son appétit insipide et écœuré au repas de silence, de grandeur et d'excès. Si l'or, qui brille partout, si la variété des mets importés de tous les climats, pouvaient amener le goût affadi à triompher de la satiété, si le faste n'empoisonnait pas la source où il puise, ou plutôt si le vice inflexible et obstiné ne convertissait pas ses aliments en poison funeste, alors ce roi serait heureux, et le paysan qui, ayant rempli sa tâche volontaire, revient le soir et, près du fagot flambant, retrouve l'hospitalière bien-aimée pour qui il a dépêché sa besogne, ne ferait point un repas plus doux.

» Regarde-le, maintenant, étendu sur le lit splendide; son cerveau fiévreux vacille étourdi. Ah! mais l'engourdissement de la débauche diminue trop vite, et la conscience, cet impérissable serpent, appelle sa venimeuse couvée à la tâche nocturne. Écoute! Il parle! Oh! remarque cette physionomie frénétique! Oh! remarque ce visage funèbre! »

LE ROI.

« Pas de trêve! Oh! cela doit-il donc durer toujours?
» Horrible mort! je souhaite autant que je crains de
» t'étreindre! Pas un moment de sommeil sans rêve! O
» chère et sainte paix! pourquoi ensevelis-tu ta pureté de
» Vestale dans la misère et dans les cachots? Pourquoi te
» caches-tu avec le danger, la mort et la solitude, et
» évites-tu toujours le palais que je t'ai construit? Paix
» sacrée! oh! fais-moi au moins une visite et jette à mon
» âme desséchée au moins une goutte de ta salutaire
» pitié!...

« Homme présomptueux! son palais, c'est le cœur honnête! La paix ne salit pas son manteau de neige dans un taudis comme le tien! Écoute! il murmure encore. Ses sommeils ne sont que des agonies variées. Ils s'acharnent comme des scorpions sur les sources de la vie.

L'enfer que les bigots construisent n'est pas nécessaire pour punir les coupables ; la terre elle-même contient et le mal et le remède ; et la nature, suffisant à tout, y peut châtier ceux qui transgressent sa loi ; c'est assez qu'elle sache proportionner à la faute la peine qu'elle mérite.

» N'est-il pas étrange que ce pauvre misérable soit fier de son malheur, qu'il prenne plaisir à son abjection et embrasse le scorpion qui le dévore ? N'est-il pas étrange que, — placé sur un trône d'épines éclatant, brandissant un sceptre de fer, et muré dans une splendide prison dont les parois rigides l'enferment loin de tout ce qui est bon et précieux sur terre, — l'âme de ce malheureux ne revendique pas son humanité, et qu'en lui la douce nature de l'homme ne se révolte pas contre les fonctions du roi ? Non ! cela n'a rien d'étrange. A l'exemple du vulgaire, il pense, sent, agit et vit juste comme a fait son père. Les forces invincibles du précédent et de l'usage s'interposent entre un roi et la vertu.

» A ceux qui ne connaissent pas la nature et qui ne peuvent pas déduire le futur du présent, une chose peut sembler plus étrange encore : c'est que pas un des esclaves qui souffrent des crimes de cet être contre nature, c'est que pas un des misérables dont les enfants ont faim, et qui ont pour lit nuptial le sein sans pitié de la terre, ne lève le bras pour renverser cet homme de son trône ! Ces moucherons aux ailes d'or qui, pullulant au soleil de la cour, s'engraissent de ses corruptions, que sont-ils ? Ils sont les frelons de la société ; ils se nourrissent du labeur de l'artisan. Pour eux, le rustre famélique force la glèbe rebelle à livrer ses récoltes qu'ils accaparent ; et là-bas cette forme squalide, plus maigre que la misère décharnée, qui use une vie sans soleil dans la mine malsaine, subit par le travail une mort lente, rien que pour satisfaire leur faste ! La masse s'épuise de fatigue pour qu'un petit nombre connaisse les soucis et les douleurs de la paresse!

D'où sont sortis, crois-tu, les rois et les parasites? et ces lignées monstrueuses de fainéants qui accablent de fatigue et d'une invincible indigence ceux qui bâtissent leurs palais et leur apportent le pain quotidien? Du vice, du vice ténébreux et immonde! de la rapine! de la folie! de la trahison! du crime! de tout ce qui engendre la misère et fait de cette terre une forêt d'épines! de la luxure, de la vengeance et du meurtre!... Aussi,—quand la voix de la raison, aussi haute que la voix de la nature, aura éveillé les nations; quand le genre humain se sera aperçu que le vice est discorde, guerre et misère, et que la vertu est paix, bonheur et harmonie; quand la nature mûrie de l'homme aura appris à dédaigner les jouets de son enfance, — alors la splendeur royale aura perdu le pouvoir d'éblouir; cette autorité s'évanouira silencieusement; le trône splendide, laissé inaperçu dans la salle royale, tombera vite en poussière; et le métier du mensonge sera devenu aussi odieux et aussi ingrat que l'est aujourd'hui celui de la vérité.

» Où donc est la gloire que les puissants vaniteux de la terre cherchent à éterniser? Oh! le plus faible bruit fait par le pas léger du temps, la plus petite vague qui enfle le courant des âges réduit à rien cette bulle vide! Oui, aujourd'hui, rigide est le pouvoir du tyran, rouge le regard qui darde la désolation, fort le bras qui disperse les multitudes! Demain arrive. Ce pouvoir, c'est le coup de foudre évanoui dans les âges! ce regard, c'est l'éclair fugitif sur lequel les ténèbres se sont refermées! ce bras, il est mangé des vers!

» Quand l'honnête homme succombe, aussi grand dans son humilité que les rois sont petits dans leur grandeur; quand il succombe, — après avoir mené une indomtable existence de probité résolue, après avoir vécu au fond des cachots silencieux, plus libre et plus intrépide que le juge tremblant qui, revêtu d'un pouvoir vénal, a vainement essayé d'enchaîner l'impassible esprit;—alors son doux regard ne rayonne plus la bienveillance; raidie est la main qui ne se tendait que pour secourir; évanouie, cette éloquence simple de la raison qui ne rugissait que pour épouvanter le coupable. Oui! le cercueil a éteint ce regard, et le froid inexorable de la mort a raidi ce bras; mais le renom inflétrissable que la vertu attache à la tombe de son sectateur, le souvenir immortel de cet homme qui fait trembler les rois, la mémoire avec laquelle l'heureux esprit contemple son héroïque pèlerinage sur la terre, tout cela ne passera jamais !

» La nature rejette le despote, mais non l'homme; le sujet, non le citoyen! Car les rois et les sujets, ennemis réciproques, jouent pour toujours une partie funeste au gagnant, dont les enjeux sont vice et misère. L'homme à l'âme vertueuse ne commande ni n'obéit. Le pouvoir, peste désastreuse, vicie tout ce qu'il touche; et l'obéissance,—fléau du génie, de la vertu, de la liberté, de l'honneur,—fait des hommes des esclaves et de la machine humaine un mannequin !

» Quand Néron, planant au-dessus de Rome en flammes, fondit sur elle avec la joie sauvage d'un démon; quand il aspira d'une oreille ravie les cris de la mort agonisant, quand, contemplant l'effroyable désolation partout répandue, il sentit un sens, nouvellement créé dans son âme, tressaillir à cette vue et vibrer à ce bruit, crois-tu que sa grandeur n'avait pas dépassé la force de l'indulgence humaine? Et, si Rome aussitôt n'abattit pas le tyran d'un seul coup, si elle ne broya pas ce bras rougi de son sang le plus cher, n'est-ce pas que l'abjection de l'obéissance avait alors mis à néant les suggestions de la nature?

» Regarde la terre, là-bas! Les moissons d'or germent; le soleil infaillible répand la vie et la lumière; les fruits, les fleurs, les arbres poussent à leur saison; toutes les choses parlent paix, harmonie, amour. L'univers, dans la muette éloquence de la nature, déclare que tous les êtres accomplissent l'œuvre d'amour et de joie; tous, excepté l'homme réfractaire. Lui, il fabrique la lame qui poignarde la paix; il caresse le serpent qui lui ronge le cœur; il élève le tyran qui se fait un plaisir de sa douleur et un spectacle de son agonie. Est-ce que ce soleil, là-bas, n'éclaire que les grands? et ces rayons argentés, dorment-ils moins doucement sur le chaume de la cabane que sur le dôme des rois? La maternelle terre est-elle une marâtre pour ses nombreux fils qui recueillent, au prix d'incessantes fatigues, ses dons destinés à d'autres? et n'est-elle une mère que pour ces enfants pleurnicheurs qui, bercés dans l'aisance et le luxe, font des hommes les jouets de leur enfantillage et détruisent, dans leur exigeante puérilité, cette paix que des hommes seuls apprécient?

» Esprit de la nature, non! La pure diffusion de ton essence palpite également dans tout cœur humain. C'est là que tu ériges le trône de ton autorité sans appel. Tu es le juge dont un signe rend le bref et frêle pouvoir de l'homme aussi impuissant que le vent qui passe. Ton tribunal domine l'étalage de la justice humaine d'aussi haut que Dieu domine l'homme.

» Esprit de la nature! tu es la vie des interminables multitudes; tu es l'âme de ces énormes sphères dont la voie immuable est tracée dans le profond silence des cieux; tu es l'âme du plus petit être dont la vie soit renfermée en un pâle rayon d'avril. Ainsi que ces êtres passifs, l'homme accomplit à son insu ta volonté ; pour lui comme pour eux, l'ère nouvelle de la paix éternelle, que le temps mûrit vite, viendra promptement et sûrement ; et l'édifice infini que tu remplis n'aura plus de lacune qui dépare sa symétrie idéale ! »

. . . .
. . . .

VIII

« Tu as vu le présent et le passé ; tu as assisté à leur spectacle désolant. Maintenant, Esprit, apprends les secrets de l'avenir. — Temps ! soulève l'aile maternelle de tes limbes ; rends à la lumière tes enfants à demi engloutis, et du berceau de l'éternité où des millions d'êtres dorment leur phase de sommeil, bercés par le sourd murmure du courant des choses, arrache ce sombre linceul. — Esprit, contemple ta glorieuse destinée ! »

La joie vint à l'Esprit. A travers la large déchirure faite au voile du Temps, l'Espérance apparut, perçant de ses rayons les brumes de la crainte. La Terre n'était plus un enfer ; l'amour, la liberté, la santé, avaient donné leur récolte à la virilité de son printemps, et toutes ses pulsations battaient en harmonie avec les mondes planétaires. C'était une suave musique qui ondulait de concert avec les cordes intimes de l'âme ; elle vibrait alors en palpitations douces et lentes, puisant une nouvelle vie dans une mort transitoire. Tel qu'un vague soupir du vent qui, le soir, éveille le remous de la vague assoupie, et meurt à l'exhalaison de son souffle, et s'affaisse et s'élève, et faiblit et grossit par accès, tel était le pur courant de sensations qui jaillissait de ces notes mélodieuses et débordait sur les sympathies humaines de l'Esprit en émotion calme et douce.

La joie vint à l'Esprit : une joie comme celle d'un amant qui aperçoit l'élue de son âme dans le bonheur, qui contemple dans le repos celle dont la détresse lui était plus amère que la mort, qui voit sa joue rafraîchie s'éclairer lentement du premier éclat de la santé, et tressaille devant ces yeux adorables qui, comme deux astres sur le flot soulevé, étincellent dans un humide rayonnement.

Alors, dans son triomphe, la Reine des Fées parla : « Je n'évoquerai pas le spectre des âges évanouis pour te révéler les secrets horribles de sa science. Désormais, le présent est passé! Et les événements qui désolent la Terre ont disparu de la mémoire du Temps, qui n'oserait pas rendre la réalité à ce dont j'annule l'existence. A moi est donné de conserver les merveilles du monde humain, l'espace, la matière, le temps et l'imagination. L'avenir va maintenant exposer son trésor ; que ce spectacle renouvelle et ranime ton espoir défaillant. O Esprit humain! élance-toi vers le sommet suprême où la Vertu fixe la paix universelle, et, au milieu du flux et du reflux des choses humaines, dresse quelque chose de stable, quelque chose de certain, un phare au-dessus de l'abîme des sombres vagues.

» La terre habitable est pleine d'allégresse. Ces dunes de lames glacées qu'avaient amassées autour du pôle d'incessants ouragans de neige, et où la matière n'osait ni végéter ni vivre, ces vastes solitudes que la gelée perpétuelle entourait de sa large zone d'immobilité, sont maintenant déblayées ; là, les zéphyrs embaumés des îles luxuriantes froncent l'Océan placide, qui roule son flot large et clair sur la pente du sable, et dont le rugissement s'affaiblit en suaves échos pour murmurer le long des allées à ciel ouvert et s'harmoniser avec la nature épurée de l'homme.

» Ces déserts immenses de sable, dont les ardeurs concentrées laissaient à peine un oiseau vivre, un brin d'herbe pousser, où le cri aigu des amours du lézard vert interrompait seul un silence étouffant, regorgent maintenant de ruisseaux sans nombre et de forêts ombreuses, de champs de blé, et de pâturages, et de blanches chaumières ; et, là même où la savane effarée voyait le sauvage vainqueur se vautrer dans le sang parent du sien, et la tigresse rassasier de la chair des agneaux la faim monstrueuse de ses petits sans dent, tandis que le désert retentissait de cris et de rugissements, — là, une prairie en pente douce, pailletée de marguerites, offrant son doux encens au soleil levant, sourit de voir un enfant qui, devant la porte de sa mère, partage son goûter du matin avec le basilic vert et or venu pour lui lécher les pieds !

» Vois ces profondeurs inexplorées où tant de voiles fatiguées avaient vu, au-dessus d'une plaine sans bornes, le matin succéder à la nuit et la nuit au matin, sans qu'aucune terre déployât, pour saluer le voyageur, l'ombre de ses montagnes sur la mer radieuse ; ces solitudes mélancoliques où les mugissements des lames s'étaient si longtemps confondus avec le vent d'orage, vibrant sur les déserts de l'Océan, d'accord seulement avec le cri déchirant de l'oiseau de mer, avec le beuglement des monstres et des ouragans ! Aujourd'hui, elles font écho aux sons les plus doux et les plus variés de la tendre musique humaine. Dans ces empires solitaires sont enchâssées, entre de légers nuages et les mers transparentes, de lumineuses îles dont les fertiles vallées résonnent d'allégresse et dont les vertes forêts font un ciel de lit au flot qui, comme un travailleur épuisé, saute à terre pour échanger des baisers avec une petite fleur.

» Toutes les choses sont recréées, et la flamme de l'amour universel anime toute vie ; la terre féconde donne le sein à des myriades d'êtres qui grandissent encore sous sa tutelle et la récompensent par leur parfaite pureté ! L'haleine embaumée du vent aspire ses vertus et les répand partout. La santé flotte dans la douce atmosphère, brille dans les fruits et plane sur les sources. Aucun orage n'assombrit le front rayonnant du ciel et ne disperse dans la fraîcheur de sa beauté le feuillage des arbres toujours verts. Les fruits sont toujours mûrs, les fleurs toujours belles. L'automne porte fièrement sa grâce de matrone et fait monter une flamme à la joue du printemps dont la floraison vierge, placée au-dessous du fruit vermeil, en reflète les nuances et rougit comme d'amour.

» Le lion a oublié maintenant sa soif de sang ; là, vous pouvez le voir jouer au soleil avec le chevreau insouciant ; ses griffes se sont refermées, ses dents sont inoffensives ; la force de l'habitude a fait, de sa nature, une nature d'agneau. Pareille au fruit de la passion, la tentante belladone n'empoisonne plus le plaisir qu'elle cause. Toute amertume est passée. La coupe du bonheur sans mélange se remplit jusqu'au bord et agace les lèvres altérées qu'elle fuyait naguère.

» Mais c'est surtout l'homme, l'homme qui, avec sa double nature, peut connaître plus de misères et rêver plus de joie que toutes les créatures, l'homme dont les sens raffinés tressaillent sous l'aspiration d'un instinct plus noble, et, prêtant leur puissance au plaisir et à la peine, élèvent, raffinent, épurent l'un et l'autre, l'homme placé dans un monde toujours changeant, pour être le fardeau ou la gloire de la terre, c'est surtout lui qui s'aperçoit du changement. Il remarque dans son être la rénovation graduelle, et il étudie chaque mouvement du progrès dans son âme.

» Là où les ténèbres de la longue nuit polaire pesaient sur des rocs vêtus de neige et sur un sol gelé, et où l'herbe la plus hardie qui pût braver le givre se chauffait à la clarté inefficace de la lune, là, l'homme était rabougri comme la plante et sombre comme la nuit; son énergie, glacée et chétive, son cœur, insensible au courage, à l'honneur, à l'amour, sa stature nouée et sa constitution débile le signalaient comme quelque avorton de la terre, compagnon naturel des ours qui erraient aux environs et dont il avait les habitudes comme les plaisirs. Sa vie était le rêve fiévreux d'une infortune stagnante, dont les maigres besoins, chichement satisfaits, lui rappelaient sans cesse la sinistre longévité, atteinte par la misère de sa courte existence. Sa mort était une convulsion que la famine, le froid et l'épuisement avaient depuis longtemps produite dans son âme, quand l'étincelle vitale était encore obstinément attachée à son corps. Là, il subissait tout ce que la rancune de la terre peut infliger aux violateurs de ses lois; et une imprécation seule lui était permise, le nom de Dieu!

» Et là même où les tropiques fermaient l'empire du jour par une ceinture de nuages enflammés, là où les brumes bleuâtres jetaient à travers l'atmosphère immobile les semences de la peste et nourrissaient une végétation contre nature; là où la terre était pleine d'éruptions, de tempêtes et de maladies, — l'homme n'était pas une créature plus noble. La servitude l'écrasait dans la poussière sanglante de sa patrie; ou bien il était acheté pour la plus grande gloire de cette puissance qui, détruisant toutes les impulsions intimes, faisait de la volonté humaine une marchandise. Il était échangé pour de l'or par des chrétiens, et entraîné dans des îles lointaines, pour accomplir, au son des lanières déchirantes, la besogne de la richesse et du luxe corrupteurs qui faisaient peser sur la tête de ses tyrans le joug prolongé de leurs misères. Ou bien il était mené à la boucherie légale, pour être mangé des vers dans les régions brûlantes où les rois firent leur première ligue contre les droits des hommes, et les prêtres leur premier trafic du nom de Dieu.

» Partout maintenant se montre la créature humaine parant la terre aimable de son âme et de son corps sans souillure, douée dès sa naissance de tous les instincts charmants qui éveillent doucement dans son noble sein les plus bienveillantes passions et les plus purs désirs. Elle poursuit désormais d'espérance en espérance le bonheur que donne à l'esprit vertueux l'inépuisable connaissance des biens humains. Les pensées qui surgissent chez elle en succession infinie l'ont douée de cette éternité intime qui défie les rides de l'âge. Et l'homme, qui jadis passait sur une scène transitoire comme un spectre voué à l'oubli, réside immortel sur la terre. Il a cessé maintenant de tuer l'agneau qui le regarde en face et de dévorer horriblement ses chairs mutilées, qui, pour venger les lois violées de la nature, produisaient dans son corps toutes les humeurs putrides et dans son âme toutes les mauvaises passions, toutes les folles idées, la haine, le désespoir et le dégoût, tous les germes de la misère, de la mort, de la maladie et du crime!

» Les créatures ailées, qui, dans les bois, mettent en musique toute leur vie, ont cessé de fuir l'homme ; elles se pressent autour de lui, et nettoient leurs plumes étincelantes sur les doigts que des petits enfants tendent complaisamment à ces camarades apprivoisées de leurs jeux. Partout la terreur a disparu. L'homme a perdu sa terrible prérogative et vit, égal, au milieu de ses égaux. Le bonheur et la science ont rayonné enfin sur la terre. La paix inspire l'esprit, la santé a restauré le corps. La maladie et le plaisir cessent de se mêler, la raison et la passion, de combattre. Chacun, devenu libre, déploie sur la terre son irrésistible énergie et y porte le sceptre d'un vaste empire. Toutes les formes et tous les modes de la matière prêtent leur concours à l'omnipotence de l'esprit, qui, de la mine obscure, tire l'escarboucle Vérité pour en illuminer son pacifique Paradis!

IX

. . . .

» Esprit, ma tâche est terminée. Tu possèdes la science. Les prodiges de la terre sont à toi, avec toute la crainte et tout l'espoir qu'ils contiennent. Mes charmes sont épuisés, et voici le présent qui reparaît. Hélas! le bras réparateur de l'homme a encore à soumettre bien des déserts inexplorés.

» Pourtant, Esprit humain, poursuis bravement ta route. Que la vertu t'enseigne à traverser fermement les sentiers graduels du progrès en ascension! Car la naissance et la vie, la mort et cet étrange état où l'âme nue n'a pas encore trouvé sa demeure, tendent tous au bonheur complet. Tous poussent dans le chemin les roues infatigables de l'être, dont les rayons étincelants, animés d'une vie infinie, brûlent d'atteindre le but prédestiné. Car la naissance ne fait qu'éveiller l'âme à la sensation des objets extérieurs, pour que leurs formes inconnues ajoutent à sa nature de nouveaux modes de passion. La vie est pour elle l'état d'action, et elle y trouve amoncelée la réserve de tous les événements qui font la variété de l'éternel univers. La mort est une porte sinistre et ténébreuse qui mène aux îles azurées, aux nuées vermeilles, aux heureuses régions de l'impérissable espoir. Ainsi, avance sans crainte, ô Esprit! Bien que la tempête ait brisé la primevère sur sa tige, bien que la gelée flétrisse la fraîcheur de ses pétales, l'haleine vivifiante du printemps doit de nouveau caresser la terre et nourrir de ses plus douces rosées sa fleur favorite qui s'épanouit dans les bancs de mousse et dans les vallons sombres, éclairant le hallier de son radieux sourire.

» Ne redoute pas, Esprit, le bras ravisseur de la mort!... Ce n'est que le voyage d'une heure crépusculaire, la léthargie transitoire d'un sommeil interrompu! La mort n'est pas l'ennemie de la vertu. La terre a vu les plus belles roses de l'amour s'épanouir sur l'échafaud, mêlées aux lauriers inflétris de la liberté, et attester l'évidence du bonheur rêvé. N'y avait-il pas en toi des pressentiments qu'a confirmés ce spectacle de l'existence successive et graduelle? L'attente d'un autre avenir ne faisait-elle pas palpiter ton cœur, alors que, te promenant par le clair de lune aux bras de Henri, tristement et doucement tu causais avec lui de la mort? Ah! voudrais-tu donc arracher de ton sein ces espérances, pour écouter lâchement les prédications d'un bigot, et te prosterner servilement sous le fouet tyrannique dont les courroies de fer sont rouges de sang humain?

» Jamais! Reste inflexible, Esprit! Ta volonté est destinée à soutenir une guerre incessante contre la tyrannie et le mensonge, et à sarcler du cœur humain les germes du malheur. C'est ta main pieuse qui doit adoucir l'oreiller épineux du crime infortuné, dont l'impuissance mérite un facile pardon. Tu dois veiller sur son délire comme sur la maladie d'un ami. Une fois armé du pouvoir et maître du monde, tu dois, d'un front calme, défier ses rages les plus furieuses et braver ses volontés les plus obstinées. Tu es sincère, bon, résolu, libre des froides entraves de l'usage qui dessèche le cœur ; tu as la passion sublime, pure et indomptable. Les vanités et les bassesses de la terre ne pourraient pas te vaincre. Tu es donc digne de la faveur que tu viens de recevoir. La vertu marquera la trace de tes pas dans les sentiers que tu auras foulés, et le jour de la lumineuse espérance éclairera ta vie sans tache qu'aura sanctifiée l'amour. — Pars heureux et va remettre en joie ce sein fidèle dont l'esprit guette dans l'insomnie pour saisir la lumière, la vie et l'extase au vol de ton sourire ! »

La Fée agita sa baguette magique. Muet de bonheur, baissant en actions de grâces ses regards radieux, l'Esprit monta dans le char qui roula par-dessus les créneaux, traîné de nouveau par l'attelage enchanté. Les roues incandescentes brûlèrent de nouveau la pente à pic de la route inexplorée du ciel. Le chariot volait vite et loin. Les vastes globes enflammés qui tourbillonnaient autour de la porte du palais féerique s'amoindrirent par degrés. Ils n'avaient plus que la chétive scintillation des orbes planétaires qui, obéissant à la puissance du soleil, suivaient là-bas, avec une lumière empruntée, leur chemin raccourci. — Déjà la Terre flottait au-dessous. Le chariot s'arrêta un moment. L'Esprit descendit. Les coursiers infatigables refoulèrent le sol étranger, exhalèrent l'air grossier, puis, leur mission finie, déployèrent leurs ailerons aux vents du ciel.

Le Corps et l'Ame se réunirent alors. Un doux tressaillement agita le sein d'Yanthe.

Ses paupières veinées s'ouvrirent doucement. Ses prunelles d'un bleu sombre restèrent quelque temps immobiles. Enfin, elle regarda autour d'elle avec étonnement ; elle aperçut Henri qui, agenouillé en silence auprès de son lit, surveillait son sommeil d'un regard d'amour silencieux, et les étoiles lumineuses qui brillaient à travers la vitre.

FIN.

TABLE

DU TOME DEUXIÈME.

⟵⟶

                                                                                              Pages.

INTRODUCTION :

I. Le Monde invisible au seizième siècle. — La Féerie. . .   7

II. Rapports de l'homme avec le monde invisible. — La Magie.   44

III. Système de Shakespeare.   81

LE SONGE D'UNE NUIT D'ÉTÉ.   93

LA TEMPÊTE.   185

NOTES sur le Songe d'une nuit d'Été et sur la Tempête. . .   281

APPENDICE :

La Reine Mab, poëme de Shelley, traduction nouvelle de F.-V. Hugo.   339

FIN DE LA TABLE DU TOME DEUXIÈME.

Saint-Denis. — Typographie de A. MOULIN.

www.ingramcontent.com/pod-product-compliance
Lightning Source LLC
Chambersburg PA
CBHW070854170426
43202CB00012B/2064